하이패스!

비즈니스 영어 통번역 영한편

시대에듀

머리말

오늘날 여러 국가 간 무역 장벽이 허물어지고 있는 상황에서 환영 받고 있는 인재는 바로, 비즈니스 영어 구사 능력 및 현장에서 바로 활용 가능한 실무 능력을 갖춘 인재라고 볼 수 있다. 따라서 이렇듯 범세계적으로 경쟁이 심한 국제 비즈니스의 험난한 벽을 넘어 성공할 수 있는 지름길 중 하나는 바로 "유창한 영어 실력"이라 볼 수 있다. 오늘날 일상생활이 다변화되고 복잡해짐에 따라 전 세계적으로 통용되고 있는 영어의 중요성은 나날이 커지고 있으며, 이에 따라 비즈니스 현장에서 많은 직장인들이 자신감 있게 영어로 소통할 수 있는 능력의 필요성을 절실히 느끼고 있다. 외국어로 업무를 한다는 것은 쉬운 일이 아닐 테지만, 영어에 서툴러 중요한 회의 자리에 참석하지 못한다거나 승진 기회를 박탈당하고, 협상에 실패하는 등의 불행한 일을 겪지 않기 위해선 외국어 업무 능력은 필수이다. 외국어로 세련되게 작성된 비즈니스 이메일 한 통이 여러분의 장래를 결정할 수 있는 시대에 살고 있는 오늘날, 비즈니스 전화 및 이메일, 미팅, 협상, 프레젠테이션 등을 영어로 잘 이끌어 나갈 수 있도록 여러분을 준비시키기 위해 본서가 출간되었다.

본서는 비즈니스 현장에서 바로 활용 가능한 어휘 및 비즈니스 상황별로 가장 빈번하게 사용되는 문장들을 중심으로 저술되었으며, 특히 비즈니스 실무에 도움이 되는 미국의 기업문화, 글로벌 에티켓, 경제 상식 등을 소개하고 공부할 수 있도록 구성하여 실전에 바로 적용할 수 있도록 하였다. 또한 본서에서는 일반적인 비즈니스 표현들뿐만 아니라 현지 영어권에서 자주 쓰이는 관용적인 표현들까지 제공함으로써 독자들이 보다 실용적인 영어를 습득할 수 있도록 배려하였다. 외국의 관용적인 어휘들은 실제 대화를 통해서만 가장 적절하게 습득할 수 있다는 사실을 바탕으로, 본서는 다양한 대화체의 비즈니스 이메일 및 통화 내용들을 수록하였다. 하지만 한 가지 염두에 둘 점은 본서에 수록된 관용적인 표현만 습득하면 모든 것이 해결될 것이란 생각을 해선 안 된다는 점이다. 왜냐하면 관용적인 표현은 시대와 상황에 따라서 항상 변화하기 때문이며, 따라서 이러한 표현 학습엔 독자 개개인의 관심이 항상 따라 주어야 한다.

만약 독자들이 어느 정도 평균적인 어휘 구축이 이루어진 상태, 그리고 기본적인 문법적 틀이 마련된 상태에서 본서의 학습을 시작한다면 단시일 내에 비즈니스 영어 구사 능력을 상당 수준까지 끌어올릴 걸로 확신한다. 비록 본서는 중급 이상의 영어 실력을 갖춘 독자들에게 적합하도록 구성되었으나 영어 초보자들도 얼마든지 활용할 수 있는 학습서라 자부한다. 외국어를 배운다는 것은 어학적인 재능보다도, 어학을 학습하는 데에 투자하는 "시간과 노력"이 여러분이 원하는 수준만큼 외국어 실력을 쌓는 것을 가능하게 한다는 점을 꼭 기억해두기 바란다. 아울러 본서는 현대 직장인과 취업 준비생, 대학생들이 꼭 취득해야 하는 ITT 비즈니스 통역번역 시험 준비서로도 손색이 없으므로 본서를 탐독하면 반드시 합격의 길로 들어설 수 있으리라 믿는다.

사단법인 국제통역번역협회

추/천/사

세계와 소통을 하려면 비즈니스 에티켓은 물론이고 비즈니스 영어 구사 능력이 필수적입니다. 우리나라처럼 국내보다는 국외 비즈니스를 많이 해야 하는 국가도 없을 것 같습니다. 무역액 1조 달러라는 성공 뒤에는 수없이 많은 비즈니스 맨들의 피나는 노력이 있었습니다. 우리의 다음 세대가 무역액 2조 달러 시대를 열어 나가기 위해서는 더 훌륭한 비즈니스 영어 커뮤니케이션 능력으로 무장해야 합니다. 특히 시대에 맞는 비즈니스 영어 통번역 능력은 더 없이 중요합니다.

『하이패스 비즈니스 영어 통번역』은 이러한 시대적 요청에 따라 출간된 책입니다. 이 책을 만든 저자들의 노고를 치하하며 많은 젊은이들이 이 교재를 탐독하여 비즈니스 세계에서 생존할 수 있는 힘과 저력을 키워나갈 수 있기를 바랍니다.

김동익, 현 사단법인 국제통역번역협회 회장, 전 중앙일보 사장

오늘날 영어는 세계어로 공인되어가고 있을 뿐만 아니라 비즈니스 세계에서 영어를 구사하는 능력이 업무와 시장 개척의 기본으로 자리 잡아가고 있다는 것은 이미 누구나 공감하고 있는 현실입니다. 그래서 English가 아니라 Globish라고 해도 좋을 것 같습니다. 특히 글로벌 비즈니스에서 통상적인 E-mail은 영어로 작성하는 것이 일반적인 일이 되었고, 초면의 비즈니스 상담도 영어로 하는 것이 국제적인 상식으로 되어 있습니다.

이러한 추세에 따라 그저 단순한 보통의 영어 실력이 아니라 언어 속에 깊이 자리 잡고 있는 문화와 관습을 이해하여 전달할 수 있는 수준 높은 영어 실력이 보다 절실해지고 있습니다. 여기에 실용적인 비즈니스 영어 및 통역과 번역의 중요성도 나날이 높아지고 있는 것이 사실입니다. 하지만 통번역에 대한 전문 교육이 없이 초기에 유행했던 word for word translation(직역)을 통번역의 전부인 것처럼 생각하는 것이 아직도 유행하고 있는 것도 현실입니다. 그로 인해 글로벌 커뮤니케이션에 많은 문제가 생기고 기업의 이미지를 훼손하는 경우도 많이 발생하고 있습니다.

이제 비즈니스 통번역 능력은 기업의 신뢰성을 담보하는 글로벌 에티켓이자 글로벌 상식이라 할 수 있으므로 이를 올바르게 사용하고 구사하는 것이 곧 기업 경쟁력과 직결된다고 할 수 있습니다. 이러한 올바른 비즈니스 통번역 능력이 절실히 필요한 시점에 『하이패스 비즈니스 영어 통번역』이 출간된 것은 실로 반가운 일이 아닐 수 없습니다. 『하이패스 비즈니스 영어 통번역』은 글로벌 시대라는 정글을 헤치고 생존하는데 필수적인 교재로 대학생, 취업 준비생은 물론이고 직장인들에게도 많은 도움을 줄 것으로 생각합니다.

유명우, 현 호남대 영문과 명예교수, 전 한국번역학회 초대 회장

비즈니스 영어 통번역이란?

1. 현대 사회에 필요한 진정한 "실용영어"

우리는 바야흐로 영어 상용화 시대를 맞이하고 있다. 이 시점에서 우리가 갖추어야 하는 능력은 유창한 영어회화 능력, 그리고 적절한 영어 통번역 능력이다. 그리고 오늘날 거의 모든 기술과 정보가 영어로 되어 있고, 그 영어를 통번역하지 못하면 치열한 국제 경쟁에서 밀려날 수밖에 없는 상황에 처해 있다. 따라서 기업들은 통번역 능력을 갖춘 인력을 확보하기 위해 노력하고, 통번역 작업에 소요되는 시간과 돈을 아깝게 생각하지 않는다. 이렇듯 직장이라는 사회 조직에서 영어 능력, 특히 영어 통번역 능력은 아주 중요하다. 분초를 다투며 일하면서 회사의 정책을 결정해야 하는 임원은 각종 정보를 신속하게 읽고 이해할 수 있어야 한다. 만약 회사의 통번역 팀이 매일같이 쏟아지는 회사와 관련된 정보를 신속 정확하게 통번역을 해서 보고를 해 줄 경우와, 그렇지 못할 경우 회사의 효율성에는 상당한 차이가 있을 것이다. 기업의 경쟁력이 통번역을 얼마나 정확하고 신속하게 하느냐에 따라 결정되는 시대가 된 것이다. 통번역을 할 때 대충 직역만 하면 된다는 생각에서 벗어나야 한다. 원문이 말하고자 하는 의미를 정확하게 파악하여, 그 의미하는 바를 정확하게 표현할 수 있을 때 제대로 된 통번역을 했다고 할 수 있을 것이다. 덧붙여 영어 통번역의 중요성은 아래와 같은 상황을 고려해봐도 잘 알 수 있다.

- 대학원 시험, 언론 시험, 연구원 시험 등 각종 전문직 시험이 영어 통번역 시험을 시행하고 있다. 진로를 위해서도 영어 통번역 능력은 매우 중요하다고 볼 수 있다.
- 30대 그룹, 외국계 기업, 외국 투자 기업, 정부 투자 기업 등 모든 기업에서 영어 상용화가 추진되고 있다. 따라서 영어 통번역 능력은 아주 중요한 직무 능력이라고 볼 수 있다.
- 인터넷을 통해 해외 정보를 습득하는 데 있어서 영어 통번역 능력은 필수이며, 또한 우리가 알고 있는 지식과 정보를 외국에 알려야 하는 입장에서도 영어 통번역 능력은 아주 중요하다.
- 대한민국 법무부는 번역문 인증 공증제도(2013. 10. 1)를 시행하면서 ITT 전문 통번역 자격증을 공인 자격증으로 인정하고 있다. 이는 현대 사회에서의 영어 통번역 능력의 중요성을 공식적으로 입증하는 증거라 볼 수 있다.

2. "다양한 분야에 필요한" 비즈니스 영어 통번역

기본적인 비즈니스	거래, 주문, 배송, 계약, 협상, 마케팅, 세일즈, 무역, 클레임, 초청, 초대, 사례, 방문
생산	공장 관리, 조립 라인, 품질 관리, 기술 관리, 생산 관리
재정	금융, 투자, 세금, 회계, 청구, 송금, 은행 업무
연구개발	기술 연구, 제품 연구, 시장 개척, 시장 연구, 제품 개발
오피스	회의, 편지, 메모, 전화, 팩스, E-mail, 컴퓨터, 복사기
인사관리	구인, 채용, 퇴직, 휴가, 급여, 승진, 사내교육, 취업 지원, 자기 소개
건물/부동산	건물 관리, 구입 및 임대, 전기 및 가스, 냉난방
출장	기차, 비행기, 대중교통, 유람선, 티켓, 일정, 공항 안내, 차량 렌트, 숙소예약, 연기 및 취소

Guide

합격의 공식 Formula of pass | 시대에듀 www.sdedu.co.kr

통번역 시험 "ITT" 소개

1. "ITT"란 어떤 시험?

"ITT"는 "Interpretation & Translation Test"의 약자로서, 외국어 듣기, 말하기, 읽기, 쓰기 능력을 종합적으로 평가하는 통역 및 번역 시험이다. ITT는 실제 생활에서 얼마나 능숙하고 유창하고 적절하게 외국어를 사용할 수 있는지를 측정하는 객관적인 외국어 평가 도구로서, 통역 시험은 스마트폰 앱 다운로드 녹음 처리 방식의 UBT(Ubiquitous Based Test)방식을 채택하여 진행되고 있으며, 번역 시험은 PBT(Paper Based Test)방식으로 실시되고 있다. 영역별 평가 언어 및 평가 기준은 아래와 같다.

주관사	ITT 시험위원회 (The Committee of ITT, 홈페이지: www.itt.or.kr)	
평가 언어	통역	영어, 일어, 중국어
	번역	영어, 일어, 중국어, 독어, 프랑스어, 스페인어, 러시아어, 인도네시아어, 태국어, 베트남어, 아랍어
평가 기준	1) 언어의 능숙성, 유창성, 적절성, 가독성, 논리성, 창의성 등을 종합 평가하여 종합적인 완성도를 측정 2) ITT 공인 평가자가 녹음된 내용을 듣고/작성된 번역을 읽고 정해진 기준에 따라 평가 후 등급 부여 3) ITT는 절대 평가방식으로 평가하되 성적 발표 시 원하는 사람에 한해 유선으로 점수를 공개	

2. 시험의 구성

시험은 크게 Professional Grade(전문 급수)와 Business Grade(비즈니스 급수)로 나뉘며, 전문 급수는 "전문통역 1급/2급 자격증+전문번역 1급/2급 자격증", 비즈니스 급수는 "비즈니스통역 1급/2급 자격증+비즈니스번역 1급/2급/3급 자격증"으로 구성되어 있다. 각 분야 별 시험 시간, 문항 수, 통과 기준 점수, 문제유형은 아래와 같다.

구분	영역	시간	문항 수	평가급수	기준점수	문제유형
Professional Grade (전문 급수)	통역	90분	5문항	1급	90점	인문사회, 경제경영, 과학기술 관련 지문 중, 외국어와 한국어 지문+통역사 직업윤리 문제 출제
				2급	80점	
	번역	180분	4문항	1급	90점	인문사회, 경제경영, 과학기술 관련 지문 중, 외국어 또는 한국어 지문+직업윤리 문제 출제
				2급	80점	
Business Grade (비즈니스 급수)	통역	70분	12문항	1급	80점	기업 직무 관련(무역, 상담, 정보, 홍보, 광고 관련) 외국어와 한국어 지문 출제
				2급	70점	
	번역	120분	15문항	1급	80점	기업 직무 관련(무역, 상담, 정보, 홍보, 광고 관련) 외국어와 한국어 지문 출제
				2급	70점	
		90분	40문항	3급	70점	가장 기본적인 비즈니스 단문, 외국어와 한국어 지문 출제

* 본 교재는 ITT 시험 중에서도 Business Grade(비즈니스 급수)의 통번역 시험 분야를 다루고 있다.

3. 시험 절차

통역 시험 절차	1) 통역 스마트폰 앱 접속 응시 후 답안 제출 → 2) 보안 시험 서버 저장 → 3) 평가자 시험 서버 접속 → 4) 시험 평가 및 급수 판정 후 저장 → 5) 합격자 조회 → 6) 합격자 확인
번역 시험 절차	1) 고사장 시험 응시 후 답안 제출 → 2) 평가자 시험 평가 및 급수 판정 → 3) 데이터 베이스 입력 → 4) 합격자 조회 → 5) 합격자 확인

4. 시험의 평가

Professional Grade (전문 급수)	1급	해당 한국어와 외국어를 능수능란하고 유창하게 구사할 수 있다. 배경지식이 포함된 내용을 거의 완벽하게 이해하여 이를 적절한 어휘를 대입하여 다른 언어로 완전하게 표현함으로써 다른 사람이 쉽게 이해할 수 있는 수준이다.
	2급	해당 한국어와 외국어를 제법 정확하게 이해하고 구사할 수 있다. 배경지식이 포함된 내용을 원만하게 잘 표현함으로써 이를 다른 사람이 읽고 이해하는 데 별 무리가 없는 문장 수준이다.
Business Grade (비즈니스 급수)	1급	비즈니스와 관련된 한국어와 외국어를 능수능란하게 구사할 수 있다. 이해한 언어를 다른 언어로 완전하게 표현하여 다른 사람이 쉽고 정확하게 그 지식을 이해할 수 있는 수준이다.
	2급	비즈니스와 관련된 한국어와 외국어를 무난하게 이해하고 구사할 수 있다. 이해한 내용을 다른 사람이 이해하는 데 큰 문제가 없을 정도로 표현한 수준이다.
	3급	가장 기본적인 비즈니스 관련 지문에 대한 영문 독해력과 기본적인 이메일을 작성할 수 있는 영작 능력을 평가한다.

5. 시험 활용도

대학교	학업 성취도 평가, 졸업인정 자격, 어학성적 우수자 장학제도 반영, 학점 반영 및 학사관리 자료
일반 기업 및 공공기관	신입 직원 채용, 근무평가 및 직무평가, 인사배치 자료, 실무 비즈니스 어학능력자 선발, 해외파견 직원 선발, 해외마케팅 직원 선발, 연수성과 평가, 교육성과 평가, 어학능력 우수자 선발
번역공증 변호사 사무실	번역공증 번역사로 활동 가능
통번역 회사	통역 프리랜서 활동 가능, 번역 프리랜서 활동 가능, 통번역 투잡 활동 가능

* "ITT 통번역 자격증" 공채 반영 기업 예시 (2,000여 개의 기업 채택)
삼성그룹, 현대자동차그룹, SK그룹, 롯데그룹, 한화그룹, 현대그룹, 현대중공업그룹, 효성그룹, 두산그룹, SK건설, SK하이닉스, 대우건설, 대우 루컴즈, 코레일, 삼성중공업, 삼성테크원, 포스코엔지니어링, 애경, 한국가스공사, (주)한화, 한국투자증권, 한화테크엠, 한화L&C, 두산엔진, 두산 전자 BG, 현대로템 등

Guide

합격의 공식 Formula of pass 시대에듀 www.sdedu.co.kr

책의 구성 및 특징

1. 오랜 역사의 통번역 전문 교육기관 "타임스미디어" 연구진 집필

타임스미디어는 1997년에 평생교육원을 설립한 이래로 통번역 교육 및 통번역 시험 시행뿐만 아니라 TESOL 과정, 영어회화 전문강사 양성 과정 설치 등 어학 교육에 있어 깊은 역사를 자랑하는 교육 그룹입니다. 본 교재는 이러한 "타임스미디어"의 연구진들이 오랜 시간에 걸쳐 가르쳐왔던 비즈니스 통번역 지문들을 엄선하여 집대성해 놓은 학습서이므로, 실무 비즈니스 통번역 실력을 함양하는 것은 물론 ITT 비즈니스 통번역 시험 대비까지 확실하게 할 수 있습니다.

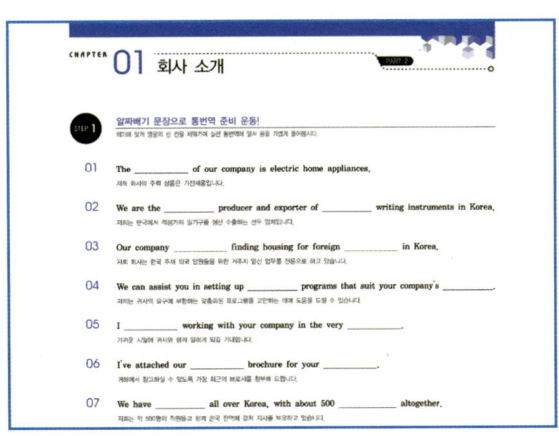

2. 핵심만 쏙쏙! 22개 비즈니스 필수 주제별 통번역 집중 훈련

회사 소개, 인사 관리, 문의 답변, 홍보 및 광고, 가격 협상 등, 비즈니스 업무 현장에서 가장 빈번히 등장하는 상황들을 총 22개 주제로 압축하여 보다 효율적으로 학습할 수 있도록 구성하였습니다. 각 주제별로 "STEP 1. 알짜배기 통번역 문장 학습 〉 STEP 2. 통번역 맛보기 〉 STEP 3. 통번역 실전 훈련"의 3단계 흐름을 따라가며 학습을 하게끔 유도, 독자들이 이 같은 체계적인 단계를 밟아가며 실력을 점진적으로 발전시켜 나갈 수 있게끔 구성하였습니다.

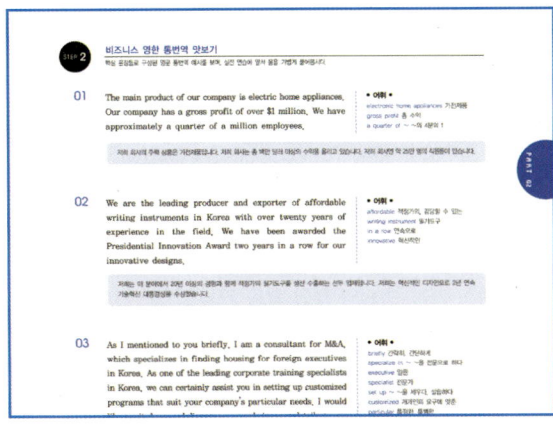

3. 탄탄한 연습으로 실력 UP! 240개에 이르는 비즈니스 지문 통번역 훈련

어학 실력을 쌓는 가장 빠른 지름길은 바로 "끊임없는 연습"입니다. 따라서 본 교재는 22개로 분류해 놓은 비즈니스 통번역 주제마다 최소 6개~최대 14개 이르는 통번역 연습 지문들을 통해 실력을 쌓을 수 있도록 구성, 교재에 수록된 연습 지문의 총 개수는 약 240여 개에 이릅니다. 이 240여개의 연습 지문들은 소개, 요청, 상담, 컴플레인, 협상 등 다양한 형태의 비즈니스 표현들을 아우를 수 있도록 다양한 종류의 지문으로 구성되어 있습니다.

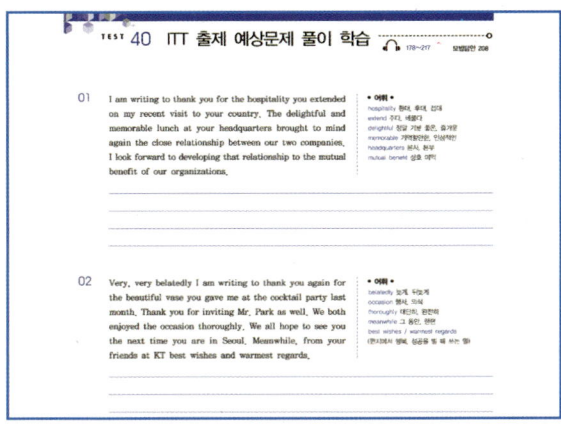

4. 실무에서 시험까지 한 방에! ITT 시험 예상문제 40제 수록

비즈니스 통번역 실무에 필요한 스킬을 집중적으로 갈고 닦은 것에 이어, 통번역 시험(ITT) "Business Grade"에서도 좋은 성적을 올릴 수 있도록 시험 출제 예상문제 40제를 추가로 수록, 이를 풀어보며 시험까지 완벽히 대비할 수 있도록 하였습니다. 소개된 ITT 40제는 다양한 비즈니스 서신을 중심으로 구성되어 있으며, 서신들은 감사 메시지, 컴플레인, 일정 잡기, 업무 협조 요청, 가격 협상, 선적 및 배송, 제품 소개 등 다양한 주제들을 아우릅니다.

5. 한눈에 훑어보는 통번역 핵심 문장&용어 모음집 제공

앞서 학습한 비즈니스 통번역 지문들 중 가장 활용도가 높다고 생각되는 표현들을 포함하고 있는 문장들만 따로 엄선하여, 이러한 문장들을 한눈에 쉽게 훑어볼 수 있도록 한데 모아 놓은 "통번역 핵심 문장 모음집"을 부록으로 제공합니다. 또한 "상무이사, 부장, 계장, 대리" 등과 같은 다양한 직함 및 "인사부, 기획부, 홍보부, 제품개발부" 등 다양한 부서들을 영어로 어떻게 표기하는지 소개해 놓은 "직함/부서 표기 용례 모음집"을 함께 제공합니다.

6. 각 지문별 통역 연습에 필요한 MP3 파일 무료 제공 (www.sidaegosi.com)

본 교재에 수록된 지문을 읽고 번역 학습을 진행하는 것과 더불어, MP3를 직접 듣고 이를 통역해보는 연습까지 할 수 있도록 "교재 MP3 파일 무료 다운로드 서비스"를 제공해 드립니다. MP3 다운로드 방법은 "1) www.sidaegosi.com을 방문해 2) 홈페이지 상단 "MP3 다운"을 클릭한 뒤, 3) 클릭 후 들어간 페이지의 검색창에서 "하이패스 비즈니스 통번역"을 검색한 뒤 다운로드 받으시면 됩니다.

Contents

합격의 공식 Formula of pass | 시대에듀 www.sdedu.co.kr

목 차

● **PART 1** 비즈니스 영어 통번역 기초 다지기

Chapter 01	통번역의 정의	14
Chapter 02	통번역 테크닉	16

● **PART 2** 비즈니스 영어 통번역 주제별 집중 훈련

Chapter 01	회사 소개	22
Chapter 02	구인구직 및 인사 관리	28
Chapter 03	공지 및 안내	36
Chapter 04	초대 및 일정 잡기	44
Chapter 05	정보 요청 및 협조 요청	50
Chapter 06	자료 분석 및 시장 조사	56
Chapter 07	동향 파악, 전망, 예측	62
Chapter 08	의견 제시 및 건의	68
Chapter 09	문의 답변	74
Chapter 10	홍보 및 광고	80
Chapter 11	기업 제휴 및 마케팅	88
Chapter 12	가격 협상	94
Chapter 13	대금 결제	100
Chapter 14	선적 및 배송	106
Chapter 15	제품 결함, 반품, 취소	112
Chapter 16	컴플레인 및 사과	118
Chapter 17	감사 메시지	124
Chapter 18	축하, 칭찬, 추천, 위로	128
Chapter 19	기업, 생산, 경영	132
Chapter 20	기업가 및 근로자	140
Chapter 21	각종 사회 이슈	146
Chapter 22	여행 및 항공	152

● **PART 3** 비즈니스 영어 통번역 시험(ITT) 예상문제 40 156

● **ANSWERS** 비즈니스 영어 통번역 모범답안

PART 2	통번역 모범답안	178
PART 3	통번역 모범답안	208

● **APPENDIX** 비즈니스 영어 통번역 핵심 문장&용어

비즈니스 주제별 핵심 문장 모음	218
직함/부서 표기 용례	240
주요 시사 약어	242

학습 플랜

아래와 같은 4개월 학습 플랜뿐만 아니라 본인에게 맞는 자신만의 학습 플랜을 짜서 학습하도록 하십시오.

1개월 차	Monday	Tuesday	Wednesday	Thursday	Friday
Week1	Part 1	Part 2 Chapter 01	Part 2 Chapter 01	Part 2 Chapter 02	Part 2 Chapter 02
Week2	Part 2 Chapter 03	Part 2 Chapter 03	Part 2 Chapter 04	Part 2 Chapter 04	Review
Week3	Part 2 Chapter 05	Part 2 Chapter 05	Part 2 Chapter 06	Part 2 Chapter 06	Review
Week4	Part 2 Chapter 07	Part 2 Chapter 07	Part 2 Chapter 08	Part 2 Chapter 08	Review

2개월 차	Monday	Tuesday	Wednesday	Thursday	Friday
Week1	Part 2 Chapter 09	Part 2 Chapter 09	Part 2 Chapter 10	Part 2 Chapter 10	Review
Week2	Part 2 Chapter 11	Part 2 Chapter 11	Part 2 Chapter 12	Part 2 Chapter 12	Review
Week3	Part 2 Chapter 13	Part 2 Chapter 13	Part 2 Chapter 14	Part 2 Chapter 14	Review
Week4	Part 2 Chapter 15	Part 2 Chapter 15	Part 2 Chapter 16	Part 2 Chapter 16	Review

3개월 차	Monday	Tuesday	Wednesday	Thursday	Friday
Week1	Part 2 Chapter 17	Part 2 Chapter 17	Part 2 Chapter 18	Part 2 Chapter 18	Review
Week2	Part 2 Chapter 19	Part 2 Chapter 19	Part 2 Chapter 20	Part 2 Chapter 20	Review
Week3	Part 2 Chapter 21	Part 2 Chapter 21	Part 2 Chapter 22	Part 2 Chapter 22	Review
Week4	Part 3 ITT 문제 01~04	Part 3 ITT 문제 05~08	Part 3 ITT 문제 09~12	Part 3 ITT 문제 13~16	Part 3 ITT 문제 17~20

4개월 차	Monday	Tuesday	Wednesday	Thursday	Friday
Week1	Part 3 ITT 문제 21~24	Part 3 ITT 문제 25~28	Part 3 ITT 문제 29~32	Part 3 ITT 문제 33~36	Part 3 ITT 문제 37~40

비즈니스
영어
통번역

영·한·편

비즈니스 영어 통번역 기초 다지기

Chapter 01.   통번역의 정의
Chapter 02.   통번역 테크닉

CHAPTER 01 통번역의 정의

1 통번역이란 무엇인가?

본래 통번역이란, 출발언어(source language)를 도착언어(target language)로 옮기는 것을 말한다. 예를 들어 영-한 통번역의 예를 들면 영어를 한국어로 옮기는 것이라 할 수 있다. 하지만, 영어를 한국어로 "어떻게" 옮기느냐가 중요하고, 그렇게 하기 위해서는 영어 자체를 잘 이해할 수 있어야 할뿐만 아니라 한국어 또한 정확하게 구사할 수 있어야 한다. 거꾸로 한-영 통번역의 경우도 마찬가지다.

여기서 중요한 것은 한 나라의 말과 글은 그 나라의 정서와 문화를 내포하고 있어서 곧이곧대로 옮길 경우 무슨 말을 하는지 알 수 없는 경우가 많다는 것이다. 따라서 말하고자 하는 바를 잘 정리하여 그 내용을 옮길 때는 신중하게 해야 한다. 모든 언어가 표층구조(surface)와 심층구조(meaning)로 되어있다는 것을 감안하여 표층구조, 즉 문법구조를 통하여 말하고자 하는 의미를 이해하고, 이해한 의미를 재구성하여 도착언어로 표현하는 것이 가장 바람직한 통번역 방법이라 할 수 있다. 다시 말하자면 통번역은 출발언어의 메시지를 양방향으로 제대로 해석한 뒤 그 의미를 도착언어로 재구성하는 작업이라 볼 수 있다.

통번역의 완성도를 평가하는 가장 큰 기준은 무엇인가? 통번역의 완성도를 평가하는 가장 큰 기준은 바로 등가성 매칭(equivalence-matching)과 가독성(legibility)이다. 여기서 말하는 등가성 매칭이란 "출발언어와 도착언어가 얼마만큼 같은 스토리를 말하고 있는가"하는 것을 말하며, 가독성이란 "도착언어를 듣거나 읽고 얼마만큼 청자와 독자가 쉽게 그 내용을 이해할 수 있는가"하는 점이다. 통번역의 완성도를 평가하는 데는 등가성과 가독성 이외에도 많은 요소가 있지만, 대체적으로 등가성과 가독성이 좋으면 좋은 통번역이라 할 수 있다.

그렇다면 통역과 번역의 차이는 무엇인가? 통역은 실제상황에서 의사소통을 하는 것이며 그 표현수단이 "말"이지만, 번역은 시간과 공간이 다를 뿐만 아니라 신중하게 내용을 파악해서 전달해야 하는 "글"이 표현수단이다. 즉, 어떤 "말"을 다른 "말"로 바꾸어 표현하는 것이 통역이라면, 번역은 "글"을 다른 "글"로 바꾸어 표현하는 것이라고 볼 수 있다. 하지만 이 둘의 공통점은 앞서 말한 바와 같이 출발언어를 도착언어로 옮기는 것이다.

2 통번역에 대한 "유진 나이다(Eugene Nida)"의 정의

다른 언어로의 재구성	통번역 과정은 기본적으로 "출발언어(source language) ➡ 분석(analysis) ➡ 전환(transfer) ➡ 재구성(reconstruction) ➡ 도착언어(target language)"로 구성된다. 번역사는 단순히 언어적인 속성만을 적용해서 번역하는 것이 아니라, 어떤 기준을 적용하여 원문을 해독하고, 해독한 내용을 다른 언어로 재구성하는 사람이다.
적절한 번역어의 올바른 선택	영어권 사람들은 "hello"를 직접 만났을 때나 전화로 통화를 할 때 인사말로 별 구별 없이 사용하지만, 이태리어 "pronto"나 "hallo"는 전화로 통화를 할 때만 사용하므로 영어 "hello"를 무조건 "pronto"나 "hallo"로 번역해서는 안 된다. 다시 말해, "hello"가 인사말(인사라는 개념을 담고 있는 말 = notion of greeting)인 것은 사실이지만 어떤 상황에서 누가 누구에게 하는 인사말인지를 감안해서 적절한 번역어를 선택해야 한다.

문맥에 따른 적합한 해석	"The spirit of the dead child rose from the grave.(그 죽은 아이의 spirit가 그 무덤에서 떠올랐다.)"에서 "spirit"는 "ghost(영혼)"으로 번역해야 하는 것처럼, "spirit"를 무조건 "정신"으로 번역하는 우를 범해서는 안 된다. 즉 "spirit"는 문장에 따라 "angel(천사)"가 될 수도 있고, "alcohol(술)"이 될 수도 있다는 것이다.
2차 문화권에 대한 이해	언어적인 이해만으로는 1차 언어의 어구를 2차 언어로 번역할 수 없다는 사실을 번역사는 인정해야 한다. 2차 언어 문화권에 1차 언어 문화권과 유사한 문화 관습이 없을 수도 있다는 사실을 번역사는 인정해야 한다. 번역사는 1차 언어의 사용자가 누구이며, 지위, 연령, 성별, 청자 등을 고려해야 할 뿐만 아니라 1차 언어의 문맥적 상황에 적합한 2차 언어를 선택할 수 있어야 한다. 번역사는 1차 언어의 문맥 속에 들어 있는 특정 어구가 어떤 의미를 내포하고 있는지 알아낼 수 있어야 한다. 번역사는 1차 언어의 어구가 가지고 있는 작품 속에서의 의미와, 그 작품이 속해 있는 문화체계를 잘 이해하여 2차 언어로 바꾸어야 한다.

3 통역의 종류

번역은 모두 동일한 방식으로 하지만, 통역은 하는 방식에 따라 여러 종류가 있다. 통역의 종류는 하단의 표에 나와 있는 것과 같으며, 비즈니스 통역은 동시통역을 해야 하는 경우도 있기는 하지만 통상적으로 순차통역이 주를 이루고 있다고 보면 된다.

순차통역	화자가 짧게는 3-4분에서 길게는 20여분까지 일정한 분량을 말하는 동안 통역사가 말하는 것을 기억하거나 노트 테이킹을 한 다음에 말이 끝나면 통역하는 형식이다.
동시통역	화자와 거의 동시에 통역 부스 안에서 헤드셋으로 듣고 통역하는 형식이다. 동시통역의 경우 화자의 말을 청취하는 동시에 통역을 해야 하기 때문에 신체적, 정신적으로 긴장할 수 밖에 없는 작업이라고 볼 수 있다.
문장구역	문장을 눈으로 읽으면서 동시에 말로 통역하는 방식이다.
위스퍼링	문장구역과 함께 넓은 의미에서 동시통역에 해당하는 것으로 화자의 뒤에서 상대방의 언어를 작은 소리로 통역하는 방식이다.
릴레이 통역	동시통역을 할 때 3개 국어 이상을 통역해야 할 때 사용하는 방식이다. 예를 들어 일본어로 한 말을 일한 통역사가 한국어로 동시통역을 하면 한영 통역사가 이 말을 듣고 다시 영어로 동시통역하는 식이다. 여러 가지 언어를 사용하는 회의에서 모든 언어를 통역할 수 있는 통역사를 확보할 수 없는 경우 사용하는 방식이다.
화상회의 통역	멀리 떨어져 있는 사람들과 화상회의를 할 때 사용하는 통역을 말한다. 서울에 있는 통역사가 지구 반대편에서 하는 회의를 통역하는 식이다.

CHAPTER 02 통번역 테크닉

1 반드시 알아둘 20가지 통번역 기본 테크닉

앞서 통번역의 정의에서 언급한 바와 같이, 통번역에 있어 중요한 것은 적절한 번역어를 선택하여 문맥을 잘 살펴 그 의미를 정확히 전달하는 것이다. 단순 직역이 아닌 "제대로 된 의미 전달"을 하기 위해 필요한 통번역 테크닉을 20가지로 압축 요약해 놓았으니, 이를 잘 살펴보고 통번역에 임할 수 있기를 바란다.

❶ 꼭 필요한 주어 외에는 주어를 생략하고 표현하라.
   (ex : "그녀는~ 그녀는~"처럼 "그녀는~"을 반복하지 않음)
❷ 한 문장 안에서 용어를 통일하라. (ex : 엄마, 어머니 중 하나로)
❸ 때로는 긴 문장은 자르고, 짧은 문장은 연결하라.
❹ 명사 중심 표현을 서술적인 표현으로 바꾸어라. (ex : 슬픔을 느끼다 ➡ 슬퍼하다)
❺ 어려운 한자를 쓰지 말고 쉬운 표현을 골라라. (ex : 작별을 고하다 ➡ 헤어지다)
❻ 대명사는 가능하면 생략하라. (인칭대명사, 혹은 지시대명사)
❼ 가능하다면 직접화법을 간접화법으로 바꾸어라.
❽ 번역문은 항상 한국어 어순(주어+목적어+서술어)대로 재정리하라.
❾ 청각-시각언어, 큰 말-작은 말, 표준어-사투리를 구분하여 표현하라.
❿ 번역문을 읽고 의미 전달이 잘 안 될 경우 의미 중심으로 과감하게 의역하라.
⓫ 의미를 중심으로 전체 문장을 두 번 이상 읽고 전체적인 논리를 중심으로 번역하라.
⓬ 한국어 조사를 정확하게 활용하라.
⓭ "~에 대하여, ~에 관하여, ~에 대해, ~에 관해" 등에 해당하는 표현을 목적어로 삼아 표현하라.
   (ex : 이 집에 대해서 좋게 생각한다 ➡ 이 집을 좋게 생각한다)
⓮ "아무리 ~해도 지나치지 않다, ~함에 틀림없다, ~라 아니할 수 없다"와 같은 번역 어투를 삼가고 "아주 중요하다, 사실이다, 정말 무엇이다" 등으로 간단히 표현하라.
⓯ 원문의 품사에 얽매이지 말고 품사를 전환하여 번역하라.
   (품사 전환 번역을 활용하라. ex : 지원을 제공하기 위해 노력하다 ➡ 지원하기 위해 노력하다)
⓰ 겹친 말을 피하고 이중으로 서술하지 마라. (ex : 어제 걱정이 무척 됐었다 ➡ 어제 무척 걱정했다)
⓱ 부사가 이미 시제를 암시하고 있으므로 동사의 시제에 얽매이지 말고 자연스럽게 표현하라.
   (ex : 그해 5월 초에 그 여자를 만났었던 적이 있었다 ➡ 그해 5월에 그 여자를 만난 적이 있다)
⓲ 화자 관점으로 일관되게 서술하라. (1인칭, 2인칭, 3인칭 관점인지 구분하여 표현하라.)
⓳ 가능하면 수동태 문장은 능동형으로 바꾸어 표현하라. (ex : 제공되어졌다 ➡ 제공했다)
⓴ 다른 뜻으로 표현하면 안 되지만, 원문을 이해할 수 있으면 원문의 어순을 무시하고 과감하게 처리하라.

2 통역은 "전향식"으로, 번역은 "비전향식"으로 하라.

통역 예시

What we need to fully recognize is that just as our two countries' climates and histories differ, so too do our social customs and ways of looking at things.

❶ **전향식 통역** : 우리가 충분히 알고 있어야 할 것은 우리 양국의 기후와 역사가 서로 다른 것과 마찬가지로 사회적 관습과 사물관 또한 다르다는 사실입니다.

❷ **비전향식 통역** : 우리 양국의 기후와 역사가 서로 다른 것과 마찬가지로 사회적 관습과 사물관 또한 다르다는 것을 우리는 충분히 알고 있어야 할 것입니다.

직접 말을 듣고 다시 말로 전달하는 통역을 할 경우엔 첫 번째 통역과 같은 "전향식 통역"이 좀 더 수월하다고 볼 수 있다.

번역 예시

I ask Korea to join with the United States in rejecting those protectionist pressures to ensure that the growth you have enjoyed is not endangered by a maze of restrictive practices.

❶ **전향식 번역** : 본인이 한국에 부탁드리고자 하는 것은 미국과 함께 보호무역주의자들의 압력을 배격하여 여러분들이 이룩한 성장이 복잡한 규제조치로 말미암아 위험에 처해지지 않도록 하자는 것입니다.

❷ **비전향식 번역** : 한국이 그동안 이룩한 성장이 복잡한 규제조치로 인하여 위험에 처해지지 않도록 하기 위해 보호무역주의자들의 압력을 배격하는 데 우리 미국과 함께 해주시기를 본인은 부탁드리는 바입니다.

통역과는 다르게 번역을 하는 경우에 한국어 문장 구조식의 "사람주어+술어" 구조로 된 비전향식 번역이 더 바람직하다고 볼 수 있다.

3 번역을 할 땐 "가독성"을 충분히 고려하라.

번역 예시

Jimmy made his mother sad.

❶ 번역 A : 지미는 엄마를 슬프게 만들었다.
❷ 번역 B : 지미 때문에 엄마는 슬펐다.

위의 예에서 알 수 있듯이, 번역 A처럼 영어적인 통사구조대로 따라가면서 한국어 문장을 배열하는 방식은 한국어 문장답지 못한 반면, 번역 B와 같은 문장은 한국어 문장답다는 것을 알 수 있다. 통번역에서 등가성과 가독성을 중요시한다고 할 때 이 두 문장의 등가성이 같다고 본다면, 가독성 측면에서는 번역 B가 훨씬 자연스럽다는 것을 알 수 있다.

4 "창의성"과 "어휘력"을 충분히 발휘하라.

통번역을 할 때엔 표현의 방법론이 중요한 것이 아니라, 어떻게 해서든 자신의 표현 문장력을 살려서 쉽고 정확하게 화자의 말이나 원문의 의미를 전달하는 것이 중요하다고 할 수 있다. 이런 의미에서 보면 무엇보다도 통번역사의 순발력 있는 의미 캐치 능력과 자유자재로 구사할 수 있는 언어능력이 중요하다고 볼 수 있다.

통번역 예시 1	As I mentioned to you briefly, I am a consultant for M&A, which specializes in finding housing for foreign executives in Korea. ❶ 통번역 A : 간단히 말씀드렸듯이, 저는 한국에 있는 외국 임원들을 위한 집을 찾는 것을 전문으로 하는 M&A 회사의 컨설턴트입니다. ❷ 통번역 B : 간단히 말씀드렸듯이, 저는 한국 주재 외국 임원들을 위한 거주지 알선 업무를 전문으로 하는 M&A 회사의 컨설턴트입니다.
	한국에 있는 → 한국 주재 / 집을 찾는 것 → 거주지 알선 업무
통번역 예시 2	Students and educators are upset about cuts in university funding and steep tuition hikes. Many students say they have to take second jobs to afford school. ❶ 통번역 A : 학생들과 교육 관계자들은 대학 재정 삭감 및 엄청난 등록금 인상에 대해 실망했습니다. 많은 학생들은 학교를 다니기 위해 두 번째 직업을 가져야만 한다고 말합니다. ❷ 통번역 B : 학생들과 교육 관계자들은 대학 재정 삭감 및 엄청난 등록금 인상 조치에 매우 불편한 심기를 드러내고 있습니다. 대다수 학생들은 학교를 다니기 위해 부업을 해야 할 지경이라고 토로합니다.
	실망했다 → 매우 불편한 심기를 드러냈다 / 두 번째 직업 → 부업 / 말하다 → 토로하다
통번역 예시 3	The strength of this project is its competitive price, its edutainment values, and a game environment that won't intimidate novice users. ❶ 통번역 A : 이 프로젝트의 강점은 경쟁력 있는 가격, 에듀테인먼트 가치, 그리고 초보 사용자들에게 겁을 주지 않는 게임 환경입니다. ❷ 통번역 B : 이 프로젝트의 강점은 경쟁력 있는 가격, 오락성을 겸비한 교육적 가치, 그리고 초보 사용자들을 주눅들게 하지 않을 게임 환경입니다.
	에듀테인먼트 → 오락성을 겸비한 교육적 / ~에게 겁을 주지 않는 → ~을 주눅들게 하지 않을

5 번역을 할 때엔 글의 "성격과 어조"를 고려하라.

특히 번역을 할 때엔 항상 번역에 들어가기 전 원문 전체를 꼼꼼히 읽어본 후 글의 성격과 어조를 대략적으로 파악해야 한다. 글이란 것은 내용적인 측면뿐만 아니라 그 글이 담고 있는 "색깔"이란 것이 있기 때문에 이를 반드시 염두에 두고 번역에 임해야 본래의 뜻을 보다 더욱 효과적으로 전달할 수 있다.

번역 예시	Mangrove Resort. Bask in clear beach waters at Mangrove Resort. Enjoy five-star treatment in our luxurious rooms, restaurants, and sports facilities! Everyone can find something to take part in with Mangrove's variety of tours, diving excursions, and recreational activities. Mangrove Resorts is the perfect place for a vacation for your loved ones or families. And as a special promotion, from July 15 to August 15, we will offer vacation packages at 10 percent off peak rates. Take advantage of this chance for incredible savings and enjoy the beach with our family and friends.
	❶ 번역 A : 맹그로브 리조트. 맹그로브 리조트에서 깨끗한 해변의 바다를 <u>즐기라</u>. 리조트의 고급 객실, 식당, 그리고 스포츠 시설에서 5성급 대우를 <u>즐겨라</u>! 모두가 맹그로브의 다양한 관광 일정, 다이빙 여행 및 여가 활동들에 <u>참여할 수 있다</u>. 맹그로브 리조트는 당신들의 사랑하는 이들 및 가족들과 함께 휴양을 즐길 수 있는 <u>최적의 장소이다</u>. 특별 판촉 행사로서, 7월 15일부터 8월 15일까지 성수기 요금에서 10%를 할인한 금액으로 휴양 패키지를 <u>제공한다</u>.
	❷ 번역 B : 맹그로브 리조트. 맹그로브 리조트에서 깨끗한 해변의 바다를 <u>즐기세요</u>. 리조트의 고급 객실, 식당, 그리고 스포츠 시설에서 5성급 대우를 <u>즐기시기 바랍니다</u>! 여러분 누구나 맹그로브의 다양한 관광 일정, 다이빙 여행 및 여가 활동들에 <u>참여하실 수 있습니다</u>. 맹그로브 리조트는 여러분이 사랑하는 이와 가족과 함께 휴양을 즐길 수 있는 <u>최적의 장소입니다</u>. 특별 판촉 행사로서, 7월 15일부터 8월 15일까지 성수기 요금에서 10%를 할인한 금액으로 휴양 패키지를 <u>제공해 드립니다</u>.
	즐기라 → 즐기세요 / 즐겨라! → 즐기시기 바랍니다! / 참여할 수 있다 → 참여하실 수 있습니다 / 최적의 장소이다 → 최적의 장소입니다 / 제공한다 → 제공해 드립니다

6 결론

이제 통번역을 전문가들의 영역이라 생각할 것이 아니라, 누구나가 보편적으로 갖추어야 할 영어 소양으로서 받아들여야 할 시대에 접어들었다고 할 수 있다. 또한 영어 능력을 단지 영어 문장을 이해하는 능력쯤으로 생각할 것이 아니라 영어를 통해 지식을 이해하고 체득할 수 있는 능력으로 끌어올려야 글로벌 시대에 맞는 영어능력이라 할 수 있을 것이다. 특히 비즈니스 통번역은 글로벌 시대를 살아나가는 직장인이라면 누구나 그 소양과 능력을 갖추어야 한다. 비즈니스 통번역 능력을 갖춘다는 것은 다른 사람들과 차별화된 영어 능력을 갖춘다는 것에 큰 의미가 있다 하겠다.

비즈니스
영어
통번역

영·한·편

비즈니스 영어 통번역 주제별 집중 훈련

Chapter 01. 회사 소개
Chapter 02. 구인구직 및 인사 관리
Chapter 03. 공지 및 안내
Chapter 04. 초대 및 일정 잡기
Chapter 05. 정보 요청 및 협조 요청
Chapter 06. 자료 분석 및 시장 조사
Chapter 07. 동향 파악, 전망, 예측
Chapter 08. 의견 제시 및 건의
Chapter 09. 문의 답변
Chapter 10. 홍보 및 광고
Chapter 11. 기업 제휴 및 마케팅
Chapter 12. 가격 협상
Chapter 13. 대금 결제
Chapter 14. 선적 및 배송
Chapter 15. 제품 결함, 반품, 취소
Chapter 16. 컴플레인 및 사과
Chapter 17. 감사 메시지
Chapter 18. 축하, 칭찬, 추천, 위로
Chapter 19. 기업, 생산, 경영
Chapter 20. 기업가 및 근로자
Chapter 21. 각종 사회 이슈
Chapter 22. 여행 및 항공

CHAPTER 01 회사 소개

STEP 1 알짜배기 문장으로 통번역 준비 운동!

의미에 맞게 영문의 빈 칸을 채워가며 실전 통번역에 앞서 몸을 가볍게 풀어봅시다.

01 The _____ of our company is electric home appliances.
저희 회사의 주력 상품은 가전제품입니다.

02 We are the _____ producer and exporter of _____ writing instruments in Korea.
저희는 한국에서 적정가의 필기구를 생산 수출하는 선두 업체입니다.

03 Our company _____ finding housing for foreign _____ in Korea.
저희 회사는 한국 주재 외국 임원들을 위한 거주지 알선 업무를 전문으로 하고 있습니다.

04 We can assist you in setting up _____ programs that suit your company's _____.
저희는 귀사의 요구에 부합하는 맞춤화된 프로그램을 고안하는 데에 도움을 드릴 수 있습니다.

05 I _____ working with your company in the very _____.
가까운 시일에 귀사와 함께 일하게 되길 기대합니다.

06 I've attached our _____ brochure for your _____.
귀하께서 참고하실 수 있도록 가장 최근의 브로셔를 첨부해 드립니다.

07 We have _____ all over Korea, with about 500 _____ altogether.
저희는 약 500명의 직원들과 함께 한국 전역에 걸쳐 지사를 보유하고 있습니다.

08 We have established a large _____ in Europe, Asia and North America.
저희는 유럽, 아시아, 그리고 북미에 폭넓은 고객층을 확보해왔습니다.

09 We have been increasing our _____ in the South American market in recent years.
저희는 최근 몇 년간 남미 시장에서 시장 점유율을 증가시켜 왔습니다.

10 The company _____ two years ago and since then, CGI _____ into South America.
회사는 2년 전에 상장되었고, 그 후 CGI는 남미로 판로를 확장하였습니다.

11 Last year, CGI achieved a _____ of almost $500 _____.
지난해 CGI는 거의 5억 달러에 이르는 매출을 달성했습니다.

12 In 1998, Amazon started to sell software, _____, and domestic _____.
1998년, 아마존은 소프트웨어, 전자제품, 그리고 가전제품을 판매하기 시작했습니다.

01. main product
02. leading / affordable
03. specializes in / executives
04. customized / needs
05. look forward to / near future
06. latest / reference
07. branches / employees
08. customer base
09. market share
10. went public / expanded
11. turnover / million
12. electronics / appliances

비즈니스 영한 통번역 맛보기

핵심 문장들로 구성된 영문 통번역 예시를 보며, 실전 연습에 앞서 몸을 가볍게 풀어봅시다.

01 The main product of our company is electric home appliances. Our company has a gross profit of over $1 million. We have approximately a quarter of a million employees.

• 어휘 •
electric home appliances 가전제품
gross profit 총 수익
a quarter of ~ ~의 4분의 1

저희 회사의 주력 상품은 가전제품입니다. 저희 회사는 총 백만 달러 이상의 수익을 올리고 있습니다. 저희 회사엔 약 25만 명의 직원들이 있습니다.

02 We are the leading producer and exporter of affordable writing instruments in Korea with over twenty years of experience in the field. We have been awarded the Presidential Innovation Award two years in a row for our innovative designs.

• 어휘 •
affordable 적정가의, 감당할 수 있는
writing instrument 필기도구
in a row 연속으로
innovative 혁신적인

저희는 이 분야에서 20년 이상의 경험과 함께 적정가의 필기도구를 생산 수출하는 선두 업체입니다. 저희는 혁신적인 디자인으로 2년 연속 기술혁신 대통령상을 수상했습니다.

03 As I mentioned to you briefly, I am a consultant for M&A, which specializes in finding housing for foreign executives in Korea. As one of the leading corporate training specialists in Korea, we can certainly assist you in setting up customized programs that suit your company's particular needs. I would like to sit down and discuss your needs in more detail at your convenience. I look forward to working with your company in the very near future. I've attached our latest brochure for your reference.

• 어휘 •
briefly 간략히, 간단하게
specialize in ~ ~을 전문으로 하다
executive 임원
specialist 전문가
set up ~ ~을 세우다, 설립하다
customized 개개인의 요구에 맞춘
particular 특정한, 특별한
at your convenience 당신이 편한 때
latest 가장 최근의

간단히 말씀드렸듯이, 저는 한국 주재 외국 임원들을 위한 거주지 알선 업무를 전문으로 하는 M&A 회사의 컨설턴트입니다. 한국 전문가 교육의 선두 업체 중 하나로서, 저희는 귀사의 구체적 요구에 부합하는 맞춤화된 프로그램을 고안하는 데에 확실한 도움을 드릴 수 있습니다. 귀사께서 편하실 때에 함께 앉아 귀사의 요구 사항에 대해 좀 더 자세히 논의했으면 합니다. 가까운 시일 내에 귀사와 함께 일하게 되길 기대합니다. 귀사께서 참고해보실 수 있도록 당사의 가장 최근 브로셔를 첨부해 드립니다.

STEP 3 비즈니스 영한 통번역 실전 트레이닝 001~005

다양한 비즈니스 상황에서의 영어 단문 및 문단들을 통번역 해보며 실력을 한 단계 높여보도록 합시다.

01 I founded Universal Computer 20 years ago. We started with a small office in Seoul. Our headquarters is still here, but now we have branches all over Korea, with about 500 employees altogether. Many of the offices are open design: everyone works together, from managers to administrative staff, as well as people selling over the phone, and people in technical support giving help to customers over the phone. Recruitment is taken care of in Seoul, by the Human Resources Department.

• 어휘 •
headquarters 본부, 본사
branch 지사, 분점
all over ~ ~의 전역에 걸쳐
administrative staff 행정(관리) 직원
technical support 기술 지원
recruitment 신규 모집, 채용
human resources department (= HRD) 인사과

02 Corporate purpose: Our purpose at Unilever is to meet the everyday needs of people everywhere to anticipate the aspirations of our consumers and customers, and to respond creatively and competitively with branded products and services which improve the quality of life. Our deep roots in local cultures and markets around the world are our unparalleled inheritance and the foundation for our future growth. We will bring our wealth of knowledge and international expertise to the service of local consumers multinationally. We are clear on the need to have the highest standard of corporate management for our employees, consumers and community in order to succeed. This is Unilever's road to sustainable, profitable growth for our business and long-term value creation for our shareholders and employees.

• 어휘 •
corporate purpose 기업 목표
anticipate 예상하다
aspiration 열망, 포부, 염원
consumer 소비자
unparalleled 비할(견줄) 데 없는
inheritance 유산, 상속 받은 재산
foundation 토대, 기초
a wealth of ~ 풍부한 ~
expertise 전문 기술(지식)
multinationally 다국적으로
highest standard 높은 수준
management 관리
sustainable 지속 가능한
profitable 수익성이 있는
long-term 장기적인
shareholder 주주

03

CGI Computer Company Wins School Contract:

CGI, a small computer hardware company based near Arkansas has won a contract to supply hardware and support to schools in the US over the next three years. The contract is worth approximately $50 million. When he was a student, John took a summer job at a computer factory. Today, he runs his own firm, CGI. The firm develops and manufactures computer hardware. John was born in a small town near Arkansas border. He left school in 1992 and went to vocational college where he did an apprenticeship as an office management assistant. In the same year, John took a summer job at a local factory. He worked in the office where he processed orders. One of the main activities at the factory was building computers. One day, when he was walking across the factory floor, John realized that he wanted to run his own computer hardware company. In the year 2015, soon after he graduated, he set up CGI. The company started small. At the beginning, John rented an old warehouse. He employed three people to work on the assembly line on an hourly basis. Success came early when John won the Young Entrepreneur Prize in 2015. Other awards followed. Over the years, CGI has grown and developed. Today, over 200 people work for John. The company went public two years ago and since then, CGI expanded into South America. CGI has been in its own, custom-built premises on an industrial estate near Arkansas for six months now. Last year, CGI achieved a turnover of almost $500 million.

• 어휘 •

win a contract 계약을 따내다
supply 공급하다
approximately 대략
million 100만
run a firm 회사를 운영하다
develop 개발하다
manufacture 생산하다
vocational college 전문대학
apprenticeship 견습 기간, 견습직
assistant 보조
process an order 주문을 처리하다
walk across ~ ~을 가로질러 가다
one's own 고유한 ~만의
graduate 졸업하다
set up ~ ~을 세우다, 설립하다
rent 임대하다
warehouse 창고
employ 고용하다
assembly line 조립 라인
on hourly basis 시간제로
entrepreneur 기업가
award 상
go public 상장되다
since then 그 이후로
expand into ~ ~로 확장되다
custom-built 주문 제작한, 맞춤형의
premises 부지, 구내
industrial estate 산업 단지
achieve 이룩하다, 달성하다
turnover 총 매상

04

Jeff Bezos launched Amazon.com in 1994. He dreamed up the idea of the online bookstore on a long drive across America. At the beginning, he ran the company from his parents' garage in Washington State. The business soon came to the attention of two successful entrepreneurs, Nick Hanauer, a local businessman, and Tom Alberg, a member on the board of directors of many high-powered companies. At the end of 1995, both men put money into Amazon.com. Bezos used some of the invested money to improve the Amazon website. It wasn't long before Amazon.com was delivering books to all parts of America but Bezos realized that he had to offer more if he wanted people to come back as customers. He decided to ask buyers to write their own book review. The idea worked. People who wrote reviews felt involved with the company. They started to see Amazon as more of an online community and not just a place to buy things. In 1997, Amazon generated $15.7 million in revenue. The company went public and Bezos added CDs and films to the goods on offer. In 1998, Amazon started to sell software, electronics, video games, toys and domestic appliances. At the end of 1999, Amazon registered over a billion dollars in sales but then the company began to lose money. In 2000, Amazon laid off more than 200 people. One year later, over 1,000 workers had to go. It looked as if Bezos' dream was coming to an end. Determined to save the site, Bezos invited other companies to sell their products through Amazon.com. Today you can buy all kinds of goods on Amazon.

어휘

launch 시작하다, 출시하다
dream up 생각해내다
at the beginning 처음에
run the company 회사를 운영하다
garage 차고
come to the attention 관심을 끌다
successful 성공적인
entrepreneur 기업가
businessman 사업가
board of directors 이사회
high-powered 영향력이 큰
put money into ~ ~에 돈을 투자하다
invested money 투자금
book review 서평
work 효과를 나타내다
involved with ~ ~에 소속된
community 공동체, 사회
generate 생산하다, 창출하다
revenue 수입
go public 상장되다
add 추가하다
goods on offer 판매 상품
electronics 전자제품
domestic appliances 가전제품
at the end of ~ ~의 마지막(말)
lose money 돈을 잃다
lay off 해고하다
as if ~ 마치 ~인 것처럼
come to an end 종말을 맞다
invite 초대하다

05

As you might have already noticed in Seoul, our company specializes in providing various promotional items to major international airlines around the world. Through years of operations in the airline industry by our well-experienced executives, we have established a large customer base in Europe, Asia and North America. We have also been increasing our market share in the South American market in recent years. Our main strength lies in supplying the highest quality products at the most competitive prices. In order for us to better serve you, we would like to know more detailed information about the needs of your esteemed airline. It would be extremely helpful if you could send us a list of the promotional items you are currently using and the annual consumption of each item. In most cases, we will be able to supply any of the same or similar products to you at much more competitive prices. Furthermore, based on your particular needs, we can propose a new design for your airline. Please feel free to give us a call or fax anytime for further details. We look forward to hearing from you soon.

• 어휘 •

specialize in ~ ~을 전문으로 하다
promotional item 판촉물
international airline 국제 항공사
operation 운영
well-experienced 경험이 풍부한
executive 임원, 간부
establish 설립(설정)하다
customer base 고객층
market share 시장 점유율
in recent years 최근 몇 년간
strength 강점
competitive price 경쟁력 있는 가격
esteemed 존경(호평) 받는
currently 최근에
consumption 소비(량), 소모(량)
be able to ~ ~할 수 있다
supply 공급하다
similar 비슷한
furthermore 뿐만 아니라
feel free to ~ 편하게 ~하라
give a call 전화하다

CHAPTER 02 구인구직 및 인사 관리

STEP 1 알짜배기 문장으로 통번역 준비 운동!

의미에 맞게 영문의 빈 칸을 채워가며 실전 통번역에 앞서 몸을 가볍게 풀어봅시다.

01 Pasteurs currently _____ for the following positions.
파스퇴르 사는 최근 다음과 같은 직책에 사람을 구하고 있습니다.

02 We are looking to _____ an Office Management Assistant on a _____.
저희는 정규직 사무 관리 보조사원을 모집하고 있습니다.

03 Excellent communication and presentation skills _____.
뛰어난 의사소통 능력 및 발표 능력이 요구됩니다.

04 You will need to be a _____ of standard office software.
일반적인 오피스 소프트웨어 사용에 능숙하셔야만 합니다.

05 We would like to offer a _____ of $5,000 per month.
저희는 초봉으로 매달 5,000달러를 지급하고자 합니다.

06 Your _____ will be on Monday, December 1.
근무 시작일은 12월 1일 월요일 예정입니다.

07 I am _____ the position of an IR manager.
저는 IR 매니저 직책에 지원하고자 합니다.

08 I _____ applying for the financial analyst position.
저는 재무 설계사 직책에 지원하는 것에 관심이 있습니다.

09 I used to _____ at the front desk of the hotel.
저는 호텔 안내 데스크에서 시간제 근무를 한 경험이 있습니다.

10 I would love to _____ to work at your company.
제가 귀사에서 일할 수 있는 기회를 갖게 된다면 매우 기쁠 것 같습니다.

11 Here is a draft of your _____.
여기 귀하의 업무 평가 초안입니다.

12 You really had a _____ overall.
귀하는 전반적으로 매우 뛰어난 업무 성과를 보였습니다.

01. has openings	05. starting salary	09. work part-time
02. recruit / permanent basis	06. starting date	10. have the opportunity
03. are required	07. applying for	11. performance review
04. competent user	08. am interested in	12. strong performance

비즈니스 영한 통번역 맛보기

핵심 문장들로 구성된 영문 통번역 예시를 보며, 실전 연습에 앞서 몸을 가볍게 풀어봅시다.

01 I am applying for the position of an IR manager advertised in the Herald Tribune on September 9. With more than five years' experience as an IR team leader for a major IT firm in Korea, I am confident that I can bring valuable insights, experience and skills to the position.

• 어휘 •
apply for ~ ~에 지원하다
experience 경험, 경력
be confident that ~ ~임을 자부하다
insight 통찰력, 이해

9월 9일자 헤럴드 트리뷴 지에 실린 IR 매니저 직에 지원하고자 합니다. 한국 대형 IT 회사에서 IR 팀 매니저로 5년간 근무했던 경력을 바탕으로, 본 직책에 맞는 가치 있는 통찰력, 경험, 그리고 기술을 활용할 수 있다고 자부하는 바입니다.

02 With so many qualified applicants being considered, the decision was difficult, but your extensive work experience and enthusiasm during the interview led us to decide that you are the right candidate. We would like to offer a starting salary of $5,000 per month. Your starting date will be on Monday, December 1.

• 어휘 •
qualified 자격 요건을 갖춘
applicant 지원자
extensive 아주 넓은, 대규모의
enthusiasm 열정
starting salary 초봉

고려 대상에 오른 자격 요건이 충분한 지원자들 틈에서 결정을 내리기란 쉽지 않았지만, 귀하의 폭넓은 업무 경험과 인터뷰 동안 보여주셨던 열정을 바탕으로 귀하를 최적의 후보자로서 결정하게 되었습니다. 초봉으로 월 5,000 달러를 제안하고자 합니다. 근무 시작일은 12월 1일 월요일 예정입니다.

03 I am currently looking for a summer job for Fridays and Saturdays, preferably a night shift, since I have classes in the morning at the state university. I used to work part-time at the front desk at Hotel J and have considerable experience in customer service. I would appreciate if you could provide me with information about possible employment opportunities at your restaurant. Thank you and I hope to hear from you soon.

• 어휘 •
look for ~ ~을 찾다, 알아보다
preferably 오히려, 가급적
night shift 야간 근무
state university 주립 대학교
work part-time 시간제 근무를 하다
considerable 상당한, 많은
customer service 고객 서비스
employment 고용, 취업

저는 현재 금요일과 토요일마다 일할 수 있는 하계 일자리를 찾고 있으며, 아침엔 주립 대학교에서 수업이 있기 때문에 가급적 야간 근무였으면 합니다. 저는 호텔 J의 안내 데스크에서 시간제 근무를 한 경험이 있으며 고객 서비스와 관련한 상당한 경력을 보유하고 있습니다. 제게 귀하의 식당에서 채용될 가능성에 대한 정보를 알려주신다면 매우 좋을 듯합니다. 감사드리며, 곧 연락을 받게 되길 바랍니다.

STEP 3 비즈니스 영한 통번역 실전 트레이닝 006~015

다양한 비즈니스 상황에서의 영어 단문 및 문단들을 통번역 해보며 실력을 한 단계 높여보도록 합시다.

모범답안 179

01 Many people looking for work read the job vacancies advertised by companies and employment agencies in the newspapers or on the Internet. To reply an advertisement is to apply for a job. You become a candidate or an applicant. You write an application form, or fill in the company's job description and send it, along with your resume and a covering letter. You often have to give the names of two people who are prepared to write references for you. If your qualifications and abilities match the job vacancy, you might be the candidate, i.e. selected to attend an interview.

• 어휘 •
job vacancy 빈 일자리
employment agency 직업 소개소
advertisement 광고
apply for a job 일자리에 지원하다
application form 지원서
fill in 작성하다
job description 직무 기술서
resume 이력서
covering letter 첨부 편지, 자기소개서
reference 추천서
i.e. 즉

02 I saw your company's advertisement on an online job site and I am interested in applying for the financial analyst position. I strongly believe that my academic and employment background, as outlined in detail in the attached resume, make me an excellent candidate for the job. EMRE PASTEURS has always had a notable reputation in the industry, and I would love to have the opportunity to work at your company. I am sincerely looking forward to your positive response to my application. You can contact me directly on my mobile phone at 222-5555 if you would like to arrange an interview. Thank you for your time and consideration.

• 어휘 •
job site 구직 사이트
financial analyst 재무 분석가
academic background 학력
outlined 서술된
attached 첨부된
notable 주목할 만한, 눈에 띄는
sincerely 진심으로
positive response 긍정적 답변
directly 바로, 직접적으로
mobile phone 휴대폰
arrange an interview 면접을 잡다
consideration 사려, 숙고

03

This company, in the city of Boston, organizes exhibitions, shows and events. As part of a team you will be dealing face to face with the public, giving out information about events and distributing tickets. You should be a good communicator both orally and in writing. Standard software skills are must. You should also be used to dealing with people from all walks of life and from overseas. Excellent English required. If your application is successful, you will be invited to take part in a telephone interview.

• 어휘 •
exhibition 전시회
face to face 일대일로
distribute 배부하다
communicator 의사 전달자
orally 구두로
in writing 서면으로
all walks of life 사회 각계각층
take part in ~ ~에 참여하다
telephone interview 전화 면접

04

I am interested in applying for a period of practical training in an English firm. The description of your firm on the Internet and the details about practical training which are given there match my abilities and interests very closely. I am about to complete my training as an office management assistant in a German distribution company. My duties include writing memos, faxes, emails and letters, planning meetings, telephoning and taking and passing on messages. I sometimes work as an interpreter when English-speaking visitors come to the company. I also attend a vocational school where I am studying English, word-processing and bookkeeping. This training leads to a certificate which every country in Europe recognizes. Enclosed is my CV and photocopies of my qualifications. As I am particularly keen to improve my English skills in an English-speaking country, I would appreciate the opportunity to discuss this application with you. I look forward to hearing from you soon.

• 어휘 •
practical training 실습, 수습
English firm 영어권 회사
be about to ~ 막 ~할 예정이다
complete 완료하다
office management 사무 관리
German 독일의, 독일인
distribution company 유통 회사
meeting 회의
telephone 전화, 전화를 걸다
interpreter 통역사
visitor 방문객
vocational school 직업 학교
word-processing 문서 작성
bookkeeping 부기
certificate 자격증
CV(=curriculum vitae) 이력서
qualification 자격(증)
particularly 특히
keen to ~ 간절히 ~하고 싶은

05

What is the most important factor in applying for a job? First, I think your chances depend on how well you fill the application form. If you don't do that first step correctly, then you will never be considered for an interview. Second, being able to handle the interview is the most important thing. You should be able to respond to the interview questions and to make positive replies even when you're asked some confusing questions. Try to be positive and confident. Third, I believe that writing a good CV is the most important skill you need. A good CV shows a prospective employer at a glance whether your educational and professional experience matches the needs of the company.

• 어휘 •

depend on ~ ~에 달려있다
application form 지원서
correctly 정확하게, 바르게
interview 면접
be able to ~ ~할 수 있다
respond to ~ ~에 답하다
positive reply 긍정적 답변
confusing 혼란스러운, 당황스러운
confident 자신감 있는
prospective 장래의, 유망한
at a glance 한 눈에, 즉시
whether ~ ~인지 아닌지
professional 전문적인

06

How do you think you performed this year? Here is a draft of your performance review. Please take a look at it and let me know if you have any questions. As you know, you and I need to reach a consensus as to what should be a fair representation of your performance this year. You really had a strong performance overall. As you know, the most important areas for someone at your level are technical skills and communication skills. I believe you have excelled in those areas. However, you still need to work on communicating more effectively to the board members, CEO's and other important figures. I believe you present yourself really well overall but I want you to be more precise and crisp when dealing with those people.

• 어휘 •

draft 초안
performance review 업무 평가
take a look at ~ ~을 살펴보다
reach a consensus 합의에 이르다
as to ~ ~에 관해서는
representation 묘사, 설명
overall 전반적으로
excel 뛰어나다, 탁월하다
work on ~ ~에 공을 들이다
effectively 효과적으로
board member 이사
precise 정확한, 꼼꼼한
crisp 딱딱한, 사무적인

07 Great Job Opportunities Await You at EMRE

Recognized throughout the industry as manufacturing high-quality dairy products, EMRE has enjoyed profitable growth since its establishment 14 years ago. It is constantly seeking out talented and motivated professionals who can help meet its global expansion goals for the new millennium. PASTEURS currently has openings for the following position:

Sales Representative. This is an entry-level position that involves day-to-day operational support for the sales manager, driving brand awareness, and increasing market share. Excellent communication and presentation skills are required, as well as the ability to quickly build rapport with clients. Quality Controller. The selected candidate will report directly to the operations director on a weekly basis. He/She should have knowledge of general standards of hygiene, quality, and food safety and must hold a degree in food service management or its equivalent. Financial Analyst. Facilitation of financial reports in compliance with established accounting practices is the key role of this position. The ideal candidate must have experience in using business intelligence tools for financial and management reporting and business analysis. Four years of related experience is required. Distribution Manager. The hired applicant will supervise the warehouse team and ensure the smooth distribution of finished products. He/She will monitor the quality, cost, and efficiency of the movement and storage of goods while also managing the departmental budget. Previous experience in a similar role is an advantage. Interested individuals may send their resume, together with two character references, to davis@emrepasteurs.co. The deadline for all applications is on September 30.

어휘

- high-quality 고품질의
- dairy product 유제품
- profitable 수익성이 있는
- establishment 설립
- seek out ~ ~을 찾아내다
- new millennium 새 천년
- sales representative 판매 담당자
- entry-level 신입의
- operational support 운영 지원
- brand awareness 상표 인지도
- build rapport 친분을 쌓다
- quality controller 품질 관리인
- operations director 운영 관리자
- on a weekly basis 매주
- hygiene 위생
- equivalent 대응하는 것, 등가물
- financial analyst 재무 분석가
- facilitation 용이하게 함, 편리화
- in compliance with ~ ~에 따라
- accounting practice 회계 관례
- ideal candidate 이상적 후보자
- distribution manager 유통 담당자
- applicant 지원자
- supervise 관리하다
- warehouse team 물류팀
- ensure 보장하다
- finished product 완제품
- efficiency 효율성
- storage of goods 물품 보관
- budget 예산
- advantage 이익, 이득
- character reference 추천서
- deadline 마감일
- application 지원

08

Recruitment. We are a leading US recruitment agency that is looking to recruit an Office Management Assistant on a permanent basis. Our client is a leading private clinic located in Boston. The successful candidate will assist the Clinic Manager and work in Reception. Responsibilities include meeting and greeting international clients, providing secretarial support to the Clinic Manager, appointment management, updating the database and providing general office administration.

1) What we are looking for: You will need to be a highly organized individual who is able to work under pressure. Strong administrative skills are essential. Office experience necessary; experience of working in reception would be useful. You will need to be a competent user of standard office software, have good typing skills and an excellent telephone manner. English and at least one foreign language essential.

2) What's on offer: A salary between $20,000 per annum is available. Luncheon vouchers. Optional language training classes. The clinic is located close to train and underground stations. The position, which is permanent, offers a superb opportunity for a hard-working, enthusiastic person. If you are interested in applying for this position, please complete our application form. If your application is successful, you will be asked to send your CV together with a covering letter. Initial interviews will be conducted by telephone. Successful candidates will be invited to Boston for face to face interviews in January.

• 어휘 •

recruitment 인력 채용
recruit 모집하다, 뽑다
on a permanent basis 정규직으로
successful candidate 합격자
private clinic 개인 의원
reception 안내 데스크, 접수처
responsibility 책임, 책무
international client 해외 고객
secretarial 비서직의, 비서 업무의
appointment 예약
administration 관리
individual 개인
be able to ~ ~하는 것이 가능하다
under pressure 압박을 받으며
essential 필수의
competent user 능숙한 사용자
at least 적어도
foreign language 외국어
annum 연, 년
luncheon voucher 점심 식권
optional 선택 가능한
located close to ~ ~에 가깝게 위치한
underground station 지하철역
superb opportunity 최고의 기회
hard-working 근면한
enthusiastic 열정적인
application form 지원서
be asked to ~ ~하도록 요구되다
covering letter 자기 소개서
initial interview 1차 면접
be conducted 시행되다
face to face 일대일

09 Mr. Kim Hoon-il has applied for a position with our firm as a sales representative and has given your name as a reference. We would be grateful if you could comment briefly on Mr. Kim's personal character, the qualifications he possesses which may be useful in his career objectives, and any knowledge you may have concerning his working experience. Any information you provide will be kept in the strictest confidence.

• 어휘 •
apply for ~ ~에 지원하다
sales representative 영업 담당자
reference 참고, 조회
comment 견해를 밝히다
personal character 인물의 성격
qualification 자격, 조건
career objective 경력(직업) 목표
strictest confidence 극비

10 There's nothing like spending an entire weekend photocopying resumes onto thick paper, rewriting the same cover letter fifty times, licking a roll of stamps, and making a pilgrimage to the local post office only to find it's closed on Sundays. Then comes the really fun part – waiting for weeks, unsure if the companies even received your resumes. Half the time, you don't even know if those companies have job openings. The horror! What if you could enter all your information into a form on the Internet, have it create a stylish electronic file including your abilities and needs, and then match it with hundreds of companies that are hiring in your area of interest? Pretty cool? Well, we think so, too. Welcome to Jobsource, the only on-line recruitment database designed just for students.

• 어휘 •
entire weekend 주말 내내
photocopy 복사하다
resume 이력서
lick 핥다
cover letter 자기소개서
pilgrimage 순례, 순례를 하다
unsure 확신하지 못하다
job opening 일자리
What if ~? 만약 ~라면?
enter 입력하다, 들어가다
form 양식, 서식
create 만들어내다, 창조하다
ability 능력
electronic file 전자 파일
recruitment 고용, 채용

CHAPTER 03 공지 및 안내

STEP 1 알짜배기 문장으로 통번역 준비 운동!
의미에 맞게 영문의 빈 칸을 채워가며 실전 통번역에 앞서 몸을 가볍게 풀어봅시다.

01 We _____ during the Lunar New Year holidays.
    저희는 구정 연휴 기간 동안 문을 닫을 예정입니다.

02 The Red Block _____ store will be _____ closed on Monday December 15.
    레드 블록 백화점은 12월 15일 월요일에 일시적으로 문을 닫을 예정입니다.

03 A strict _____ is enforced in this building.
    본 건물 내에서는 엄격한 금연 규정이 시행되고 있습니다.

04 All employees _____ conform to this non-smoking policy.
    모든 직원들은 이 금연 규정을 따라야 합니다.

05 The meeting will _____ in the _____ at 10 a.m. on July 5.
    회의는 7월 5일 오전 10시에 회의실에서 열릴 예정입니다.

06 Management has decided to upgrade the _____ coverage of all employees.
    경영진은 전 직원의 의료 보험 보상 범위를 업그레이드하기로 결정했습니다.

07 Details of the new coverage have been _____ the Web board for your _____.
    여러분의 편의를 위해 새로운 보상에 대한 세부 사항을 웹사이트 게시판에 게시해 놓았습니다.

08 Please read on for more _____ about our _____.
    개인 정보 보호 방침에 대해 좀 더 세부적으로 알고자 하신다면 부디 읽어주시기 바랍니다.

09 When you order, we need to know your name, _____ and _____ number.
    주문을 하실 경우, 당사는 여러분의 성명, 이메일 주소, 그리고 신용카드 번호를 알아야 합니다.

10 Orientation _____ your first day of work.
    오리엔테이션은 근무 첫날 열리게 될 예정입니다.

11 There will be a reception _____ of our office building.
    사내 건물 2층에서 환영회가 있을 예정입니다.

12 I would like to _____ all of you to submit the results of your _____.
    여러분 모두 건강 검진 결과를 제출해주실 것을 다시 한 번 말씀드립니다.

01. will be closed	05. take place / conference room	09. e-mail address / credit card
02. department / temporarily	06. medical insurance	10. will be held on
03. non-smoking policy	07. posted on / convenience	11. on the second floor
04. are required to	08. details / privacy policy	12. remind / medical examinations

비즈니스 영한 통번역 맛보기

핵심 문장들로 구성된 영문 통번역 예시를 보며, 실전 연습에 앞서 몸을 가볍게 풀어봅시다.

01 In celebration of the 20th anniversary of its founding, MMR offices will be closed on November 11. We will have staff on standby to address your needs. Our maintenance office will remain open during the holiday.

• 어휘 •
in celebration of ~ ~을 축하하여
on standby 대기하고 있는
address 고심하다, 다루다
maintenance office 시설 관리 사무실

창립 20주년 기념으로 MMR회사는 11월 11일 휴무 예정입니다. 귀하의 요구사항을 처리해 드릴 수 있도록 직원을 대기시켜 둘 예정입니다. 저희 측 시설 관리 사무실은 휴무일 동안에도 계속 열려 있을 것입니다.

02 A strict non-smoking policy is enforced in this building. With no exception, all employees are required to conform to this non-smoking policy. Any failure to comply with these guidelines will result in disciplinary action. Your compliance with this regulation is mandatory.

• 어휘 •
be enforced 집행(시행)되다
with no exception 예외 없이
comply with ~ ~을 준수하다
disciplinary action 징계 조치
mandatory 의무적인

본 건물 내에서는 엄격한 금연 규정이 시행되고 있습니다. 예외 없이 전 직원들은 이 규정을 따라야 합니다. 이 지침을 위반할 경우 징계 조치를 받게 될 것입니다. 본 규정 준수는 의무입니다.

03 This is a reminder to all members of Purchasing Department that the date for the next meeting has been changed. The meeting will take place in the conference room at 10 a.m. on July 5 instead of July 3. A reception at Seoul Restaurant will follow at 10:30 a.m. after conference. When you enter the conference hall, you will be given the schedule, which will serve as a voucher for your meal.

• 어휘 •
purchasing department 구매부
meeting 회의
take place 열리다
conference room 회의실
instead of ~ ~ 대신에
schedule 일정표
voucher 상품권, 쿠폰

본 공지는 구매부의 모든 직원들에게 다음 회의 일자가 변경되었음을 다시금 알리는 공지입니다. 회의는 7월 3일 대신 7월 5일 오전 10시에 회의실에서 열릴 예정입니다. 회의가 끝난 후 오전 10시 30분에 서울 식당에서 연회가 이어질 예정입니다. 회의실에 들어오실 때 식사 쿠폰으로 활용될 일정표를 받게 되실 겁니다.

비즈니스 영한 통번역 실전 트레이닝 016~025

다양한 비즈니스 상황에서의 영어 단문 및 문단들을 통번역 해보며 실력을 한 단계 높여보도록 합시다.

01 The Red Block department store will be temporarily closed on Monday, December 15, for its annual inventory. The store holiday will allow management to update its accounts and arrange its stockrooms. The supermarket and signature boutiques within the shopping center, however, will be open during the day.

• 어휘 •
department store 백화점
temporarily 일시적으로, 임시로
inventory 재고, 재고 조사
account 회계 장부
stockroom 물품 보관소, 창고

02 We will be closed for the Lunar New Year holidays. All our offices in Korea will be closed from February 6 to 8. To address any urgent needs you may have, however, there will be personnel on standby during the holidays. The number is 82-881-8888.

• 어휘 •
Lunar New Year 구정
address 고심하다, 다루다
urgent need 긴급 요청사항
personnel 직원
on standby 대기하고 있는

03 Employee Vehicles at Visitor Parking. Effective immediately, any unauthorized employee-owned vehicle parked in the visitor parking area in front of the main entrance will be towed at the owner's expense. This drastic measure became necessary after numerous previous requests to adhere to the parking policy proved ineffective. Please remember that the policy aims to keep the front area of the building obstruction-free and to offer our visitors convenient parking.

• 어휘 •
employee vehicle 직원 차량
unauthorized 승인되지 않은
visitor parking area 방문객 주차 구역
be towed 견인되다
drastic measure 극단적인 조치
adhere to ~ ~을 고수하다(지키다)
ineffective 효과가 없는
obstruction-free 방해물 없는(탁 트인)

04

Here is some information which might help you make up your mind. If you are going to work as an office assistant, you will have to do a lot of different things at work. Every day, you will put away paperwork or documents after you or someone else has worked with them, make sure that the office has enough paper, envelopes and other stationery and take round the post. Some office assistants help with financial planning. You might also produce material on the computer or write down things so that people can check them later.

• 어휘 •

make up one's mind 결심하다
office assistant 사무 보조 직원
put away 넣다, 치우다
document 서류
make sure that ~ ~을 확실히 하다
envelope 봉투
stationery 문구류
financial planning 재무 설계
write down 적다, 기록하다

05

Management has decided to upgrade the medical insurance coverage of all employees. Beginning this year, each permanent employee may declare two family members, who will also be entitled to full medical and hospitalization benefits. Probationary employees, on the other hand, will receive an additional one hundred dollars coverage for two dependants. Details of the new coverage have been posted on the Web board for your convenience. A representative from Healthpath will come by the office tomorrow morning at 10 A.M. to gather the information necessary to modify your insurance plans. They will also have a short question and answer period, if you have any queries about the new policies. If you are unable to attend, please contact the personnel department so that they can collect the necessary information and forward it to Healthpath. We appreciate your cooperation in this matter. Thank you.

• 어휘 •

medical insurance 의료 보험
coverage 범위
permanent employee 정규 직원
declare 선언하다, 말하다, 신고하다
be entitled to ~ ~할 자격이 있다
hospitalization 입원
benefit 혜택, 수당
probationary employee 수습 직원
(family) dependant 부양 가족
details 세부(상세) 사항
be posted 게시되다
representative 대리인, 담당자
modify 수정(변경)하다
query 문의, 의문
policy 정책
be unable to ~ ~할 수 없다
personnel department 인사과
cooperation 협조

06

Individual coupons redeemable within the U.S. only, at any of our Scoop Shops or any grocery store that sells Ben & Jerry's. Good for one pint of any Ben & Jerry's ice cream, frozen yogurt or sorbet. (Limit: 50 coupons per customer.) If you would like to order more than 50 coupons for corporate give-aways, promotions, etc. please call our sales or marketing offices at (802)846-1500.

• 어휘 •
individual 개인의, 개개의
redeemable (상품, 현금과) 교환 가능한
grocery store 식료품점
pint (용량 단위) 파인트
corporate 기업의
give-aways 증정품, 경품
promotion 홍보, 판촉

07

Driving in California - Department of Motor Vehicles
A California driver's license or ID card is necessary to cash checks and to prove that you are old enough (21) to be served alcohol. The DMV charges an application fee of $12.00 for a driver's license, or $6.00 for a picture ID. The DMV requires California state residents to get a California Driver's License even if you already have an international license. You are considered to be a California resident if you: 1. have rented a place to live. / 2. are going to school in California / 3. are being paid any money and will be paying state income tax. To get a California Driver's License, you must take the following: 1. a written test to show that you know and understand the traffic laws in California. / 2. a driving test to show that you have skills necessary to safely operate a motor vehicle.

• 어휘 •
department 부, 부서
driver's license 운전면허증
cash 수표를 현금으로 바꾸다
old enough 충분히 나이가 든
DMV 교통국
application fee 신청료
picture ID 사진이 있는 신분증
require 필요로 하다, 요구하다
resident 거주자, 거주민
international 국제의
rent 세내다, 임차하다
income tax 소득세
traffic law 교통 법규
safely 안전하게
operate 작동시키다
motor vehicle 자동차

08

At Amazon.com, we are committed to protecting your privacy, we use the information we collect about you to process orders and to provide a more personalized shopping experience. Please read on for more details about our privacy policy. When you order, we need to know your name, e-mail address, mailing address, credit card number, and expiration date. This allows us to process and fulfill your order and to notify you of your order status. When you sign up for our Personal Notification Services, we need only an e-mail address—which we use to send the information you requested. Will Amazon.com disclose the information it collects to third parties? Amazon.com does not sell, trade, or rent your personal information to others. We may choose to do so in the future with trustworthy third parties, but you can tell us not to by sending a blank e-mail message to never@amazon.com. We may provide aggregate statistics about our customers, sales, traffic patterns, and related site information to reputable third-party vendors, but these statistics will include no personally identifying information. Amazon.com may release account information when we believe, in good faith, that such release is reasonably necessary to 1) comply with law, 2) enforce or apply the terms of any of your user agreements or 3) protect the rights, property or safety of Amazon.com, our users, or others.

• 어휘 •

be committed to ~ ~에 전념하다
process an order 주문을 처리하다
personalized 개인 맞춤형의
details 세부 사항
privacy policy 개인 정보 보호 정책
mailing address 우편 주소
expiration date 만료일
fulfill 이행하다, 수행하다
notify A of B A에게 B를 알리다
sign up for ~ ~을 신청(가입)하다
disclose 밝히다, 드러내다
third party 제3자
personal information 개인 정보
trustworthy 신뢰할 수 있는
aggregate statistic 집계 통계
reputable 평판이 좋은
vendor 판매 회사
identifying information 식별 정보
release 풀어주다, 공개하다
account 계좌, 이용 계정, 고객
in good faith 신념을 갖고
reasonably 합리적으로, 타당하게
comply with ~ ~에 순응(준수)하다
enforce 집행하다, 시행하다
apply 적용하다
user agreements 이용 약관
property 재산, 소유물

09

To Our New Accountants. Welcome to our Consulting! We are delighted that you are joining our team and look forward to a long and mutually rewarding working relationships with you. I am sure you will all have a lot of questions about the company's systems, structure and organization, so please don't hesitate to ask. You can reach me by e-mail at amno@gold.org or give me a call at extension #222. However, I hope many of your questions will be answered during your new employee orientation. To help you make a smooth transition into your new roles, an orientation will be held on your first day of work. You will see in the enclosed schedule that the orientation begins with a speech from the vice president of finance. Then talks from some of our senior-level executives will follow. They will include a presentation about our company and its goals, and one more from the accounting director before lunch. After my closing remarks, there will be a reception on the second floor of our office building to provide you with an opportunity to meet your new coworkers. Finally, I would like to remind all of you to submit the results of your medical examinations on or before April 10. Please e-mail them or bring them in person to the human resources department on the 5th floor. Thank you.

어휘

accountant 회계사
mutual 상호간의, 서로의
rewarding 보람 있는, 수익이 나는
hesitate to ~ ~하길 망설이다
reach 닿다, 연락하다
give me a call 내게 전화하다
at extension ~ 내선번호 ~로
new employee 신입 사원
transition into ~ ~로의 전환
be held 열리다
first day of work 근무 첫날
enclosed schedule 동봉된 일정표
vice president 부장, 부사장
talk 이야기, 대화
senior-level 고위급
executive 임원
accounting director 회계 이사
closing remark 마무리 연설
coworker 직장 동료
remind 상기시키다
submit 제출하다
medical examination 건강 검진
in person 직접
human resources department 인사과

10 I received your e-mail this morning regarding the Great Homes Fair at Benton Trade Hall from August 20 to 22. Thanks for your interest, and I hope my reply will provide you with sufficient information about the event. The facility is located in downtown Seattle. As the largest real estate fair in the Northwest, the event attracts more than three hundred property developers, broker firms, and financial companies every year. Real estate firms will sell various properties, ranging from residential apartments and office spaces to industrial facilities. Last year more than 12,000 people attended the event, and a grand total of 720 buildings, homes, and properties were sold. As many buyers and developers pay up to 15 percent commission, I hope you don't miss this opportunity. We highly recommend that your company arrange for a booth at the fair, as the vast majority of companies that do so report successful sales. Arrangements can be made to accommodate your staff and a variety of types and sizes of booths are available. We also suggest that you and your sales agents attend the free real estate seminar on the last day of the event.

• 어휘 •

regarding ~ ~와 관련해
interest 관심
sufficient 충분한
downtown 시내, 도심
facility 시설
real estate 부동산
attract 끌어모으다
property developer 부동산 개발 업자
broker firm 중개 회사
financial company 금융 회사
real estate firm 부동산 회사
residential apartment 주거용 아파트
industrial facility 산업 시설
grand total 총계
up to ~ ~까지, ~에 이르는
commission 수수료
highly recommend 적극 추천하다
arrange for ~ ~을 준비(계획)하다
majority of ~ ~의 대다수
accommodate 수용하다
a variety of ~ 다양한 ~
available 이용 가능한

CHAPTER 04 초대 및 일정 잡기

STEP 1 알짜배기 문장으로 통번역 준비 운동!
의미에 맞게 영문의 빈 칸을 채워가며 실전 통번역에 앞서 몸을 가볍게 풀어봅시다.

01 We are very much interested in _____ the upcoming project _____ with you.
저희는 다가오는 프로젝트에 대해 귀하와 좀 더 상세히 논의했으면 합니다.

02 Please let us know _____ is better or if you prefer _____.
어떤 날짜가 더 좋으신지, 아니면 혹 다른 날짜를 선호하시는지 제게 알려주셨으면 합니다.

03 Please _____ a message with my _____ as to when and where we can meet.
언제 어디서 저희가 만날 수 있을지 여부와 관련해 제 비서에게 메시지를 남겨주시기 바랍니다.

04 If you want to visit us, we _____ that you _____ your trip for Friday.
만약 귀하께서 방문을 원하실 경우, 금요일에 방문 일정을 잡으실 것을 추천 드립니다.

05 I would be _____ with you on Monday, December 12, at 3 at _____.
12월 12일 월요일 오후 3시에 제 사무실에서 귀하를 뵈면 좋을 듯합니다.

06 The event will _____ on Saturday, January 1, _____ at 9 a.m.
행사는 1월 1일 토요일에 열리며, 오전 9시에 시작됩니다.

07 There is a $25 _____ and the seminar will _____ until 6 p.m.
등록비는 25달러이며 세미나는 오후 6시까지 이어집니다.

08 Your _____ at the dinner party would be a _____ for all of us at Korean Air.
귀하께서 저녁 파티에 참석해주신다면 저희 대한항공 임직원 모두에게 큰 영광이 될 것입니다.

09 Thank you for your thoughtful _____ to the _____ Ceremony.
친절하게도 개막식에 초대해 주셔서 매우 감사 드립니다.

10 I am much _____ your kind invitation.
귀하의 사려 깊은 초대를 기꺼이 수락하고자 합니다.

11 Please _____ the enclosed _____ and return it to me before June 30.
동봉된 신청서를 작성하여 6월 30일 전까지 제게 보내주시기 바랍니다.

12 Your _____ will be of great help to us.
귀하께서 조속히 답변해 주신다면 저희에게 큰 도움이 되겠습니다.

01. discussing / in detail	05. pleased to meet / my office	09. invitation / Grand Opening
02. which date / another date	06. take place / starting	10. pleased to accept
03. leave / secretary	07. registration fee / last	11. complete / registration form
04. recommend / schedule	08. presence / great honor	12. soonest R.S.V.P.

STEP 2 비즈니스 영한 통번역 맛보기

핵심 문장들로 구성된 영문 통번역 예시를 보며, 실전 연습에 앞서 몸을 가볍게 풀어봅시다.

01 We are very much interested in discussing the upcoming project in more detail and would like to set up a meeting with you. Please let me know which date is better or if you prefer another date.

• 어휘 •
upcoming 다가오는
in more detail 좀 더 자세히
prefer ~ ~을 선호하다

저희는 다가오는 프로젝트에 대해 좀 더 상세하게 논의했으면 하며, 따라서 귀하와의 미팅을 잡았으면 합니다. 어떤 날짜가 더 좋으신지, 아니면 혹 다른 날짜를 선호하시는지 제게 알려주셨으면 합니다.

02 I would be pleased to meet with you on Monday, December 12, at 3 at my office. I've asked my technical manager to join us so that the meeting should be quite productive. When you arrive at the lobby, just give me a call and I'll come down and get you. This meeting shouldn't take long.

• 어휘 •
technical manager 기술 부장
productive 생산적인
arrive at ~ ~에 도착하다
give me a call 내게 전화하다
take long 오래 걸리다

12월 12일 월요일 오후 3시에 제 사무실에서 귀하를 뵈면 좋을 듯합니다. 제가 저희 측 기술 부장님께 이번 만남에 참석해 달라 요청 드렸으며, 이에 회의가 꽤 생산적이 되지 않을까 싶습니다. 로비에 도착하셔서 제게 전화주시면 내려가서 귀하를 맞도록 하겠습니다. 회의는 오래 걸리지 않을 것입니다.

03 You are cordially invited to attend the grand opening of the Mall as our VIP guest. The event will take place on Saturday, January 1, starting at 9 a.m. During the event only, all marked items will be offered at 30% off the retail price. We look forward to having you join us for this exciting celebration and seeing you there.

• 어휘 •
cordially 다정하게, 진심으로
grand opening 개장, 개점
VIP guest VIP 고객(손님)
take place 열리다
~% off ~퍼센트 할인
retail price 소매가격

여러분을 쇼핑몰 개업식 VIP 고객으로서 정중히 초대합니다. 행사는 1월 1일 토요일에 열릴 예정이며 오전 9시에 시작됩니다. 행사가 진행되는 동안에만 마크 부착 상품들을 소매가에서 30% 할인하여 제공할 예정입니다. 여러분께서 이 즐거운 축하 행사에 참여하시고 행사에서 여러분을 뵙게 되길 기대합니다.

STEP 3 비즈니스 영한 통번역 실전 트레이닝 026~035

다양한 비즈니스 상황에서의 영어 단문 및 문단들을 통번역 해보며 실력을 한 단계 높여보도록 합시다.

01 Thank you for your thoughtful invitation to the Grand Opening Ceremony. It is indeed an honor to be invited to the Gala Dinner in celebration of the 10th Film Festival. I am much pleased to accept your kind invitation and to be present at such a prestigious occasion.

• 어휘 •
thoughtful 사려 깊은, 친절한
in celebration of ~ ~을 축하하여
accept an invitation 초대를 수락하다
prestigious 명망 있는, 일류의

02 I would like to set up an appointment to see you so that we can discuss the matter further. Please leave a message with my secretary as to when and where we can meet, or alternatively, you could come to my office on Tuesday at 2 as I will be available after 2 on that day.

• 어휘 •
set up ~ ~을 마련하다
appointment 약속, 예약
secretary 비서
as to ~ ~에 관해
alternatively 그렇지 않으면

03 Would you like to own your own business? Have you ever thought about franchising? Well, if you are looking for income and independence, you should come to the second annual franchise seminar being held this Friday at 3:00 p.m. in the Milton Hotel downtown. Learn about owning a business from those who have done it. There will be lectures and presentations from many successful people. There is a $25 registration fee and the seminar will last until 6:00 p.m.

• 어휘 •
own business 사업체를 소유하다
franchising 체인점, 가맹점
income 소득, 수입
independence 독립, 자립
annual 매년의, 연례의
lecture 강의
presentation 발표
successful 성공적인
registration fee 등록비

04 I'd like to see you in person, if possible, to discuss further our next year's project rather than talking to you over the phone or by email. As you know, we need to come to consensus very soon, and it is more likely that we can come to some sort of decision if we meet in person.

• 어휘 •
in person 직접
if possible 가능하다면
over the phone 전화상으로
as you know 아시다시피
come to consensus 합의에 이르다

05 To celebrate the thirtieth anniversary of our company, we are hosting a Gala Dinner at 8 p.m. on March 2, 2016 at the Crystal Ballroom, Seoul Lotte Hotel. You are among the honored guests who are being invited to share the head table with our chairman. Your presence at the dinner party would be a great honor for all of us at Korean Air. Your soonest R.S.V.P. will be of great help to us.

• 어휘 •
host 주최하다
Gala Dinner 저녁 만찬
honored guest 귀빈
head table 주빈석, 상석
chairman 의장, 회장
presence 있음, 존재, 참석
R.S.V.P. 회답 바람

06 I'm writing regarding our phone call earlier this morning. It was a very useful discussion and I am much clearer now about your objectives. At the end of the call, you suggested a time and place for our next meeting, the lobby of the intercontinental Hotel in Seoul at 2:00 p.m. on February 7th. I believe you will be staying at the hotel at that time. I said that I would email you to confirm the meeting. For me the time and place mentioned is very excellent. I am free all afternoon. I look forward to seeing you there at that time and I hope that in the evening you can be my guest for dinner at a good restaurant in Seoul.

• 어휘 •
regarding ~ ~와 관련해
useful 유용한
discussion 토론, 논의
clear about ~ ~에 명확한
objective 목표
at the end of ~ ~의 말미에
meeting 회의
at that time 그 때에
confirm 확인해주다
look forward to ~ ~을 기대하다
free 일정이 없는, 자유로운

07 Dear Mr. Cerullo. It was pleasure meeting you while we were in Chicago. On return to Sydney we have discovered that some key members of staff are already pre-commitment for the last week of May. We regret to enquire if an alternative date for the presentation in lieu of 12 June could be arranged. Preferably 14 June if it is acceptable to you. If not, could you please suggest some suitable alternative dates? Thank you for your kind consideration. With best regards, Traci Simon, Assistant Manager.

● 어휘 ●

on return to ~ ~로 돌아가다
key member 핵심 직원
pre-commitment 사전 약속
enquire 문의하다, 묻다
alternative 대안의, 대체의
in lieu of ~ ~ 대신에
be arranged 준비되다, 마련되다
preferably 가급적이면
acceptable 수용할 수 있는
suitable 알맞은, 적합한

---

08 Thank you for your interest in purchasing our cement factory in Xinjiang. As one of Ace Concrete's largest cement factories, the plant has the capacity to produce two hundred thousand metric tons of cement annually and supply the needs of major construction firms such as yours. We would be happy to show you our equipment, production line, and warehouse. If you want to visit us, we recommend that you schedule your trip for Friday so that the factory's operations manager, Mr. Ong will be available to give you a tour of the plant. Mr. Ong is currently setting up our new factory in Beijing, where we will focus our operations over the next five years. He will be back in Xinjiang on Thursday. Please let us know of your decision before the end of the week. If you have questions, you may contact us at 222-5555. We look forward to meeting you.

● 어휘 ●

purchase 구매하다
cement factory 시멘트 공장
plant 공장
capacity 용량, 수용력, 능력
produce 생산하다
two hundred thousand 20만
supply the needs 수요를 충족시키다
construction firm 건설사
equipment 장비
warehouse 창고
schedule 일정을 잡다
operations manager 운영 관리자
give A a tour A를 안내해주다
currently 최근, 현재
set up ~ ~을 세우다, 마련하다
decision 결정, 결론

09 I was pleased to receive this interesting information on price discrimination and Anti-Trust Laws. It will be quite helpful to us in setting prices in your country. I also appreciate your introducing Mr. Mabry and would like to meet him at a mutually convenient time during my next visit to San Francisco. Would you kindly make the necessary arrangements at that time? I will reply to your proposal enquiry on the form of our working relationship with regards to the plant establishment projects as soon as the proper plans are determined.

• 어휘 •
price discrimination 가격 차별
Anti-Trust law 독점 금지법
set price 가격을 설정하다
mutually 상호간의, 상호의
arrangement 준비, 마련, 주선
enquiry 문의, 질의, 조회
with regards to ~ ~와 관련하여
plant 공장, 시설
establishment 설립, 건립
proper 적절한, 제대로 된
be determined 결정되다

10 I have the pleasure of inviting you to attend our special conference to be held at the Hilton Hotel in New York on the fifth of August. This is an intensive, practical conference for professional secretaries, with the aim of increasing their managerial and office productivity, and bringing them up-to-date with the latest technology and techniques. The seminar is power-packed with a distinguished panel of professional speakers, giving expert advice on many useful topics. A detailed program is enclosed giving full information of this not-to-be-missed conference. If you decide to join us, please complete the enclosed registration form and return it to me before June 30 with your fee of $80 per person. I am sure you will not want to miss this opportunity of attending our conference, and look forward to meeting you there.

• 어휘 •
intensive 집중적인, 집약적인
be held at ~ ~에서 열리다
practical 현실(실질)적인
professional 전문인인
secretary 비서
with the aim of ~ ~을 목표로
managerial 경영의, 관리의
productivity 생산성
up-to-date 최신의, 최신식의
power-packed with ~ ~로 막강한
distinguished 유명한, 성공한
expert advice 전문가적 조언
not-to-be-missed 놓쳐선 안 될
enclosed 동봉된
registration form 신청서
per person 일인당

CHAPTER 05 정보 요청 및 협조 요청

STEP 1 알짜배기 문장으로 통번역 준비 운동!

의미에 맞게 영문의 빈 칸을 채워가며 실전 통번역에 앞서 몸을 가볍게 풀어봅시다.

01 Could you _____ period of the office printers by one month?
사무용 프린터의 보증 기간을 한 달 더 연장해줄 수 있으신가요?

02 Please provide me with an update on the _____ by this Friday.
이번 주 금요일까지 견적 작업과 관련된 최근 진행 상황을 제게 알려주시기 바랍니다.

03 I'd _____ it if you could send us a _____ service information brochure.
저희 측에 상세한 서비스 정보 브로셔를 보내주신다면 감사하겠습니다.

04 It would really help us if you could forward us _____.
저희 측에 추가적인 정보를 보내주신다면 큰 도움이 될 것입니다.

05 I would like to have a copy of your _____.
귀사의 최신 카탈로그 1부를 받아볼 수 있다면 좋을 듯합니다.

06 We would like to know if the company enjoys a _____.
이 회사의 평판이 괜찮은지 여부를 알 수 있었으면 합니다.

07 We _____ you that any information given will remain _____.
저희가 받아 본 정보는 모두 기밀로 남을 것임을 보장합니다.

08 I wonder if you might have better luck in _____ near your office.
귀사의 사무실 근처에 숙소를 잡아주실 수 있을지 궁금합니다.

09 We would like to have a _____ at your earliest convenience.
빠른 시일 내에 삼자회의를 가졌으면 합니다.

10 This letter today is to request your _____ in dealing with this _____ problem.
이 서신은 이 같은 급박한 문제를 해결할 때 귀사의 지원을 요청하고자 하는 서신입니다.

11 We need to receive your _____ regarding the recent design changes.
저희는 최근 디자인 변경과 관련해 귀하의 즉각적인 피드백이 필요합니다.

12 Due to the urgent nature of this matter, your _____ the request is _____.
이 사안이 긴급한 관계로, 요청사항에 대한 귀하의 신속한 처리가 필수적입니다.

01. extend the warranty
02. estimate work
03. appreciate / detailed
04. additional information
05. latest catalog
06. good reputation
07. assure / confidential
08. securing accommodations
09. tripartite meeting
10. assistance / urgent
11. immediate feedback
12. expediting / essential

비즈니스 영한 통번역 맛보기

핵심 문장들로 구성된 영문 통번역 예시를 보며, 실전 연습에 앞서 몸을 가볍게 풀어봅시다.

01 If it's not too much of an inconvenience, could you extend the warranty period of the office printers by one month since we were only able to unpack the boxes yesterday?

• 어휘 •
inconvenience 불편함
extend 연장해주다
warranty period 보증 기간

만약 너무 큰 폐가 되지 않는다면, 저희가 어제가 되어서야 상자를 개봉해볼 수 있게 된 걸 감안하여 사무용 프린터의 보증 기간을 한 달 더 연장해 주실 수 있으신지요?

02 Please provide me with an update on the estimate work by this Friday. And please read the attached final draft carefully to make sure we have included everything. / After much consideration, we have made the decision to continue with the negotiations.

• 어휘 •
estimate work 견적 작업
final draft 최종안
make sure ~ ~을 확실히 하다
negotiation 협상

제게 이번 주 금요일까지 견적 작업과 관련된 최근 진행 상황을 알려주시기 바랍니다. 그리고 저희가 모든 사항들을 빠짐없이 아우르고 있는지 여부를 명확히 하기 위해 첨부된 최종안을 꼼꼼히 읽어주시기 바랍니다. / 곰곰이 생각한 끝에, 저희는 협상을 계속 유지해나가기로 결정하였습니다.

03 I came across your ad in SF weekly and we are very interested in your services. We are a start-up company and need research data of the current market trend and I'd appreciate it if you could send us a detailed service information brochure. Thank you in advance. Regards, Mr. Kim.

• 어휘 •
come across ~ ~을 우연히 발견하다
ad(=advertisement) 광고
start-up company 신생 기업
current market trend 최근 시장 동향
in advance 미리, 사전에

SF 주간지에서 귀사의 광고를 우연히 보게 되었으며 그에 따라 귀사의 서비스에 매우 많은 관심을 가지게 되었습니다. 당사는 신생 기업으로서 최근 시장 동향에 대한 조사 자료가 필요하며, 따라서 귀사께서 저희에게 상세 서비스 정보 브로셔를 보내주신다면 매우 감사할 듯합니다. 미리 감사의 말씀을 전합니다. 미스터 김 드림.

STEP 3 비즈니스 영한 통번역 실전 트레이닝 036~046

다양한 비즈니스 상황에서의 영어 단문 및 문단들을 통번역 해보며 실력을 한 단계 높여보도록 합시다.

01 I would like your permission to translate a section from your article into Korean for inclusion in our training manual. Could we get your permission to include your essay in our company newsletter?

• 어휘 •
permission 허락, 허가
translate 번역하다
newsletter 소식지, 회보

02 I saw an advertisement for your line of sporting goods in the January issue of the Modern Sportsman. I would like to have a copy of your latest catalog. As the advertisement did not mention a price for it, I have not enclosed payment. If you could kindly send me the catalog either COD or enclose a bill, I will be happy to send a check or M/T. I look forward to receiving it in the near future.

• 어휘 •
sporting goods 스포츠 용품
January issue (잡지) 1월호
latest 가장 최근의
payment 요금, 지불금
COD 대금 교환 인도, 수취인 지불
bill 청구서
M/T 우편환
in the near future 빠른 시일 내에

03 The company named on the enclosed slip has placed a trial order with us for $20,000 and has given your name as a reference. As we have not done business with this firm before, we would be pleased if you would give us some information regarding their financial standing. We would also like to know if the company enjoys a good reputation. We assure you that any information given will remain confidential and without any liability on your part. Please let us know if we can offer you assistance of a similar nature in the future.

• 어휘 •
place a trial order 시험 주문하다
reference 조회, 조회처
firm 회사
regarding ~ ~와 관련해
financial standing 재무 상태
good reputation 좋은 평판
confidential 기밀의
liability 법적 책임
similar nature 유사한 성격(특징)

04 I have had trouble in finding hotel rooms and all I could come up with were two single rooms at a second class hotel quite far from your office. Although this is rather short notice, I wonder if you might have better luck in securing accommodations near your office.

• 어휘 •
have trouble in ~ ~에 어려움이 있다
come up with ~ ~을 찾아내다
second class hotel 2등급 호텔
secure 확보하다
accommodation 숙소

05 With no sign of an amicable settlement, the month-long labor dispute in our company has been forcing us to close down our factory. As we do not see that our company will be able to fulfill the terms and conditions of our contract, we propose that you allow us to assign our contract to Pacific Enterprise, our sister company, which pledges complete fulfillment of the contract to your satisfaction. With your permission, we would like to have a tripartite meeting at your earliest convenience.

• 어휘 •
amicable 원만한, 우호적인
settlement 해결, 화해
labor dispute 노사 분규
fulfill 실행(이행)하다
contract 계약서
assign 부여하다, 양도하다
pledge 약속하다, 서약하다
fulfillment 이행, 수행
tripartite meeting 삼자회담

06 You must be well aware of the deep recession here that is affecting major industries in Korea. Our company is no exception. A sharp decline in our sales has put us in a huge overstock that has in turn caused us serious financial difficulties. This letter today is to request your assistance in dealing with this urgent problem. Specifically, we solicit your company to grant us an additional forty-five days of grace on our payments to your company, until the end of this year. Your favorable consideration of this request would be greatly appreciated.

• 어휘 •
be aware of ~ ~을 알다
recession 불경기, 불황
exception 예외
overstock 재고 과잉
in turn 결과적으로
urgent 긴급한
solicit 간청하다, 요청하다
grace 유예 기간
favorable 호의적인

07

I am writing to ask a favor of you. Do you think I could borrow a few of your books on financial accounting? I have a few questions about financial accounting, which you, as an expert in the area, may be able to answer. I wonder if you could spare me ten minutes of your time on the phone sometime next Tuesday.

• 어휘 •
do ~ a favor ~의 부탁을 들어주다
ask a favor of ~ ~에게 부탁하다
borrow 빌리다
financial accounting 재무 회계
I wonder if ~ ~인지 궁금하다
spare 할애하다

08

Request for additional information:
Thank you for sending us your latest catalog. Could you also send us more detailed information about the forklifts, including pricing, warranties, and delivery dates? We would also appreciate it if you could send us further information about the excavator. It would really help us if you could forward us additional information about the freight costs, delivery dates and warranties.

• 어휘 •
latest 가장 최근의
detailed information 상세 정보
forklift 지게차
warranties 보증(서)
delivery date 배송일
additional 추가적인
freight cost 수송비
further information 추가 정보

09

I realize that you are quite busy with other matters, but we need to receive your immediate feedback regarding the recent design changes by the end of the week in order to meet your schedule. I realize you have a loaded schedule, but your cooperation is absolutely necessary. Due to the urgent nature of this matter, your expediting this request is essential. We will expect your feedback soon.

• 어휘 •
immediate 즉각적인
in order to ~ ~하기 위해
regarding ~ ~와 관련해
end of the week 주말
loaded schedule 빠듯한 일정
cooperation 협력, 합동
expedite 더 신속히 처리하다
essential 필수적인

10 Thank you for your letter of June 6 suggesting that we resume negotiations on a possible distributorship for our products in Argentina, which have been suspended since early 2013. We agree that the economic environment and other circumstances have improved significantly in the interim. The situation now would seem to be more conductive to considering expanding our business to your area. As the first step in this direction we would like to update the information we have on your operation. Enclosed is a questionnaire which would provide all the data required to get started here. We look forward to hearing from you soon.

• 어휘 •

resume 재개하다, 다시 시작하다
negotiation 협상
possible 가능한, 가능성 있는
distributorship 판매 대리권(점)
suspend 유예(중단)하다
economic 경제의
environment 환경
circumstance 정황, 상황
significantly 상당히, 중요하게
in the interim 그 사이(동안)에
conductive to ~ ~하기에 적합한
questionnaire 설문지

11 Allow me to begin by thanking you for all you have done over the years to keep my affairs in order. I hate to even think of how difficult things would be without you and John on my side over there. Today, I'm writing with still another problem. After five years of receiving my monthly statements like clockwork, I failed to receive one for January. This particular statement is especially critical because it reflects sizeable transfers made in connection with my recent purchase in the Moorings. Anything you could do to straighten out this problem would be very much appreciated.

• 어휘 •

affair 일, 업무, 문제
on my side 내 편의
monthly statement 월차계산서
like clockwork 정확하게
critical 대단히 중요한
reflect 비추다, 반사하다
sizeable 꽤 큰(많은), 상당한
transfer 이동, 이전, 이체
in connection with ~ ~와 관련해
purchase 구입, 구매
straighten out 바로잡다, 해결하다

CHAPTER 06 자료 분석 및 시장 조사

STEP 1 알짜배기 문장으로 통번역 준비 운동!
의미에 맞게 영문의 빈 칸을 채워가며 실전 통번역에 앞서 몸을 가볍게 풀어봅시다.

01 I think the problems lie not only in our _____ but also in our _____.
저는 문제가 마케팅 계획뿐만 아니라 제품 자체에도 있다고 생각합니다.

02 _____ (48%) of Canadian Internet users have already _____.
캐나다 인터넷 사용자의 거의 절반(48%) 가량이 이미 온라인으로 은행 업무를 봅니다.

03 The _____ in population has resulted in a _____ of housing in Seoul.
갑작스러운 인구 증가는 서울의 주택 부족 현상을 야기했습니다.

04 The sales in US were at $100 million in the first _____ of the _____.
미국 내 매출은 회계연도 1분기에 1억 달러를 기록했습니다.

05 In the second _____, sales _____ to $ 150 million.
2분기엔, 매출이 1억 5천 달러까지 가파르게 증가했습니다.

06 Our production has _____ for two years _____.
당사의 생산량은 2년 연속 제자리걸음입니다.

07 Looking at this chart carefully, we see that we have _____ on training.
이 차트를 유심히 살펴보시면, 우리가 직원 교육에 좀 더 많은 비용을 투자해왔음을 알 수 있습니다.

08 Chinese companies have _____ of both global _____ and exports.
중국 기업들은 세계 수입 및 수출에서 높은 점유율을 확보하고 있습니다.

09 The KOSPI has been _____ between 10,000 and 13,000.
한국 종합 주가 지수는 10,000에서 13,000 사이를 왔다 갔다 하고 있습니다.

10 _____ rose sharply from minus 7.3% in February to 4.9% in March.
산업 생산량은 2월 마이너스 7.3%에서 3월 4.9%로 가파르게 증가했습니다.

11 The _____ peaked at 4.3% in February, then started to _____ 4.1% in March.
실업률은 2월에 4.3%로 정점을 찍었고, 그 후 3월엔 4.1%로 떨어지기 시작했습니다.

12 Economic growth finally _____ at 2.7% in the first quarter of 2016.
경제 성장은 2016년 1분기에 2.7%로 마침내 바닥을 쳤습니다.

01. marketing plan / product itself
02. Nearly half / banked online
03. sudden increase / shortage
04. quarter / financial year
05. quarter / rose rapidly
06. flattened / in a row
07. spent more money
08. high shares / revenue
09. fluctuating
10. Industrial output
11. jobless rate / fall to
12. bottomed out

 STEP 2 비즈니스 영한 통번역 맛보기

핵심 문장들로 구성된 영문 통번역 예시를 보며, 실전 연습에 앞서 몸을 가볍게 풀어봅시다.

01 I believe a review of our product is also necessary. If our products do not sell well in rural areas, I think the problems lie not only in our marketing plan but also in our product itself. Don't you think so?

• 어휘 •
review 평가, 후기
rural area 시골 지역
lie in ~ ~에 있다

저는 우리 제품에 대한 평가 또한 필요하다고 확신합니다. 만일 우리 제품이 시골 지역에서 잘 판매되지 않는다면, 문제는 마케팅 계획뿐만 아니라 제품 그 자체에도 있다고 봅니다. 그렇게 생각하지 않으십니까?

02 Nearly half (48%) of Canadian Internet users who have been online for less than a year have already banked online, while just 13% of American Internet newcomers have done so. Active Internet users in Canada and the United States who have not yet banked online agreed they favour more traditional methods of banking and have concerns about privacy or security.

• 어휘 •
nearly 거의
less than ~ ~보다 적은
newcomer 신입자, 신참자
favour 선호하다
traditional method 전통 방식
privacy 사생활

1년 미만으로 온라인 활동을 한 캐나다 인터넷 사용자의 거의 절반(48%)이 이미 온라인으로 은행 업무를 보는데 반해, 미국은 인터넷 신규 사용자들 중 오직 13%만이 온라인으로 은행 업무를 본다. 캐나다의 적극적인 인터넷 사용자들과 아직 온라인으로 은행 업무를 보지 않는 미국인들은 전통적 방식의 은행 업무를 선호한다는 사실에 동의했고 사생활 및 안전성에 대한 우려를 나타내고 있다.

03 Although the economic growth rates are just over the government's predictions, this year's budget is slightly over our original projection because of additional expenditures on the purchase of new equipment. Housing prices bottomed out and inflation rates reached their bottom last month. The sudden increase in population has resulted in a shortage of housing in Seoul.

• 어휘 •
economic growth 경제 성장
prediction 예측, 예견
projection 예상, 추정
expenditure 비용
bottom out 바닥을 치다
inflation rate 물가 상승률
shortage of ~ ~의 부족

경제 성장률이 정부의 예상보다 높음에도 불구하고, 새로운 장비 구입에 든 추가 비용으로 인해 올해 예산이 당초 예상했던 것보다 약간 초과되었습니다. 집값은 바닥을 쳤으며 지난달엔 물가 상승률이 최저치를 기록했습니다. 갑작스러운 인구 증가는 서울의 주택 부족 현상을 야기했습니다.

STEP 3 비즈니스 영한 통번역 실전 트레이닝 047~054

다양한 비즈니스 상황에서의 영어 단문 및 문단들을 통번역 해보며 실력을 한 단계 높여보도록 합시다.

모범답안 185

01 As you can see from this table, this company's sales in the US were at $100 million in the first quarter of the financial year, and in the second quarter, sales rose rapidly to $150 million. However, when we look at the third quarter, we can see that sales dropped drastically to $9 million. By the end of the year, things had recovered and sales rose to $100 million, reaching the same volume of sales as in the first quarter.

• 어휘 •
sales 매출
million 100만
quarter 분기
financial year 회계연도
rapidly 급속히, 순식간에
drastically 대폭
recover 회복하다
volume of sales 매출량

02 Crisis leaves the rich even richer. The world's 6 million richest people emerged from global turmoil, 12% wealthier. The world's rich people grew even richer—12 percent richer, to be exact—even as financial crisis flared across broad pockets of the globe in 1998, according to a new study. Six million of the world's "high net worth individuals"—defined as anyone with financial assets exceeding $1 million—saw their personal fortunes swell 12 percent, to $21.6 trillion last year, new research by investment bank Merrill Lynch and Gemini Consulting shows. The report also found that the net worth of the $1 million-plus plutocrats will grow more than 50 percent by the year 2013, to $32.7 trillion. The profile of wealthy people has changed as well, as earned wealth has increased at a faster rate than inherited wealth, the report concluded.

• 어휘 •
crisis 위기, 고비
emerge from ~ ~로부터 나오다
turmoil 혼란, 소란
financial crisis 금융 위기
flare 확 타오르다, 치솟다
high net worth individual 큰 개인 고객, 큰 손
exceed 초과하다
fortune 재산, 부
swell 팽창하다
net worth 순자산
plutocrats 재벌
trillion 1조
at a faster rate 더 빠른 속도로
inherited 상속받은
conclude 결론을 내리다

03

I'd like us to concentrate on the recent sales figures, especially the profit figures and consumption of household electric appliances. Looking at this chart carefully, we see that we have spent more money on training, gradually expanded our workforce and increased the advertisement budget for the past three years. Plus, there has been a considerable rise in workers' salaries over the years. But however you try to explain it, our sales have gone down several years and our production has flattened for two years in a row.

• 어휘 •

concentrate on ~ ~에 집중하다
sales figure 판매 수치(합계)
profit 이윤, 수익
consumption 소비(량), 소모(량)
workforce 노동자, 노동력
considerable 상당한, 많은
production 생산
flatten 납작(평평)해지다
in a row 연속으로

04

From the archetype analysis, we see that Chinese companies in some customer-focused and efficiency-driven industries have, in fact, performed well as innovators based on both their shares of global revenue and export markets. Exhibit E2 plots the revenue of Chinese players in the four archetypes in relation to what would be their expected share of global sales in their industries based on China's share of global GDP (12 percent in 2013). We see that in customer-focused innovation, Chinese players have captured more than their GDP-based shares in three out of seven sectors we analyzed. In some of these industries, such as appliances, Chinese companies have high shares of both global revenue and exports—36 percent of global revenue and 20 percent of global exports in appliances, for example. In Internet services and software and Internet retailing, Chinese companies have more than their share of global revenue (15 percent and 14 percent, respectively).

• 어휘 •

archetype 전형, 유형
analysis 분석
customer-focused 고객 중심의
efficiency-driven 효율성 중심의
perform 행하다, 수행하다
innovator 혁신가
share 점유율, 몫
revenue 수입, 세액
plot 나타내다, 표시하다
player 회사
in relation to ~ ~와 관련해
global 세계의
expected 기대되는, 예상되는
based on ~ ~에 근거하여
innovation 혁신
capture 점유하다, 차지하다
appliances 가전제품
retailing 소매업
respectively 각각, 제각기

05

MONEY AND INTEREST RATES:

American Treasury bonds rallied after low inflation figures made it less likely that the Federal Reserve would soon raise interest rates. The yield on 30-year Treasuries, which had hit an 18-month high of 6.16% on June 11th, fell to 6.08% on June 16th.

STOCK MARKETS:

Wall Street welcomes the apparently benign state of American inflation. The Dow rose by a net 0.9% over the week to June 16th. In Tokyo the Nikkei notched up gains of 3.5%, following last week's news that Japan's economy is growing again.

• 어휘 •

interest rate 금리, 이율
treasury bond 재무부 발행 장기 국채
rally 회복하다, 반등하다
inflation figure 물가상승 수치
federal reserve 연방 준비 (은행)
yield 산출량, 총수익
high of ~ ~라는 최고점(최고치)
stock market 주식 시장
benign 상냥한, 유순한, 유한
net ~ (돈의 액수에 대해) 순 ~
notch up 올리다, 달성하다
gain 증가, 이익

06

Industrial output rose sharply from minus 7.3% in February to 4.9% in March. South Korea's world market share of six key industries declined slightly in 2000, but in 2001 and 2002 it regained the same level as in 1999. The jobless rate peaked at 4.3% in February, then started to fall to 4.1% in March. In the first quarter of 2004, GDP growth was a healthy 5.3%. It rose in the second quarter of 2004 to 5.5 percent. After that, it began to fall, declining to 4.7 percent in the third quarter and fell further to 3.3 percent in the fourth quarter. Economic growth finally bottomed out at 2.7 percent in the first quarter of 2005 and then recovered to the 4th quarter of 2004 level of 3.3 percent in the second quarter of 2005.

• 어휘 •

industrial output 산업 생산량
sharply 가파르게
world market 세계 시장
share 점유율
key industry 기간 산업, 주요 산업
decline 감소하다
slightly 약간, 조금
regain 되찾다, 회복하다
jobless rate 실업률
quarter 분기
economic growth 경제 성장
bottom out 바닥을 치다, 끝나다
recover 회복되다

07

Although the Dow Jones index shows the ups and downs of the market during the economic depression period and the KOSPI has been fluctuating between 10,000 and 13,000, the stock market index has gradually begun to recover. Plus in many sectors of the economy, the recovery has started. Although the fluctuation in the price fluctuations should be taken into consideration, our export sales have slowly picked up.

• 어휘 •

ups and downs 고저, 성쇠
economic depression 경기침체, 불황
fluctuate 변동을 거듭하다
stock market index 주가 지수
recovery 회복
fluctuation 변동, 오르내림, 흥망
consideration 사려, 숙고, 고려
pick up 회복되다, 개선되다

08

Business Confidence

The deterioration of business confidence around the world seems to have been reversed, according to Dun & Bradstreet's latest quarterly survey of businessmen's expectations. In the worldwide sample, the proportion of those expecting sales to rise in the second quarter exceeded those expecting them to fall by 44 percentage points, up from 33 percentage points in the first quarter. This followed five successive quarterly falls. In all of the countries shown in our chart, except the Netherlands, the balance of optimism increased; and only in Japan did pessimists outnumbered optimists.

• 어휘 •

deterioration 악화, 하락, 퇴보
reverse 뒤바꾸다, 반전시키다
quarterly survey 분기 조사
expectation 기대, 예상, 전망
worldwide sample 세계적 표본
proportion of ~ ~의 비율
exceed 초과하다, 넘다
successive 연속적인, 연이은
except ~ ~을 제외하고
optimism 낙관론
pessimist 비관주의자
outnumber ~보다 수가 많다

CHAPTER 07 동향 파악, 전망, 예측

STEP 1 알짜배기 문장으로 통번역 준비 운동!

의미에 맞게 영문의 빈 칸을 채워가며 실전 통번역에 앞서 몸을 가볍게 풀어봅시다.

01 We'll _____ at least a 20% market share, which is 3% short of our _____.
우리는 최소 20%의 시장 점유율을 유지하게 될 것이며, 이는 당초 예상보다 3% 부족한 수치입니다.

02 Our _____ for the new quarter are expected to _____ by 30%.
새로운 분기에 당사의 예상 판매량은 30%까지 감소할 것으로 예상됩니다.

03 In short, I believe the _____ is right for starting this new _____.
간단히 말해, 저는 지금 이 때가 바로 신생 사업을 시작하기에 딱 적기라고 믿습니다.

04 We should secure direct _____ to our customers in year two.
두 번째 해에 우리는 고객 직접 유통망을 확보해야 합니다.

05 We must attain _____ in year three.
세 번째 해에 우리는 수익성을 보장할 수 있는 운영 방식을 확립해야 합니다.

06 American _____ workers have seen raises _____ 28 percent since 2010.
미국 공장 노동자들은 2010년 이래 평균 28%에 달하는 임금 인상을 받아왔습니다.

07 _____ rose from $22,952 a year in 1990 to $29,267 in 2010.
근로자 평균 보수는 1990년 22,952달러에서 2010년 29,267달러로 인상되었습니다.

08 The answer _____ how to _____ distribution channels for our products.
그 답은 우리 제품의 유통 경로를 다양화하는 방법을 찾는 데에 있습니다.

09 We have to think about who our _____ are.
우리는 누가 우리의 목표 고객이 될 것인지에 대해 생각해봐야 합니다.

10 We can rely on the _____ where we still enjoy _____ sales.
우리는 여전히 매출 강세를 보이고 있는 국내 시장에 의존할 수 있습니다.

11 Under the right conditions, we can _____ in the Japanese market _____.
상황만 괜찮게 받쳐준다면, 우리는 일본 시장에서도 수익을 올릴 수 있습니다.

12 We expect _____ to fall further in the coming months.
우리는 이후 몇 달 동안 소비자 가격이 좀 더 떨어질 것으로 예상합니다.

01. maintain / original projection
02. projected sales / decrease
03. timing / startup business
04. distribution channels
05. profitable operations
06. factory / averaging
07. Average worker pay
08. lies in / diversify
09. target customers
10. domestic market / strong
11. make profits / as well
12. consumer prices

STEP 2 비즈니스 영한 통번역 맛보기

핵심 문장들로 구성된 영문 통번역 예시를 보며, 실전 연습에 앞서 몸을 가볍게 풀어봅시다.

01 Our gross margin has also increased to 20% and our net profit margin to more than 5%. We will maintain at least a 20% market share, which is 3% short of our original projection.

• 어휘 •
gross margin 매상 총 이익
net profit margin 순 이익률
projection 예상, 추정

당사의 매출 총 이익 역시 20%로 증가했으며 순 이익률은 5% 이상 증가했습니다. 우리는 최소 20%의 시장 점유율을 유지하게 될 것이며, 이는 당초 우리가 예상했던 것보다 3% 부족한 수치입니다.

02 In the past quarter our domestic sales have increased by 50% while our overseas sales have increased by 19%. However, our projected sales for the new quarter are expected to decrease by 30% due to the closing of several stores in Chicago and Minneapolis.

• 어휘 •
domestic sales 국내 판매(매출)량
oversea sales 해외 판매(매출)량
projected sales 예상 판매(매출)량
due to ~ ~로 인해

지난 분기에 당사의 국내 판매량은 50% 증가했으며, 해외 판매량은 19% 증가했습니다. 하지만 새로운 분기에 당사의 예상 판매량은 시카고와 미니애폴리스에 있는 몇몇 점포들이 폐업을 하는 관계로 30% 가량 감소할 것으로 예상됩니다.

03 In short, I believe the timing is right for starting this new startup business. Let me sum up the essential points. First, we have to limit losses in year one to less than $500,000. Second, we should secure direct distribution channels to our customers in year two. Lastly, we must attain profitable operations in year three.

• 어휘 •
startup business 신생 사업
sum up 요약하다
distribution channel 유통 경로
attain 이루다, 획득하다
profitable 수익성이 있는

간단히 말해, 저는 지금 이 때가 신생 사업을 시작하기에 딱 적기라고 믿습니다. 제가 핵심적이라 할 수 있는 항목들을 요약해보겠습니다. 우선, 첫 해엔 손실을 50만 달러 미만으로 제한해야 합니다. 두 번째로, 두 번째 해엔 고객 직접 유통 경로를 확보해야 합니다. 마지막으로, 세 번째 해엔 수익성을 보장할 수 있는 운영 방식을 확립해야 합니다.

STEP 3 비즈니스 영한 통번역 실전 트레이닝 055~061

다양한 비즈니스 상황에서의 영어 단문 및 문단들을 통번역 해보며 실력을 한 단계 높여보도록 합시다.

01

The U.S. economic boom is fattening the wallets of top corporate executives faster than ordinary workers' paychecks. American factory workers have seen raises averaging 28 percent since 2010, just outpacing the 22.5 percent inflation rate. But compensation for the highest-level corporate executives has more than quadrupled, according to a report. "There is a big fairness problem here. While the headlines are saying the economy is doing so wonderfully, the benefits of that are not being spread around equitably." said Anderson, one of the report's authors. "A Decade of Executive Excess: The 2000s" was a joint project of Washington's liberal Institute for Policy Studies and United for a Fair Economy, a grassroots Boston-based organization dedicated to spotlighting economic inequality. A critic of the report said it was flawed because it included stock options, whose value can fluctuate. But he acknowledged there are differences in compensation. "Obviously, there is a considerable distinction between the lowest and the highest paid, and my reaction to that is, 'So What? It's a market-driven society,'" said Peck, the executive compensation specialist at the Conference Board, a New York-based research and networking organization supported by the memberships of corporate executives. The report compares Labor Department statistics tracking wages of non-supervisory workers in the manufacturing industry during the 2016s with trends in compensation for corporate executives as reported by Business Week magazine and other private sources. Average worker pay rose from $22,952 a year in 1990 to $29,267 in 2010, the report said. Meanwhile, average compensation packages for the top two executives at the nation's 365 biggest public companies—including manufacturing and other industries—rose from $1.8 million in 1990 to $10.6 million in 2010. That's the equivalent of a 482 percent rise. The executive pay figures include salaries, bonuses and the value of stock options exercised by CEOs and their deputies.

• 어휘 •

economic boom 경제 활성
fatten 살찌우다
corporate executive 회사 간부
ordinary 보통의, 일상적인
paycheck 급료, 봉급
average 평균 ~이 되다
outpace 앞지르다, 앞서다
inflation rate 물가 상승률
highest-level 최고위층
quadruple 4배가 되다
fairness problem 공정성 문제
headline 표제, 주요 뉴스
equitably 공정하게
decade 10년
excess 지나침, 과잉, 초과
liberal institute 진보 성향 단체
joint project 공동 프로젝트
grassroots 기초, 풀뿌리, 민중의
dedicate to ~ ~에 헌신하다
spotlight 집중 조명하다
inequality 불평등, 불균등
critic 비평가, 평론가
be flawed 결점이 있다
stock option 주식 인수권
fluctuate 변동을 거듭하다
acknowledge 인정하다
compensation 보상, 이득
considerable 상당한, 많은
distinction 차이, 대조
specialist 전문가, 전공자
track 추적하다, 뒤쫓다
Labor Department 노동부
compare 비교하다
non-supervisory 비관리직의
manufacturing industry 제조업
private source 민간 소식통
meanwhile 그동안, 한편
compensation package 보수
equivalent 동등한, 상응하는
exercise 행사하다, 발휘하다
deputy 법정대리인

02

Statistics show that the consumption of organic foods has increased dramatically over the past three years. What this implies is that the well-being is becoming one of the top priorities for more and more consumers. This tells us what kind of foods we have to develop and introduce to the market.

• 어휘 •
consumption 소비(량), 소모(량)
dramatically 극적으로
organic food 유기농 식품
imply 암시하다, 시사하다
top priority 최우선 사항

03

Last year, our workforce was cut in half thanks to a restructuring plan. As a result, working hours have lengthened and job performance is disappointing. However, we don't have to worry about slow sales in overseas markets. As a last resort, we can rely on the domestic market where we still enjoy strong sales. Under the right conditions, we can make profits in the Japanese market as well.

• 어휘 •
workforce 노동력, 노동자
thanks to ~ ~의 덕으로
restructuring plan 구조조정 계획안
lengthen 길어지다
as a last resort 최후의 수단으로서
rely on ~ ~에 의존하다
make profits 수익을 올리다

04

Thank you for taking time off from your busy schedule. Statistics show that real wages have been increasing by 15% per year. Then how can we increase our sales revenues? There are many things we have to consider, such as our objectives, mission, financial plan, market analysis summary, strategy and implementation summary, risks, and so on. However, the answer lies in how to diversify distribution channels for our products. And then we have to think about who our target consumers are.

• 어휘 •

take time off 시간을 내다
real wage 실질 임금
sales revenue 매출액
objective 목표
market analysis 시장 분석
implementation 이행, 실행
lie in ~ ~에 있다
diversify 다양화하다
distribution channel 유통 경로

05

China's Net market booming

The world's most populous country will become one of the world's largest Internet markets as early as 2015, according to a report released on Monday. China is already the fastest growing Net market in Asia, with the number of online users expected to reach 6.7 million by year end, up 319 percent from 1998. The number of Chinese PC users going online proliferated at nearly the same rate last year. Foreign companies are also looking to get into an act now dominated by China Telecom. Last week, America Online (AOL) bought 10 percent of China.com, a portal and Net-service company that operates in China and elsewhere in Asia. China's ISP market will be worth $8 billion by 2013, the report forecasted.

• 어휘 •

net market 통신 시장
booming 급속히 발전하는
populous 인구가 많은
released 공개된, 발표된
by year end 연말까지
proliferate 증가하다, 확산되다
nearly 거의
the same rate 동일한 비율(속도)
look to ~ ~할 방법을 모색하다
get into ~ ~을 시작하다
portal 포털(사이트)
net-service 통신 서비스
operate 운용되다
worth ~ ~의 가치가 있는
forecast 예측(예보)하다

06 As you can see from the graph, consumer prices have been falling steadily since February of 2005. Prices peaked in February at 3.3% and began falling thereafter. They stabilized at 3.1% from March through May and then fell to 2.7% in June. As of July, the rate of consumer price increases had dropped to 2.5%. As the price of oil stabilizes in 2006 and inflation remains low, we expect consumer prices to fall further in the coming months, despite the winter heating season.

• 어휘 •
consumer price 소비자 가격
peak 절정(최고조)에 달하다
thereafter 그 후에
stabilize 안정되다, 안정시키다
price of oil 유가
inflation 물가 상승
coming 다가오는
despite ~ ~에도 불구하고
heating 난방

07 Commodity price index:
The price of gold looks likely to remain depressed. It has fallen by 11% since early May, hitting a 20-year low of $257 an ounce on June 10th. Now finance ministers from the G7 countries have approved a plan for the IMF to sell up to 310 tons of gold to finance debt relief for poor countries. At current prices, one in four gold mines outside Russia and China is losing money; South Africa's mines are the most vulnerable. South Africa's central bank has suggested that official gold sales be conducted at regular auctions through the Bank for International Settlements to stabilize the market. Switzerland is to sell up to 1,300 tons of gold over the next few years; Britain's planned sell-off starts next month.

• 어휘 •
commodity price index 물가지수
depressed (양, 수준이) 하락한
hit (특정한 수준에) 이르다
ounce (무게 단위) 온스
finance minister 재무 장관
G7 countries 서방 선진 7개국
approve 승인하다
IMF 국제 통화 기금
finance 자금(재원)을 대다
debt relief 채무 면제(탕감)
vulnerable 취약한, 연약한
regular auction 정기적인 경매
settlement 결제
stabilize 안정되다, 안정시키다
sell-off 싸게 파는 것, 저가 판매

CHAPTER 08 의견 제시 및 건의

 알짜배기 문장으로 통번역 준비 운동!
의미에 맞게 영문의 빈 칸을 채워가며 실전 통번역에 앞서 몸을 가볍게 풀어봅시다.

01 I'd like to propose a _____ to our team's _____ on the project.
저는 우리 팀의 프로젝트 진행이 더딘 것과 관련해 가능한 해결책을 제안하고자 합니다.

02 I think we should _____ bring in at least three _____ engineers from Seoul.
저는 우리가 적어도 3명의 추가 엔지니어들을 서울에서 임시로 데려와야 한다고 생각합니다.

03 My point is that one of our _____ is our _____.
제 요지는 바로 인력이 우리의 자산 중 하나라는 것입니다.

04 I believe now is the time to provide _____ to our managers.
저는 지금이 바로 관리자들에게 합당한 보상을 제공해줘야 할 때라고 봅니다.

05 We need to boost the volume of our _____ and attract _____.
우리는 수출량을 신장시키고 해외 투자를 유치해야 할 필요가 있습니다.

06 It is essential to make _____ products and increase our exports to _____ markets.
고품질의 제품을 생산하고 해외 시장으로 수출을 늘리는 것이 필수적입니다.

07 It seems to me that we should _____ in pursuing it.
저는 우리가 이를 밀고 나가는 데 있어 그 어떤 자원도 아껴선 안 된다고 봅니다.

08 The strength of this project is its _____ price and its _____ values.
이 프로젝트의 강점은 경쟁력 있는 가격, 그리고 오락성을 겸비한 교육적 가치입니다.

09 The weakness is the _____ target market because we are targeting _____.
약점은 바로 우리가 성인들만을 대상으로 하고 있기 때문에 목표 시장이 제한적이라는 것입니다.

10 In short, _____ service will result in a _____ in sales.
간단히 말해, 형편없는 고객 서비스는 매출 부진으로 이어집니다.

11 The problem is that we _____ consider our customers as a _____.
문제는 바로 우리가 고객들을 성가신 존재로 여기는 경향이 있다는 것입니다.

12 In my opinion, the _____ has brought many advantages to us.
제 생각에, 주 5일 근무제는 우리에게 많은 이점을 가져다 줍니다.

01. possible solution / slow progress	05. exports / foreign investments	09. limited / only adults
02. temporarily / additional	06. quality / overseas	10. poor customer / slowdown
03. assets / manpower	07. spare no resources	11. tend to / nuisance
04. fair compensation	08. competitive / edutainment	12. five-day workweek

STEP 2 비즈니스 영한 통번역 맛보기

핵심 문장들로 구성된 영문 통번역 예시를 보며, 실전 연습에 앞서 몸을 가볍게 풀어봅시다.

01 To answer your question about where I stand on the project, it seems to me that we should spare no resources in pursuing it. There are at least two reasons for this. / I hope this helps as your team contemplates the project.

• 어휘 •
spare 할애하다
pursue 계속하다, 밀고 나가다
at least 적어도, 최소한
contemplate 고려하다

그 프로젝트에 대한 제 견해를 묻는 질문에 답하자면, 저는 이를 밀고 나가는 데 우리가 그 어떤 자원도 아끼지 말아야 한다고 생각합니다. 여기엔 최소 두 가지 이유가 있습니다. / 이것이 귀하의 팀이 프로젝트를 심사숙고하는 데 도움이 되길 바랍니다.

02 All things considered, I am sure that this is a project worth considering. The strength of this project is its competitive price, its edutainment values, and a game environment that won't intimidate novice users; the weakness, however, is the limited target market, because we are targeting only adults.

• 어휘 •
worth ~ ~의 가치가 있는
strength 강점
competitive 경쟁력 있는
intimidate 겁을 주다
novice user 초보 사용자

모든 점들을 고려해봤을 때, 저는 이 프로젝트가 고려해볼 만한 가치가 있다고 확신합니다. 이 프로젝트의 강점은 경쟁력 있는 가격, 오락성을 겸비한 교육적 가치, 그리고 초보 사용자들을 주눅들게 하지 않을 게임 환경입니다. 하지만 약점은 우리가 오직 성인들만을 대상으로 하고 있기 때문에 목표 시장이 제한적이라는 것입니다.

03 I would like to propose a possible solution to our team's slow progress on the project. To speed up the project, I think we should temporarily bring in at least three additional engineers from Seoul until phase 2 is complete. This would not only allow us to catch up on our schedule but also give us a much-needed variety of perspectives.

• 어휘 •
slow progress 더딘 진행
speed up 속도를 높이다
temporarily 일시적으로, 임시로
catch up on ~ ~을 따라잡다
much-needed 많이 필요한
perspective 관점, 시각

저는 우리 팀의 프로젝트 진행이 더딘 것과 관련해 가능한 해결책을 제안하고자 합니다. 프로젝트 진행 속도를 높이기 위해, 저는 우리가 2단계가 종료될 때까지 적어도 3명의 추가 엔지니어들을 서울에서 임시로 데려와야 한다고 생각합니다. 이것은 우리가 일정을 따라잡을 수 있게 해줄 뿐만 아니라 우리에게 필요한 다양한 관점들 또한 제공해주게 될 것입니다.

비즈니스 영한 통번역 실전 트레이닝 062~067

다양한 비즈니스 상황에서의 영어 단문 및 문단들을 통번역 해보며 실력을 한 단계 높여보도록 합시다.

모범답안 188

01 My point is that one of our assets is our manpower. Nobody knows for sure what will happen in the future. We have to prepare for the worst while we can. When we face other difficulties, in the same way, it will be our managers who will save our company. I believe now is the time to provide fair compensation to our managers. How? Let us give them a chance to develop themselves further. For example, let them go abroad to study if they want.

• 어휘 •
asset 재산, 자산
manpower 인력
for sure 확실히
prepare for ~ ~을 준비(대비)하다
in the same way 같은 방법으로
difficulties 어려움
compensation 보상, 보수
go abroad 외국에 가다

02 I am for the FTA, and I think it will be very helpful to the growth of our economy. Nobody can deny that the US is a huge market for Korean companies and that we are highly dependent on the US market. As a matter of fact, I think the free market system is a global trend and that we don't have any other choice but to open our market to other countries. We also need to boost the volume of our exports and attract foreign investments. Furthermore, through the FTA, a liberal foreign investment environment will be established, and it will be the driving force in the long-term economic development of our country. Therefore, for the sake of the development of the national economy, it is essential to make quality products and increase our exports to overseas markets.

• 어휘 •
FTA 자유 무역 협정
growth 성장, 발전
deny 부정하다
dependent on ~ ~에 의존하는
as a matter of fact 사실상
free market system 자유 시장 제도
boost 신장시키다, 북돋우다
export 수출
investment 투자
liberal 진보적인, 자유민주적인
driving force 원동력, 추진력
for the sake of ~ ~을 위해
essential 필수적인
quality product 고품질 제품
overseas market 해외 시장

03

Digressing for a moment, let's consider the alternatives. Going back to the question of restructuring, I would say that we have no choice. Thus, we have to downsize our organization. This leads us to realize how we have managed to maintain a greater market share than any of the other companies. Then how are we going to downsize? Here is what we have to do. First, reorganize our business structure. Second, shut down the overseas factories which aren't making profits. Last, ask our senior employees to take an early retirement option.

• 어휘 •

digress for a moment 잠시 주제에서 벗어나
alternative 대안
restructuring 구조조정
downsize 축소하다
reorganize 재구성하다
shut down 문을 닫다
make profits 수익을 올리다
senior employee 선임 직원
early retirement 조기 퇴직

04

In short, poor customer service will result in a slowdown in sales. Without customers, we simply cannot exist. However, our reputation in terms of managing our customers is not very encouraging. So, what's the problem? The problem is that we tend to consider our customers as a nuisance although we know that customer relationships are at the heart of our business. On top of that, an unfortunate accident took place last month. That is, one of our customers sued us for ignoring his repeated requests to refund his money. If we make a mistake, we will pay for it. We know that anybody can make a mistake. What we can't afford to do, however, is to make the same mistake again. I am sure we can reach our goal to improve our customer services if we treat them like our friends or family members.

• 어휘 •

slowdown 둔화
in sales 매출에 있어서
exist 존재하다
reputation 평가
in terms of ~ ~와 관련해
tend to ~ ~하는 경향이 있다
nuisance 성가신 사람
on top of that 그뿐만 아니라
unfortunate 불행한
take place 발생하다
sue 고소하다
repeated 반복되는
refund 환불하다
make a mistake 실수하다
pay for ~ ~의 대가를 치르다
reach the goal 목표를 달성하다

05

A Self-Test for CEOs:

1. How's your performance and your performance credibility? It is without a doubt that you have to deliver results, but you're unlikely to do so if you haven't developed performance forecasts for the next eight quarters, not just the usual four. You should have ideas now for changes you may have to face six to eight quarters out.

2. Are you focused on the basics of execution? You should feel connected to the flow of information about your company and its markets; that includes regular, direct interaction with customers and front-line employees. Are you following through on all major commitments from your direct reports? Are you listening to the inner voice telling you whether these things are going well or badly?

3. Is bad news coming to you regularly? Every company, even the most successful, has had news, usually lots of it. If you're not hearing it, are you letting the trouble build? The information you get should force you to take competitors seriously.

4. Is your board doing what it should? That means evaluating you and your direct reports, asking for information about your markets, and demanding a succession plan — but not formulating strategy (your job) or trying to manage operations.

5. Is your own team discontented? Top subordinates often start bailing out before a CEO goes down.

어휘

self-test 자가 진단 테스트
performance 업무 수행 (능력)
credibility 신뢰성, 신뢰도
be unlikely to ~ ~할 것 같지 않다
forecast 예측, 예보
quarter (4분의 1) 분기
face out 밀고 나가다, 견디다
be focused on ~ ~에 중점을 두다
basics 기본, 기초, 원리
execution 실행, 수행
feel connected 연계성을 느끼다
interaction 상호작용, 대화
front-line 중요 실무를 담당한
follow through on ~ ~을 완수하다
commitment 약속, 전념, 헌신
direct report 직속 부하 직원
inner voice 내부의(내면의) 목소리
whether A or B A인지 B인지
regularly 정기적으로, 규칙적으로
competitor 경쟁자
board 이사회, 위원회
evaluate 평가하다
succession plan 승계 계획
formulate 만들어내다
discontented 불만족한
subordinate 부하, 하급자
bail (급히) 떠나다, 탈출하다
go down 침몰하다, 넘어지다

06

In my opinion, the five-day workweek has brought many advantages to us. It can let workers rest and recharge themselves. It is also beneficial to employers because workers can be far more productive and creative thanks to this system. There is a saying "All work and no play makes Jack a dull boy." We should know that counting hours while sitting at a desk doesn't show how efficient and productive workers are. I believe employers need to change their mindset that longer hours mean a greater commitment or dedication to the company. There are more benefits to the five-day work system. You can use the weekends to develop yourself. You can learn what you want and enjoy your hobbies on weekends. I also think it will be good for our economy. I read in a newspaper that a longer weekend will spur greater spending thus service businesses and the tourism industry will develop as more people travel on weekends. However, I am worried that they might get even lazier when they have more free time and will probably want more vacations as well. Additionally, a lot of time is being wasted in the name of tea breaks and long meetings. A five-day workweek will also lead to less work getting done at companies. I think it will cost companies a lot of money because they will pay people the same salaries for fewer hours of work. This will cause profits to decrease and will then negatively affect the company as a whole.

어휘

- in my opinion 제 생각엔
- advantage 이익, 장점
- recharge 재충전하다
- beneficial 유익한, 이로운
- productive 생산적인
- creative 창조적인
- dull 멍청한, 우둔한
- count hours 시간을 재다(세다)
- efficient 효율적인
- mindset 사고방식, 태도
- commitment 약속, 전념
- dedication to ~ ~에 헌신
- five-day work 주 5일 근무
- spur 자극하다, 원동력이 되다
- spending 지출
- tourism industry 관광 산업
- lazier 더 게으른
- have free time 여가 시간을 갖다
- probably 아마도
- lead to ~ ~로 이어지다
- additionally 추가적으로
- be wasted 낭비되다
- in the name of ~ ~라는 명목으로
- meeting 회의
- fewer hours 좀 더 적은 시간
- negatively 부정적으로
- affect 영향을 미치다
- as a whole 전체적으로

CHAPTER 09 문의 답변

STEP 1 알짜배기 문장으로 통번역 준비 운동!

의미에 맞게 영문의 빈 칸을 채워가며 실전 통번역에 앞서 몸을 가볍게 풀어봅시다.

01 We appreciate _____ in becoming a _____ for our products.
저희 제품의 판매상이 되는 것에 관심을 보여주셔서 매우 기쁘게 생각합니다.

02 I'm sending via _____ an information _____ about the program for dealers.
판매상 관련 프로그램에 대한 정보 모음집을 속달 우편을 통해 보내드리도록 하겠습니다.

03 Many thanks for your _____ of January 1 for _____ printing paper.
귀하의 고품질 인쇄 용지에 대한 1월 1일자 문의에 매우 감사드리는 바입니다.

04 If you need more information, please let us know at your _____.
좀 더 많은 정보가 필요하실 경우, 가급적 빨리 저희 측에 알려주셨으면 합니다.

05 We've attached a spreadsheet showing _____ for each item we offer.
당사가 제공하는 각 품목별 할인율을 보여주는 스프레드시트를 첨부해 드렸습니다.

06 We offer a _____ for orders _____ $5,000.
5,000달러 이상의 주문에 대해선 7%의 할인을 제공합니다.

07 Enclosed in a _____ package are the carpet samples you _____.
개별 소포로 동봉한 것은 요청하신 카펫 샘플입니다.

08 I'm pleased to _____ you that we have decided to accept your _____.
저희 측에서 귀하의 최종 제안을 수락하기로 결정하게 된 것을 알려드리게 되어 매우 기쁩니다.

09 I sent you the _____ yesterday by snail mail for _____ purposes.
어제 귀하 측으로 계약서를 보내드렸으며, 보안을 유지하고자 일반 우편을 통해 발송했습니다.

10 Please send me _____ of your current typewriter catalog and _____.
귀사의 최신 타자기 카탈로그와 가격 목록을 저희 측에 보내주시기 바랍니다.

11 The catalog contains pricing, _____ and _____ information.
카탈로그엔 가격, 배송, 그리고 보증 정보가 수록되어 있습니다.

12 I hope that the _____ information will prove _____.
첨부해 드린 내용이 부디 도움이 되기를 바랍니다.

01. your interest / dealer	05. discount rates	09. contract / security
02. express mail / packet	06. 7% discount / over	10. a copy / price list
03. inquiry / high-quality	07. separate / requested	11. shipping / warranty
04. earlier convenience	08. inform / last offer	12. attached / helpful

비즈니스 영한 통번역 맛보기

핵심 문장들로 구성된 영문 통번역 예시를 보며, 실전 연습에 앞서 몸을 가볍게 풀어봅시다.

01 Thank you for suggesting that we change the color of our product. I can understand your reason for wanting to have all materials match the T-shirts you've ordered, but we think that doing so now would be unrealistic and too costly.

• 어휘 •
material 직물, 천, 재료
match ~ ~에 맞다
unrealistic 비현실적인
costly 많은 비용이 드는

저희 제품의 색을 변경하자는 아이디어를 제안해주신 점 감사하게 생각합니다. 주문하신 티셔츠에 모든 재료들이 완벽히 어우러지기를 바라는 귀하의 사유는 이해합니다만, 현시점에서 그렇게 하는 것은 비현실적이고 너무 많은 비용이 발생할 것으로 보입니다.

02 We appreciate your interest in becoming a dealer for our products. I'm sending via express mail an information packet about the program for dealers. I'm attaching last year's program schedule. After I receive this year's tentative schedule, I will forward that as well.

• 어휘 •
interest in ~ ~에 대한 관심
dealer 판매인, 중개인
express mail 속달 우편
information packet 정보 모음집
tentative schedule 잠정적인 일정

당사 제품의 판매상이 되는 것에 관심을 보여주셔서 매우 감사드립니다. 판매상 관련 프로그램에 대한 정보 모음집을 속달 우편으로 부쳐드리겠습니다. 여기에 지난해 프로그램 일정표를 첨부해 드리겠습니다. 올해 프로그램에 대한 잠정적인 일정표를 받게 되면, 귀하께 이 또한 보내드리도록 하겠습니다.

03 Thank you for your inquiry of December 1. We are happy to inform you that we are able to supply the whole OA system you inquired about. We have enclosed a related brochure and a statement of price for your review. If you need more information, please let us know at your earliest convenience.

• 어휘 •
inquiry 질문, 문의
be able to ~ ~할 수 있다
supply 공급하다
inquire about ~ ~에 관해 묻다
statement 내역서

귀하의 12월 1일자 문의에 감사드립니다. 귀하께서 문의하신 사무 자동화(OA) 시스템 일체를 당사가 공급해드릴 수 있음을 알려드리게 되어 매우 기쁘게 생각합니다. 관련 브로셔와 귀하께서 검토해보실 수 있도록 가격 내역서를 함께 첨부해 드립니다. 문의할 사항이 더 있으실 경우 저희에게 가급적 빨리 알려주시기 바랍니다.

STEP 3 비즈니스 영한 통번역 실전 트레이닝 068~077

다양한 비즈니스 상황에서의 영어 단문 및 문단들을 통번역 해보며 실력을 한 단계 높여보도록 합시다.

모범답안 189

01

(1-1) In response to your question about discounts for cash payment, we have attached a spreadsheet showing discount rates for each item we offer. (1-2) In response to your request, we are attaching a copy of the September issue of our newsletter on the semiconductor industry. I hope the attached information will prove helpful.

• 어휘 •
in response to ~ ~에 응하여
discount 할인
cash payment 현금 결제
September issue 9월호
newsletter 소식지, 회보
semiconductor 반도체

02

(2-1) We thank you for your inquiry, and are pleased to attach the digital samples of our online program. Sample course books for our offline program are being packaged and should be shipped within a few days. (2-2) Attached is the requested product list. Product will be sent to you by courier tomorrow. Enclosed in a separate package are the carpet samples you requested.

• 어휘 •
inquiry 문의, 질문
attach 첨부하다
be packaged 포장되다
be shipped 배송되다
requested 요청된
courier 운송인, 택배 회사
separate 개별의, 각각의

03

You asked for my advice on investing in the mall. Based on the information you sent me, I think that the ROI numbers appear to be realistic. However, it might be a good idea to discuss your business plan at length with a financial accountant before committing your funds.

• 어휘 •
invest in ~ ~에 투자하다
based on ~ ~에 근거해
ROI 투자 수익률
at length 길게, 상세하게
financial accountant 재무 회계사
commit (돈, 시간을) 쓰다

04 This letter confirms our acceptance of the terms and conditions of the proposed Agreement. Please send us two copies of the Agreement, duly signed by yourself, at your earliest convenience. Upon receipt of the two copies, I'll countersign them and will return one copy for your file. Thank you again for your patience that has been essential in consummating this Agreement.

• 어휘 •
acceptance 수용, 수락
agreement 합의서, 계약서
duly signed 정식으로 서명된
upon receipt of ~ ~을 수령 즉시
countersign 부서하다
essential 필수적인
consummate 완벽하게 하다

05 We saw an ad in the February issue of K magazine for your products and would like to request a full brochure of your items, with a price list and warranty information. We are a chemical materials manufacturer in Korea and are planning to purchase several generators for a new factory. As we need to make a decision by the end of March, could you send the requested brochure by March 2? Thank you for your anticipated cooperation.

• 어휘 •
February issue 2월호
warranty 보증(서)
chemical materials 화학 재료
purchase 구매하다
generator 발전기, 발생기
make a decision 결정하다
anticipated 기대되는
cooperation 협조, 협력

06 In respect to your e-mail of December 2, I'm pleased to be able to send you our comprehensive product catalog, attached in PDF format. The catalog contains pricing, shipping and warranty information. If you have further questions, I would be glad to personally answer them. Meanwhile, I look forward to receiving the first order. You can also access more information on specific models on our Website. I am happy to answer your questions about the project. I hope that the attached information will prove helpful.

• 어휘 •
in respect to ~ ~에 관하여
comprehensive 종합적인
contain 포함하다
warranty 보증(서)
personally 개인적으로
meanwhile 한편, 그와 동시에
first order 첫 주문
access 접근하다
specific 특정한, 구체적인

07 Many thanks for your inquiry of January 1 for high-quality printing paper. All of our products are made from recycled paper using ecological production methods which result in the highest standards. Enclosed please find a selection of samples of paper of the type you require. Our prices are quoted Ex Works. We offer a 7% discount for orders over $5,000. Delivery is approximately one week after receipt of your order. We hope that the enclosed samples meet with your approval and look forward to receiving your order soon.

• 어휘 •
inquiry 문의, 질문
high-quality 고품질의
printing paper 인쇄 용지
recycled 재활용된
ecological 친환경적인
highest standard 가장 높은 수준
quote 견적을 내다
Ex Works 공장 인도 조건
approximately 대략, 약
meet with approval 동의를 얻다

08 (8-1) If possible, we would like to have a stand which is located between other stands, but not near any direct competition. Please let us know if our requests can be met and how much such a stand would cost. I look forward to hearing from you soon. (8-2) Your exhibition stand is a showcase for your company. Make sure that people feel welcome on your stand. Have an attractive reception area which encourages people to come in. Keep in mind that it's tiring walking around a fair so a comfortable seating area where people can relax is always a good idea. Place some company literature in display racks nearby and offer coffee or other drinks so that your visitors feel at home. An information center, manned by a friendly member of staff, and some attractive free gifts which people can take away with them will leave a good impression with visitors. Last but not least, a small office is always useful. Use it for talks with important visitors or simply as a place where your staff can relax away from the bustle of the air.

• 어휘 •
if possible 가능하다면
stand (박람회 등의) 부스
competition 경쟁사
cost 비용이 들다
exhibition stand 전시 부스
showcase 공개 행사(장)
make sure ~ ~을 확실히 하다
on one's stand ~의 입장에서
attractive 매력적인
tiring 피곤한
comfortable 편안한
literature 문헌, 인쇄물
display rack 진열대
nearby 근처에
feel at home 마음이 편안하다
manned by ~ ~로 운영되는
free gift 경품
good impression 좋은 인상
bustle 부산함, 북적거림

09 Dear, Mr. Kim. I hope you are well. I am pleased to inform you that we have decided to accept your last offer, so I sent you the contract yesterday by snail mail for security purposes. Please send me an acknowledgement e-mail as soon as you receive it, and send the contract back to us after signing it. I am also enclosing an attachment of the updated catalog containing all of our brand new equipment as a PDF file. Please note that I will be out of the office from January 1 to 5. Please direct any urgent or outstanding questions to Mr. Kim. I will answer all other e-mails upon my return. All scheduling should go through Mr. Kim.

• 어휘 •
last offer 최종 제안
contract 계약서
snail mail 재래식(일반) 우편
security 보안
enclose 동봉하다
contain 포함하다
brand new 신형의
equipment 장비, 기기
outstanding question 미해결 질문
upon my return 도착하자마자
scheduling 일정 관리
go through 검토(고려)하다

10 (10-1) Please send me a copy of your current typewriter catalog and price list. I am particularly interested in purchasing an electronic typewriter with a memory. Yours faithfully (10-2) Thank you for your request dated February 8th. I have pleasure in enclosing the catalog of typewriter which you requested. This includes details of a number of electronic typewriters by various manufacturers. As you mentioned your equipment for a memory, have you considered a dedicated word processor? You will find details of these on pages 15-25, and will see from the price list that prices of the smaller models compare very reasonably with those of electronic typewriters. If you would like demonstrations of any of the models in the catalog, I would be happy to arrange for our representative to call on you whenever convenient. Yours sincerely

• 어휘 •
current 최근의
typewriter 타자기
particularly 특히
be interested in ~ ~에 관심 있다
purchase 구입하다
electronic 전자의
yours faithfully 안녕히 계십시오
manufacturer 제조사
equipment 장비, 기기
dedicated 전용의
compare with ~ ~와 비교하다
reasonably 타당하게, 합리적으로
demonstration 설명, 시범
arrange for ~ ~을 준비하다
representative 대리인, 담당자
call on ~ ~을 방문하다

CHAPTER 10 홍보 및 광고

 STEP 1 알짜배기 문장으로 통번역 준비 운동!
의미에 맞게 영문의 빈 칸을 채워가며 실전 통번역에 앞서 몸을 가볍게 풀어봅시다.

01 We use _____ technology so you can actually see yourself in the _____ hair style.
    저희는 최신 기술을 활용해 여러분이 최신 헤어스타일을 한 본인의 모습을 실제로 볼 수 있게 해드립니다.

02 We offer _____ gift options that will surely please the people _____ you.
    저희는 여러분의 소중한 이들을 진정 행복하게 해줄 수 있는 폭넓은 종류의 선물군을 제공합니다.

03 If you are _____ birthday presents, come and visit Bay Shop now.
    만약 특별한 생일 선물을 찾고 계신다면, 지금 바로 베이샵을 방문하시기 바랍니다.

04 Enjoy _____ in our luxurious rooms, restaurants, and sports facilities!
    고급스러운 객실, 식당 및 스포츠 시설에서 5성급 대우를 즐겨보시기 바랍니다!

05 We _____ customized skin treatments that _____ your skin type.
    저희는 여러분의 피부 타입에 딱 맞는 고객 맞춤형 피부 치료를 전문으로 하고 있습니다.

06 We're _____ our very own collection of yoga apparel this spring!
    저희는 올 봄 저희만의 요가 의류 컬렉션을 출시하게 됩니다!

07 Metro Sports Center _____ health and wellness programs for people _____.
    메트로 스포츠 센터는 모든 연령대의 사람들을 위한 건강 프로그램을 제공합니다.

08 We have _____ facilities and a staff of _____ fitness trainers.
    저희는 최신식 시설과 뛰어난 능력의 신체 단련 트레이너들을 보유하고 있습니다.

09 MJA is _____ its efficiency, professionalism, and speed.
    MJA는 일 처리의 효율성, 전문성, 그리고 속도에 있어 잘 알려져 있습니다.

10 We will give you a _____ on our carpet cleaning service.
    카펫 세탁 서비스에 있어 50%의 가격 할인을 제공해 드릴 예정입니다.

11 _____ these fantastic products in our catalog and _____ now!
    저희 카탈로그에서 이 환상적인 제품들을 확인해보시고, 지금 바로 주문해주시기 바랍니다!

12 All packages are _____ of _____ and applicable government tax.
    모든 패키지엔 봉사료 및 해당 정부 세금이 포함되어 있습니다.

01. state-of-the-art / latest
02. a wide array of / dear to
03. looking for / unique
04. five-star treatment
05. specialize in / match
06. coming out with
07. provides / of all ages
08. state-of-the-art / competent
09. well-known for
10. 50% discount
11. Check out / place your order
12. inclusive / service charges

 STEP 2 비즈니스 영한 통번역 맛보기
핵심 문장들로 구성된 영문 통번역 예시를 보며, 실전 연습에 앞서 몸을 가볍게 풀어봅시다.

01 Now, there's an easy way to evaluate hairstyles and colors to discover what looks best on you. We use state-of-the-art technology so you can actually see yourself in the latest hair styles. We will send you pictures so that you can refer to it every time you want to make a change versus a video service that only let you see the styles on their computer and then let you choose only four styles to print. You can take your printouts to our beauty shop and use it to discuss your likes and dislikes with your stylist to make sure you get the style you want.

• 어휘 •
evaluate 평가(감정)하다
state-of-the-art 최신식의
latest 가장 최근(최신)의
refer to ~ ~을 참고(참조)하다
versus ~ ~에 비해(대조적으로)
printout 인쇄(물)
likes 좋아하는 것
dislikes 싫어하는 것
make sure ~ ~을 확실히 하다

이제, 헤어스타일과 색상을 점검하고 여러분께 무엇이 가장 잘 어울리는지 찾아볼 수 있는 손쉬운 방법이 여기 있습니다. 저희는 최신 기술을 활용해 여러분께서 최신 헤어스타일을 한 본인의 모습을 실제로 볼 수 있게 해드립니다. 저희가 여러분께 사진을 보내드리면 여러분은 헤어스타일을 바꾸고 싶으실 때마다 이를 참고해보실 수 있으며, 이는 미용실 내 컴퓨터 화면에 나온 헤어스타일을 보며 그 중 4가지 스타일만 골라 인화할 수 있게 해주는 기존 비디오 서비스와는 차원이 다릅니다. 여러분께서는 인쇄한 사진을 저희 가게로 가지고 오셔서, 확실히 본인이 원하는 스타일로 머리를 자를 수 있도록 이를 놓고 저희 스타일리스트와 함께 무엇을 싫어하고 좋아하는지 논의해보실 수 있습니다.

02 Finding the best gifts for your loved ones can sometimes be stressful and frustrating. But here at the Bay Shop, we offer a wide array of gift options that will surely please the people dear to you. We sell toys, handicrafts, and personal accessories specially made by our talented craftsmen. So if you are looking for unique birthday presents, wedding gifts, or tokens of appreciation, come and visit the Bay Shop now. Our store is open every day from 9 A.M. to 7 P.M. You may also view our products online by visiting www.thebayshop.com.

• 어휘 •
stressful 스트레스 받는
frustrating 불만족한, 좌절하는
a wide array of ~ 다수의 ~
option 선택, 선택권
dear to ~ ~에 있어 소중한
handicraft 수공예품
talented 재능(재주)가 있는
craftsman 공예가
tokens of appreciation 감사 표시

사랑하는 이들을 위한 최고의 선물을 찾는 것은 때때로 스트레스 받는 일, 힘든 일이 될 수 있습니다. 하지만 여기 베이샵에서, 저희는 여러분의 소중한 이들을 진정 행복하게 해줄 수 있는 폭넓은 종류의 선물군을 제공합니다. 저희는 장난감, 수공예품, 그리고 솜씨 좋은 공예가들이 특별히 제작한 개인 액세서리 등을 판매합니다. 그러니 만약 특별한 생일 선물이나 결혼 선물, 혹은 감사를 표하기 위한 선물을 찾고 계신다면, 지금 바로 베이샵을 방문하시기 바랍니다. 저희 가게는 매일 오전 9시부터 오후 7시까지 영업을 합니다. 또한 www.thebayshop.com을 방문하시면 온라인으로 저희 제품들을 둘러보실 수 있습니다.

STEP 3 비즈니스 영한 통번역 실전 트레이닝 078~086

다양한 비즈니스 상황에서의 영어 단문 및 문단들을 통번역 해보며 실력을 한 단계 높여보도록 합시다.

01

Mangrove Resort. Bask in clear beach waters at Mangrove Resort. Enjoy five-star treatment in our luxurious rooms, restaurants, and sports facilities! Everyone can find something to take part in with Mangrove's variety of tours, diving excursions, and recreational activities. Mangrove Resorts is the perfect place for a vacation for your loved ones or family. And as a special promotion, from July 15 to August 15, we will offer vacation packages at 10 percent off peak rates. Take advantage of this chance for incredible savings and enjoy the beach with your family and friends. Day Tour package: $40 / Overnight Package: $130
All packages are inclusive of service charges and applicable government tax. *Only available to guests staying more than 48 hours.

• 어휘 •
bask in ~ ~을 누리다
luxurious 고급스러운
five-star treatment 5성급 대우
facility 시설
take part in ~ ~에 참여하다
excursion (짧게 하는) 여행
promotion 홍보, 판촉
~ percent off ~퍼센트 할인
peak rate 성수기 요금
take advantage of ~ ~을 이용하다
incredible 믿을 수 없는
overnight 하룻밤 동안의, 야간의
inclusive 일체의 경비가 포함된
service charge 봉사료
applicable 해당(적용)되는
available 이용 가능한

02

The Derma House. Do you spend thousands of dollars on over-the-counter medications that fail to solve your skin problems? If you want to have that clear and youthful-looking glow, come to the Derma House. We specialize in customized skin treatments that match your skin type and directly address your needs. Our dermatologists use state-of-the-art equipment and solutions based on natural ingredients for acne, skin whitening, and anti-aging treatments. Discover what the Derma House can do for you. Visit any of our clinics from May 6 to May 10 to get a free consultation and a 20% discount on any regular facial treatment.

• 어휘 •
over-the-counter medication 일반의약품
youthful-looking 젊어 보이는
glow 홍조, (은은한) 불빛
specialize in ~ ~을 전문으로 하다
customized 고객 맞춤의
address 고심하다, 다루다
dermatologist 피부과 전문의
state-of-the-art 최신식의
ingredient 재료, 성분, 소재
acne 여드름
consultation 상담, 상의

03

With more than 320 hotels and resorts in 57 countries, Sheraton Hotels & Resorts is the largest of the Starwood Hotels & Resorts Worldwide, Inc. brands. Sheraton Hotels & Resorts are located in some of the world's most sought-after cities and resort destinations. For Business travelers-Guest rooms feature ergonomically designed chairs, ample task lighting, extra electrical outlets, personalized voice mail, and a combination printer/copier/fax machine. Other innovative services include the most flexible check-in/check-out system in the industry and body clock cuisine to combat the effects of jet lag. For leisure travelers, there's a Sheraton Hotel or Resort to provide the perfect home-away-from-home to vacationers.

• 어휘 •

largest 가장 큰
be located in ~ ~에 위치해 있다
sought-after 수요가 많은, 인기 있는
ergonomically 인체 공학적으로
ample 충분한, 풍만한
electrical outlet 전기 콘센트
innovative 혁신적인
flexible 융통성 있는
body clock 체내(생체) 시계
combat 방지하다
jet leg 시차
home-away-from-home 제2의 고향, 내 집처럼 편한 곳

04

The Garden Fields. Celebrate life's special moments at The Garden Fields. With our enchanting gardens and European-inspired courtyards, you can plan an occasion that will definitely be a unique experience for your clients and their guests. If you want to organize a formal garden wedding or birthday party, we can help you. The Garden Fields has different reception venues for anniversaries, corporate events, and other functions. In addition, we have affiliated catering companies ready to arrange grand feasts for different occasions. We provide tables, seating, service dishes, and floral arrangements. If you have any other requirements or additional requests for decorations, our expert event planners will do their best to make those arrangements for you! Contact us today and let us help you create the celebration of a lifetime!

• 어휘 •

enchanting 고혹적인
courtyard 뜰, 마당
occasion 행사
unique experience 특별한 경험
formal 격식을 차린, 공식적인
client 고객
reception venue 연회 장소
anniversary 기념일
corporate 기업의
affiliated 연계된, 제휴한
catering company 출장 음식 업체
grand feast 대형 연회
floral arrangement 꽃꽂이
event planner 행사 기획자
celebration 기념, 축하
lifetime 평생, 생애

05 We're coming out with our very own collection of yoga apparel this spring! All garments are made from quality materials from China, Thailand, and Egypt. The clothes were designed with style and comfort in mind, so expect bold, eye-catching prints on only the finest cotton, nylon, and polyester fabrics. We also have a variety of Indian props and accessories to complement your yoga practice—from exquisite jewelry to meditation cushions and towels, as well as decorative yoga rugs. So what are you waiting for? Check out these fantastic products in our catalog and place your order now!

• 어휘 •
come out with ~ ~을 내놓다
apparel 의류, 의복
garment 의복, 옷
quality material 질 좋은 재료
comfort in mind 안락함
bold 선명한, 굵은
eye-catching 눈길을 끄는
prop 소도구
complement 보완하다
exquisite 매우 아름다운, 정교한
place one's order 주문하다

06 Bustling? Yes. Beautiful? Not quite. The Seoul skyline is dotted with concrete tower blocks. The streets, clogged with traffic. And yet the edges of the city are softening. Seoul is transforming itself into an international design center. Last year, Seoul beat out 20 rivals, including Singapore and Dubai, to be named the World Design Capital in 2010 by an industry group representing more than 100,000 designers. It's sprucing up its streets and parks to better appeal to locals and tourists, and making way for a mega monument by Zaha Hadid, star architect who's commissioned to create the $98 million Dongaemun Design Park. Korea is looking for new design because it has very inventive people and a country that's proven that its inventiveness in the design of electronic goods, fabrics, and industrial products is winning. It's competing around the world.

• 어휘 •
bustling 부산한, 북적거리는
skyline 하늘과 맞닿은 윤곽선
dotted with ~ ~이 점점이 찍혀 있는
clogged with ~ ~로 막혀 있는
edge 가장자리, 끝부분
soften 부드러워지다, 부드럽게 하다
beat out 따라잡다, 물리치다
be named ~ ~로 명명되다
represent 대표(대변)하다
spruce up 단장하다, 멋을 내다
appeal to ~ ~에 호소하다
monument 기념물
architect 건축가
commission 의뢰하다, 주문하다
inventive 창의(독창)적인
inventiveness 창의성, 독창성

07

After a stressful week at work, it is always nice to drop by the spa to relax and recharge. For more than three years now, spa treatments have helped me fight fatigue. All the while, I thought I had been enjoying the greatest spa services available, but that notion changed when I visited the Red Sea Spa to write a review for this column. The newest spa in the metropolitan area offers a fusion of hydrotherapy massages. The Red Sea Spa resembles a water theme park with ten swimming pools, providing soft, moderate, and hard massages using only water pressure. Among my favorite spots in the establishment is the hydro-acupuncture pool. It squirts warm water that gives a pricking sensation similar to what is experienced in real acupuncture treatment. The pool works well to soothe sore muscles. The water spa is also equipped with basic spa facilities, such as saunas and facial rooms. It also has pools for children, as well as restaurants serving American and Italian dishes. Regarding the service, I must say that the spa maintains a friendly and accommodating staff to ensure that guests enjoy their visit to the establishment. If you want a different relaxation experience with your family and friends, then the Red Sea Spa is the place to go. As a summer promotion, the spa offers a complimentary entrance ticket for every purchase of four adult entrance tickets. The Red Sea Spa is open daily from 8 A.M. to 11 P.M.

• 어휘 •

stressful 스트레스 받는
drop by ~ ~에 들리다
relax 휴식을 취하다
recharge 재충전하다
fight fatigue 피로를 물리치다
notion 개념, 관념, 생각
a fusion of ~ ~의 융합, 결합
hydrotherapy 수 치료법
resemble 닮다, 유사하다
moderate 보통의, 적당한
establishment 시설
acupuncture 침술
squirt 찍 나오다, 내뿜다
pricking 따끔따끔한
sensation 느낌
soothe 달래다, 진정시키다
sore muscle 근육통
be equipped with ~ ~로 설비되다
facial room 얼굴 마사지실
friendly 친절한, 친근한
accommodating 잘 협조하는
ensure 보장하다
relaxation 휴식
promotion 홍보, 판촉
complimentary 무료의
entrance ticket 입장권
purchase 구매, 구입
open daily 매일 문을 열다

08

Your path to wellness. Conveniently situated off Highway 10 in scenic Hamilton City, Metro Sports Center provides health and wellness programs for people of all ages. We have state-of-the-art facilities and a staff of competent fitness trainers, sports coaches, and professional nutritionists. We also offer programs encouraging members to get into the greatest shape of their lives. Body Shape Up. Get fit the right way with the help of a personal trainer. Body Shape Up is highly recommended for members who would like to lose weight. Enroll in this program and we will create a workout routine suitable for your needs and body type. Sports and Fitness Classes. Enhance your athletic skills and relieve stress by taking sports and fitness classes. We currently offer badminton and swimming lessons three times a week. We also hold aerobics and yoga classes on weekends. Present this advertisement at our customer service desk to get 30% off on one-year membership. For more information, please contact us at 222-5555. You may also e-mail your inquiries to ask@msc.com.

• 어휘 •

wellness 건강
conveniently 편리하게
situated 위치해 있는
of all ages 모든 연령의
state-of-the-art 최신식의
competent 능숙한
professional 전문적인
nutritionist 영양사
encourage 격려하다, 고무시키다
shape 몸매, 체형
the right way 올바른 길, 정도
highly recommended 적극 추천되는
lose weight 살을 빼다
enroll in ~ ~에 등록하다
workout routine 운동 일정
suitable for ~ ~에 맞는
enhance 높이다, 향상시키다
relieve stress 스트레스를 해소하다
three times a week 일주일에 3번
membership 회원권
inquiry 문의, 질문

09

Imagine the relief coming home to a spotless house after a busy day at work. Whether you have a studio-type apartment or a two-story house, MJA Cleaning Services can tidy it up for you. Spend your time doing the things that are important and let us worry about your housework. MJA has been serving the Salt Lake City area for the past 15 years, and is well-known for its efficiency, professionalism, and speed. We offer weekly and biweekly cleaning, window washing, carpet cleaning, and floor stripping and waxing services. We also move furniture and clean up after parties. In addition, we use environment-friendly housekeeping materials and equipment. Visit our Website, check our rates, and consider the savings you can get by using our services. We provide professional quality-cleaning at a low cost. As part of a special offer, we will give you a 50 percent discount on our carpet cleaning service for every biweekly cleaning. Contact us now at 222-5555 and our housekeepers will be at your doorstep immediately.

• 어휘 •

relief 안도, 안심
spotless 티끌 하나 없는
studio-type apartment 원룸
two-story house 2층집
tidy up 깔끔하게 정리하다
housework 가사, 집안일
well-known 잘 알려진
efficiency 효율성
professionalism 전문성
biweekly 격주의
stripping 벗기기
furniture 가구
clean up 치우다, 청소하다
environment-friendly 친환경적
saving 절약 금액
housekeeping 살림, 집안 돌보기
equipment 장비, 기기
quality-cleaning 양질의 청소
housekeeper 가정부
doorstep 문간

CHAPTER 11 기업 제휴 및 마케팅

STEP 1 알짜배기 문장으로 통번역 준비 운동!
의미에 맞게 영문의 빈 칸을 채워가며 실전 통번역에 앞서 몸을 가볍게 풀어봅시다.

01 We would like to form a _____ with your company.
    저희는 귀사와 전략적 동맹 관계를 맺었으면 합니다.

02 We would like to _____ of working together.
    저희가 함께 일할 수 있는 가능성에 대해 논의했으면 합니다.

03 We're a large _____ specializing in imported car wash products for the _____.
    저희는 한국 시장에 수입 세차 용품을 공급하는 것을 전문으로 하는 대형 유통 업체입니다.

04 We saw your _____ and would like to consider _____ your products locally.
    저희는 귀사가 낸 광고를 보았으며, 귀사의 제품을 저희 지역에 공급하는 걸 고려해보고자 합니다.

05 Could you _____ of your car wash products?
    귀사의 세차 용품 브로셔를 저희 측에 보내줄 수 있으신지요?

06 _____ is a brochure on our company and our products for _____.
    참고해 보실 수 있도록 저희 회사 및 제품 관련 브로셔를 첨부해 드립니다.

07 The _____ I'm trying to get across is that we need to create a new _____.
    제가 전달하고자 하는 요지는 바로 저희가 새로운 마케팅 접근법을 고안할 필요가 있다는 것입니다.

08 Marketing is a _____ and set of _____ to sell an organization's products.
    마케팅은 조직의 상품을 판매하는 전략 및 일련의 기술이라고 볼 수 있습니다.

09 Marketing is based on understanding the _____.
    마케팅은 고객의 수요를 이해하는 것을 기반으로 합니다.

10 Effective marketing is about developing a _____ with your customers.
    효과적인 마케팅은 고객과 장기적인 관계를 발전시켜나가는 것입니다.

11 Even an _____ product has to be made known to its _____ customers.
    가격이 매력적인 상품조차 이것이 겨냥하는 고객들에게 알려져야만 합니다.

12 The Internet offers great opportunities as a _____ for _____ marketing.
    인터넷은 직접적인 마케팅 매개체로서 엄청난 기회를 제공합니다.

01. strategic partnership
02. discuss the possibility
03. distributor / Korean market
04. advertisement / distributing
05. send us a brochure
06. Enclosed / your reference
07. point / marketing approach
08. strategy / techniques
09. customer's needs
10. long term relationship
11. attractively priced / target
12. medium / direct

STEP 2 비즈니스 영한 통번역 맛보기

핵심 문장들로 구성된 영문 통번역 예시를 보며, 실전 연습에 앞서 몸을 가볍게 풀어봅시다.

01 We would like to form a strategic partnership with your company. We believe such a partnership would give both our companies an edge in this market in terms of buying power.

• 어휘 •
strategic 전략적인
partnership 동업, 동반자 관계
buying power 구매력

저희는 귀사와 전략적 동업 관계를 맺었으면 합니다. 저희는 이러한 동업 관계가 구매력 측면에서 양사 모두가 현 시장에서 우위를 점할 수 있게 해주리라고 확신합니다.

02 There is no alternative other than winning back our market share. In other words, the point I am trying to get across is that we need to create a new marketing approach. In addition, our company needs restructuring.

• 어휘 •
alternative 대안
win back 되찾다
get across 전달하다
restructuring 구조조정

저희에겐 시장 점유율을 되찾아오는 것 외엔 달리 대안이 없습니다. 다시 말해, 제가 전달하고자 하는 요점은 바로 저희가 새로운 마케팅 접근법을 고안해낼 필요가 있다는 것입니다. 이에 덧붙이자면, 저희 회사는 구조조정이 필요합니다.

03 We were impressed by your website and would like to take this opportunity to introduce our company, an ice cream manufacturer. We're looking to expand our clientele and would like to discuss the possibility of working together and look forward to hearing from you soon.

• 어휘 •
be impressed by ~ ~가 인상 깊다
manufacturer 제조업체
expand 확장하다
clientele 고객망
possibility 가능성

저희는 귀하의 웹사이트에 깊은 인상을 받았으며, 이 기회를 활용해 아이스크림 제조업체인 저희 회사를 소개해 드리고자 합니다. 저희는 고객망을 확장할 방법을 모색 중이며, 이에 따라 귀사와 함께 일할 수 있는 가능성에 대해 논했으면 하므로 귀하로부터 곧 이에 대한 답변을 듣게 되길 바랍니다.

STEP 3 비즈니스 영한 통번역 실전 트레이닝 087~093

다양한 비즈니스 상황에서의 영어 단문 및 문단들을 통번역 해보며 실력을 한 단계 높여보도록 합시다.

01 We are a large distributor specializing in imported car wash products for the Korean market. We saw your advertisement and would like to consider distributing your products locally. Could you send us a brochure of your car wash products, along with any other information that may assist us?

• 어휘 •
distributor 유통 회사
specialize in ~ ~을 전문으로 하다
imported 수입된
car wash product 세차 용품
distribute 유통시키다
assist 돕다

02 While our name might be foreign to you, our company is taking the lead among kitchen equipment manufacturing. We believe it is absolutely natural that when shifting to new supplier a company feels uneasy until it is convinced of the definite advantages derived from the new supplier. Enclosed is a brochure on our company and our products for your reference, and we look forward to the pleasure of doing business with you.

• 어휘 •
take the lead 선두를 차지하다
kitchen equipment 주방 장비
shift 옮기다, 이동하다
supplier 공급자
be convinced of ~ ~을 확신하다
advantage 이익, 장점
derived from ~ ~로부터 나온
reference 참고

03 Marketing is two things. First, it is a strategy and set of techniques to sell an organization's products or services. This involves choosing target to get them to buy. The second, and by far more important concept of marketing, is forces on improving the reality of what is on offer. It is based on understanding the customers' needs and developing new solution which are better than those currently available.

• 어휘 •
strategy 전략
technique 기술, 기법
involve 포함하다
force 물리력, 힘, 영향력
on offer 제공되는, 살 수 있는
be based on ~ ~에 근거를 두다
customer's needs 고객의 수요

04

Marketing theorists tend to give the word "product" a very broad meaning, using it to refer to anything capable of satisfying a need or want. Thus services, activities, people (politicians, athletes, film stars), places (holiday resorts), organizations (hospitals, colleges, political parties), and ideas, as well as physical objects offered for sale by retailers, can be considered as products. Physical products can usually be augmented by benefits such as customer advice, delivery, credit facilities, a warranty or guarantee, maintenance, after-sales service, and so on.

• 어휘 •
theorist 이론가
tend to ~ ~하는 경향이 있다
refer to ~ ~을 나타내다
capable of ~ ~할 수 있는
politician 정치가
political party 정당
physical object 실체가 있는 물건
retailer 소매업자
be augmented 증가되다
credit facility 신용 거래
warranty 보증, 보장

05

The basic idea behind the marketing concept — that you make what you can sell rather than sell what you make — does not mean that our product will sell all by itself. Even a good, attractively priced product that clearly satisfies a need has to be made known to its target customers. During the introduction and growth stages of the standard product life cycle, the producer (or importer) has to inform customers (and distributors, dealers and retailers) about the product's existence, its features, its advantages, and so on. Effective marketing, according to Godin, an American marketing guru, is about developing a long term relationship with your customers, and, as with all types of relationship, it requires a tremendous amount of work. Given this effort, however, the Internet offers great opportunities as a medium for direct marketing. Godin has become famous for his work on identifying the unique ways in which the Internet can be used as a marketing tool.

• 어휘 •
by itself 저절로
attractively priced 가격이 매력적인
satisfy 만족시키다
known to ~ ~에게 알려진
target customer 목표 고객
growth stage 성장 단계
product life cycle 제품 수명 주기
producer 생산자
distributor 유통업자
existence 존재, 현존
effective 효과적인
guru 전문가, 권위자
long term 장기적인
require 필요로 하다
tremendous 엄청난, 굉장한
direct 직접적인
identify 확인하다, 알아보다
unique 특별한, 독특한
tool 도구

06

Everyone had expected that the new advertising strategy would have a positive response. As a matter of fact, it turned out to be as ineffective as the former one. Everybody in our company wants to believe that we are still the number-one player in the market. In fact, we are nowhere near that position now. Four years ago, we were at the top of the world. But today, we are nowhere near where we once were. We implemented many regulations to keep our costs down last year. On the contrary, our costs have gone up slightly because workers were not used to these new regulations. Costs rose steadily for the fifth year running. So, our profits fell too. However, we worked hard. We always tried to listen to our customers so that we could develop a product which satisfies them. And there have been continuous efforts to improve our services over the last few years. So, our customers' satisfaction has increased. So, we could maintain our reputation as the market leader. Everybody said that it was impossible, but we made it anyway. Remember it can take years to build a good reputation, but it only takes seconds to lose it.

• 어휘 •

advertising 광고, 홍보
strategy 전략
positive 긍정적인
as a matter of fact 사실상
it turned out to be ~ ~로 드러나다
ineffective 비효율적인
former 이전의
number-one player 1위 기업
nowhere near ~ ~ 근처에도 못가는
implement 시행하다
regulation 규정, 조약
on the contrary 그와는 반대로
slightly 약간, 조금
be used to ~ ~에 익숙하다
satisfy 만족시키다
continuous 계속되는
satisfaction 만족
reputation 평판
steadily 꾸준히
running 운영, 경영
make it 해내다

07 Abel Associates, Inc. specializes in internal public relations (customer relations) and external public relations (media relations). We see your customers or publics as your employers, prospects, and clients. What they say and think about you has a direct effect on your productivity, profitability, and overall work environment. We see media relations as a tool to help you build and enhance your image with your consumers through electronics, print, and interactive media. Our firm helps clients increase customer satisfaction, awareness, credibility, and ultimately sales for their company's products and services. Our clients range from small business to international corporations. We work with clients in a variety of industries including: commercial and residential real estate, building and construction services, automotive, retail, high-tech and interactive media, health care and pharmaceuticals, scuba diving and travel, advertising and marketing, banking and financial services, and non-profits.

• 어휘 •

specialize in ~ ~을 전문으로 하다
internal 내부의, 안의
public relations 홍보, 선전 활동
external 외부의, 밖의
media relations 언론 홍보
prospect 예상, 가망(가능성)
profitability 수익성, 이윤율
enhance 높이다, 향상시키다
electronics 전자 기술, 전자 제품
interactive media 쌍방향 매체
awareness 의식, 인식, 관심
credibility 신뢰성, 신용도
ultimately 궁극적으로
client range 고객 범위
commercial 상업의, 상업적인
residential 주택지(거주지)의
real estate 부동산 (중개업)
construction 건설, 건축, 공사
high-tech 최첨단의
pharmaceuticals 제약 회사

CHAPTER **12** 가격 협상

STEP 1 알짜배기 문장으로 통번역 준비 운동!
의미에 맞게 영문의 빈 칸을 채워가며 실전 통번역에 앞서 몸을 가볍게 풀어봅시다.

01 Because of the current _____, your prices have become more _____.
최근 환율의 영향 탓인지, 귀사의 가격이 좀 더 비싸졌습니다.

02 The market situation is such that your _____ offer _____ than yours.
현 시장 상황은 귀사의 경쟁사들이 귀사보다 더 낮은 가격을 제시하고 있는 상태입니다.

03 Your prices are _____ far more expensive than others currently available in _____.
귀사의 가격은 현재 시장에서 활동 중인 다른 업체들의 가격보다 훨씬 비싼 것으로 나타났습니다.

04 We hope you will either _____ the prices of your local competitors.
귀사께서 지역 경쟁 업체 가격에 맞추시거나 그보다 더 나은 가격대를 제시해주셨으면 합니다.

05 We are enclosing a comparison of _____ for your reference and _____ action.
귀사께서 참고해보신 뒤 적절한 조치를 취하실 수 있도록 일반 시세를 비교한 자료를 동봉해 드립니다.

06 The _____ in wages has been forcing us to _____ our price structures.
임금의 급격한 인상은 당사로 하여금 가격 구조를 조정할 수밖에 없게끔 만들었습니다.

07 We have _____ to ask you to _____ a 15% increase in all our prices.
모든 금액에 있어 15%의 인상안을 귀사께서 수락해주시길 부탁드리는 것 외엔 방법이 없습니다.

08 Unfortunately, we are _____ accept the _____ price increase.
불행히도, 저희는 제안하신 가격 인상안을 수락할 수가 없습니다.

09 Would you consider _____ us a 15% discount on _____?
당사가 주문할 시 15% 할인을 허용해주는 걸 고려해볼 순 없으신지요?

10 We'll be willing to increase _____ of our order if you can allow us an _____ discount.
귀사께서 저희 측에 추가 할인을 허용해주신다면, 당사는 주문량을 기꺼이 더 늘릴 생각입니다.

11 Additional discount _____ from your company has drawn our attention with _____.
귀사의 추가 할인을 요구하는 간청이 우선적으로 저희의 관심을 끌었습니다.

12 _____ that most of us are _____ a little more for quality and service.
저희 대부분 모두 질과 서비스에 좀 더 많은 비용을 기꺼이 지불할 것이라 장담합니다.

01. exchange rate / expensive
02. competitors / lower prices
03. shown to be / the market
04. match or better
05. prevailing prices / appropriate
06. sharp increase / adjust
07. no choice but / accept
08. unable to / proposed
09. granting / our orders
10. the volume / additional
11. solicitation / priority
12. I'm sure / willing to pay

STEP 2 비즈니스 영한 통번역 맛보기

핵심 문장들로 구성된 영문 통번역 예시를 보며, 실전 연습에 앞서 몸을 가볍게 풀어봅시다.

01 Because of the current exchange rate, your prices have become more expensive by an average of 12 percent than prices from major suppliers in other countries. We hope your company can cope with the recent development by lowering your prices to a competitive level.

• 어휘 •
exchange rate 환율
supplier 공급자, 공급 업체
cope with ~ ~에 대응(대처)하다
lower prices 가격을 낮추다
competitive 경쟁력이 있는

최근 환율의 영향 탓인지, 귀사의 가격이 다른 나라에 있는 주요 공급 업체들의 가격보다 평균 12 퍼센트 더 비싸졌습니다. 당사는 귀사의 가격을 경쟁력 있는 가격 수준으로 낮춰 귀사께서 이러한 국면에 대응할 수 있게 되길 바라는 바입니다.

02 Though we are very reluctant to shift to other suppliers, the market situation is such that your competitors offer lower prices than yours. We are enclosing a quotation from a local supplier for your review, and do hope you will either match or better the prices of your local competitors.

• 어휘 •
reluctant to ~ ~하길 주저하는
shift to ~ ~로 옮기다
competitor 경쟁자, 경쟁 업체
quotation 견적
better 더 낫게 만들다

당사는 다른 공급사로 옮겨 가고 싶은 생각이 정말 없지만, 현 시장 상황을 보면 귀사의 경쟁 업체들이 귀사보다 가격을 더욱 낮추고 있는 실정입니다. 당사는 귀사께서 검토해보실 수 있도록 지역 공급사들에게서 받은 견적서를 첨부해 드리오며, 귀사께서 지역 경쟁 업체들의 가격 수준에 맞추시거나, 혹은 이보다 더 나은 가격대를 제시주시길 바라는 바입니다.

03 Although we are satisfied with the price offered in your letter of January 9, we will be willing to increase the volume of our order if you can allow us an additional discount. We are also interested in signing a long-term agreement with your company if you could offer us any additional favors.

• 어휘 •
satisfied with ~ ~에 만족하는
willing to ~ 기꺼이 ~하는
additional 추가적인
long-term 장기적인
favor 호의, 친절, 지지

당사는 1월 9일자 귀사의 서신에 제시된 가격대에 만족하긴 하지만, 만약 귀사께서 당사에게 추가적인 할인을 더 허용해주신다면 주문량을 기꺼이 더 늘릴 생각입니다. 또한 귀사께서 당사에게 추가적인 혜택을 제공해주실 수 있다면 당사는 귀사와 장기적인 계약을 체결하는 것에도 역시 관심을 두고 있습니다.

STEP 3 비즈니스 영한 통번역 실전 트레이닝 094~103

다양한 비즈니스 상황에서의 영어 단문 및 문단들을 통번역 해보며 실력을 한 단계 높여보도록 합시다.

모범답안 194

01 There are some who want the best price at the cost of quality of product and service. I am sure, however, that most of us are willing to pay a little more for quality and service. And the reputation of your company in the industry proves that your company is one of those where quality and service take precedence over price.

• 어휘 •
best price 가장 경쟁력 있는 가격
quality 질, 품질
willing to ~ 기꺼이 ~하는
reputation 평판
prove 증명(입증)하다
take precedence 우선권을 얻다

02 The sharp depreciation of the Korean won on which our prices are based and ever soaring labor costs during the last two years allow us no choice but to raise our prices by 10 percent across the board effective July 1. You would agree that we have been absorbing the drop in our revenue and the sharp increase in wages through our continued efforts for cost reduction and the improvement of productivity.

• 어휘 •
depreciation 가치 하락, 가격 저하
soaring 급상승하는
labor cost 인건비, 노무비
the board 이사회
absorb 흡수하다, 빨아들이다
revenue 수입, 세액
reduction 축소, 삭감, 감소
productivity 생산량

03 To our amazement and great disappointment, your prices are shown to be far more expensive than others currently available in the market. We are enclosing a comparison of prevailing prices for your reference and appropriate action. Your immediate attention to this matter would be much appreciated.

• 어휘 •
amazement 놀라움
disappointment 실망감
comparison 비교, 비유
prevailing price 시가, 일반 가격
appropriate action 적절한 조치
immediate 즉각적인

04 As you might have noticed, the sharp increase in wages throughout all industries for the last two years has been forcing us to adjust our price structures. We would like to assure you that the proposed 5 percent increase reflects only half as much as the increase of our cost incurred by the recent hike in oil prices together with labor costs.

• 어휘 •
adjust 조정(조절)하다
price structure 가격 구조
assure 장담하다, 확언하다
reflect 비추다, 반사하다
incur 초래하다
hike (가격, 경비 등의) 대폭 인상
labor cost 인건비

05 You must have noticed the sharp depreciation of the Korean won in which all our prices are quoted. A fifty-percent depreciation of the won against the US dollar results in a thirty-percent increase in our overall cost, which we are in no way able to internally absorb. Consequently, we have no choice but to ask you to accept a fifteen-percent increase in all our prices as from September 1, 2016. Your consideration to this request would be greatly appreciated.

• 어휘 •
depreciation 가치 하락, 가격 저하
be quoted 견적이 내려지다
result in ~ ~의 결과를 낳다
overall cost 전체적인 비용
in no way 결코 ~하지 않다
internally 내면적으로, 심적으로
absorb 흡수하다, 빨아들이다
consequently 그 결과

06 Thank you very much for your counteroffer of September 20 in which you requested a further reduction of our price. Please understand, however, that our original offer reflects our sincerest effort to provide you with the best quality product at the lowest possible price. Also, you are strongly encouraged to take account of the unequaled quality of our product and its commanding position in the market. Nevertheless, if price is your prime concern due to the limited budget for this purchase, we can offer an alternative model.

• 어휘 •
counteroffer 대안, 수정 제안
reduction 축소, 삭감, 감소
reflect 비추다, 반사하다
take account of ~ ~을 고려하다
unequaled 무적의, 둘도 없는
commanding 우세한
nevertheless 그럼에도 불구하고
prime concern 주요 관심사
purchase 구매, 매입

07 Although we are confident that our proposal is quite competitive in all respects, additional discount solicitation from your company has drawn our attention with priority. The final review of our cost structure fortunately enables us to find room for an extra 3% discount in your favor without compromising the quality of service, however, on a longer-term contract basis: a three-year contract instead of the two-year contract as previously agreed. We would like to take this opportunity to reassure you of our continued effort to provide our valued customers with the best quality at the best price.

• 어휘 •
competitive 경쟁력 있는
in all respects 모든 점에 있어서
discount 할인, 가격 인하
solicitation 간원, 간청
draw attention 관심을 끌다
with priority 우선 순위로
enable ~할 수 있게 하다
compromise 타협하다, 절충하다
basis 근거, 이유
previously 이전에
reassure 안심시키다
best price 가장 경쟁력 있는 가격

08 Unfortunately, we are unable to accept the proposed price increase. Even though we agree that the current price was calculated based on the exchange rate of the Korean won to the US dollar at 900 and the current rate is staying at the 1,500 level, we have to point out that your cost structure is mainly based on your currency, the won, except for some imported raw material that would account for less than 20 percent of your total cost. Any adjustment in price, therefore, should be in proportion to the share of the dollar-based cost in your total cost.

• 어휘 •
unfortunately 불행하게도
be unable to ~ ~할 수 없다
price increase 가격 인상
calculate 계산하다, 산출하다
based on ~ ~에 근거해
exchange rate 환율
currency 통화, 통용
raw material 원자재
account for ~ ~을 설명(해명)하다
adjustment 조정, 조율
in proportion to ~ ~에 비례하여

09

Thank you for your letter of April 26 which contained your offer and a catalog of your food products. Thank you, too, for the samples of the six varieties of instant soups what we had requested. After testing the samples of the soups you sent, we found that they are easy to prepare and quite delicious. We are confident that this product will find a strong market here in Korea. As we hope to place orders with you on a regular basis, would you consider granting us a 15-percent discount on our orders? We will place our first order with you as soon as we receive a reply concerning the discount. Once we are able to reach an agreement on the terms of the sale, we would appreciate it if you would send us some order forms. We look forward to receiving a reply in the very near future.

• 어휘 •

contain 포함하다
variety 품종, 종류
request 요청하다
easy to ~ ~하기 수월한
confident 자신 있는, 당당한
find a market 판로를 찾다
place an order 주문을 하다
on a regular basis 정기적으로
grant 승인(허락)하다
first order 첫 주문
as soon as ~ ~하자마자
be able to ~ ~할 수 있다
reach an agreement 합의하다
on the terms of ~ ~에 대해
order form 주문서, 주문 용지

10

Thank you for your response to our quotation made in our letter of November 17. Your requirements regarding specification, supply volume and delivery pose no problems on our side. In these respects we are ready to proceed at any time. Please understand, however, that the prices we quoted are firm and consistent with our pricing for all markets. Thus, it will not be possible to accommodate your request for a special reduction. We look forward to receiving your firm order soon and to doing business with you.

• 어휘 •

quotation 견적
requirement 요구(요청) 사항
specification 내역서, 명세서
supply volume 공급량
pose (문제 등을) 제기하다
proceed 진행하다(되다)
consistent 변함없는, 일관된
pricing 가격 책정
accommodate 수용하다
reduction 축소, 삭감

CHAPTER 13 대금 결제

STEP 1 알짜배기 문장으로 통번역 준비 운동!

의미에 맞게 영문의 빈 칸을 채워가며 실전 통번역에 앞서 몸을 가볍게 풀어봅시다.

01 Please _____ us $500 _____ November 20.
늦어도 11월 20일까지 저희 측으로 500달러를 송금해주시기 바랍니다.

02 You may _____ us of your _____ to reconfirm your reservation.
예약을 재확인할 수 있도록 귀하의 신용카드 번호를 저희에게 알려주셨으면 합니다.

03 Your statement _____ $50,000 is now 20 days _____.
50,000달러에 이르는 귀사의 청구서가 현재 20일이나 체납되었습니다.

04 We are sorry to have to get in touch with you again about our _____.
또다시 이 같은 미지불 송장과 관련해 귀사께 연락을 드리게 되어 매우 유감입니다.

05 If we do not receive payment by today, we will have to start _____.
만약 금일까지 대금을 수령하지 못한다면, 당사는 법적 절차를 밟을 수밖에 없게 될 것입니다.

06 The money was _____ you this morning and the bill has been _____.
오늘 아침 귀사로 돈이 송금되었으며 그에 따라 대금이 최종 결제되었습니다.

07 We would like to apologize for the _____ in _____ the above mentioned invoice.
상기 송장 결제가 지연된 점에 진심으로 사과드립니다.

08 We have been _____ pay because our computer system has _____.
당사의 컴퓨터 시스템에 문제가 생겨 결제를 해드릴 수 없었습니다.

09 Because of this, we cannot possibly remit payment of your _____ immediately.
이 같은 이유로, 당사는 귀사께 송장 전액을 즉각적으로 지불하기 힘들 것으로 보입니다.

10 All invoices are _____ within 28 days of _____ goods.
모든 송장은 물품 수령 즉시 28일 이내에 결제되어야 합니다.

11 I strongly demand the _____ of $2,000 which I paid to your airline for the trip.
저는 귀 항공사에 이번 여행 경비로 지불한 2,000달러를 즉각적으로 환불해주시길 강력히 요청 드리는 바입니다.

12 We request that you _____ us an additional 60 days _____ on all payments.
귀사께 모든 결제의 어음 기간을 60일 더 연장해주실 것을 요청 드리고자 합니다.

01. remit / no later than	05. legal proceedings	09. invoice in full
02. advise / credit card number	06. transferred to / paid	10. payable / receipt of
03. totaling / overdue	07. delay / settling	11. immediate refund
04. outstanding invoice	08. unable to / broken down	12. grant / usance

 STEP 2 비즈니스 영한 통번역 맛보기

핵심 문장들로 구성된 영문 통번역 예시를 보며, 실전 연습에 앞서 몸을 가볍게 풀어봅시다.

01 In order to secure your room throughout the conference, please remit us $500 no later than November 20, or you may advise us of your credit card number to reconfirm your reservation.

• 어휘 •
secure 확보하다
remit 송금(송부)하다
advise A of B A에게 B를 알리다

> 회의 기간에 걸쳐 사용하실 귀하의 객실을 확보하고자 하오니, 늦어도 11월 20일까지 저희 측으로 500달러를 송금해주시거나, 아니면 예약을 재확인할 수 있도록 귀하의 신용카드 번호를 저희에게 알려주셨으면 합니다.

02 We were notified today by our bank that your remittance for our invoice was received on January 23. Thank you for your prompt action, and we look forward to the pleasure of doing business with you again in the near future.

• 어휘 •
be notified that ~ ~을 공지 받다
remittance 송금, 송금액
invoice 송장, 청구서
do business with ~ ~와 거래하다

> 당사가 거래하고 있는 은행을 통해 1월 23일경 당사의 청구 금액을 귀사가 송금했다는 사실을 확인했습니다. 빠른 조치에 감사드리며 가까운 시일 내에 귀사와 다시 한 번 거래하게 되길 진심으로 바랍니다.

03 Your statement totaling $50,000 is now 20 days overdue. Please send us the payment to avoid putting your credit standing in jeopardy. Although we have made several requests for payment, we still have not received an answer from you. Despite repeated attempts, we have been unable to receive an answer from you. If we do not receive payment by today, we will have to start legal proceedings.

• 어휘 •
totaling ~ ~의 합계를 낸
overdue 기한이 지난, 체납된
credit standing 신용 상태
jeopardy 위기, 위험
repeated 반복되는
attempt 시도
legal proceeding 법적 절차

> 50,000달러에 이르는 귀사의 청구서가 현재 20일이나 체납되었습니다. 귀사의 신용 상태가 위기에 처하는 것을 피할 수 있도록 저희 측에 대금을 보내주시길 부탁 드립니다. 당사가 대금 결제 요청을 수차례 했음에도 불구하고, 당사는 귀사로부터 아직까지 그에 대한 답변을 듣지 못했습니다. 거듭된 시도에도 불구하고, 당사는 귀사로부터 대답을 들을 수 없었습니다. 만약 금일까지 대금을 수령하지 못한다면, 당사는 법적 절차를 밟을 수밖에 없게 될 것입니다.

STEP 3 비즈니스 영한 통번역 실전 트레이닝 104~113

다양한 비즈니스 상황에서의 영어 단문 및 문단들을 통번역 해보며 실력을 한 단계 높여보도록 합시다.

01 Although two previous requests have been made to you for settlement of the overdue account balance, no remittance has been received. If we do not receive payment by today, we will have to start legal proceedings. If your payment of our invoice has crossed with this letter, we kindly ask you to ignore this reminder.

• 어휘 •
previous 이전의, 사전의
settlement 합의, 해결, 지불
overdue 기한이 지난, 체납된
remittance 송금, 송금액
reminder 독촉장

02 Thorough review of your credit record reveals that your account is overdue by 25 days on an outstanding balance of USD 23,500. With great concern, we notice that no payment has been made as of this morning. Your immediate payment in full strongly urged. If you believe there are any discrepancies in our calculations, please let us know. Faith should take precedence over all.

• 어휘 •
credit record 신용 거래 기록
reveal 드러내다, 밝히다
outstanding balance 미변제 잔고
payment in full 전액 지불
discrepancy 차이, 불일치
take precedence 우선권을 얻다
over all 전체에 걸쳐

03 (3-1) The original invoice was sent on Feb 3; the period for payment ran out 30 days later on March 3. The first reminder was sent on April 1; and you now have an extra ten days to settle the bill. The date for payment is now May 1 at the latest. (3-2) The money was transferred to you this morning and the bill has been paid. We apologize once again for our delay in payment which is due to these difficult circumstances.

• 어휘 •
invoice 송장, 청구서
run out (시간, 힘 등이) 다하다
reminder 독촉장
settle the bill 요금을 지불하다
at least 적어도, 최소한
delay 지연, 지체
due to ~ ~로 인해
circumstance 상황, 정황

04 We would like to apologize for the delay in settling the above-mentioned invoice. We have been unable to pay because our computer system has broken down and we have no access to our data. Please allow us a further 5 days to pay. We will make every effort to ensure that there are no problems in the future.

• 어휘 •
settle 처리하다, 지불하다
break down 고장나다
access to ~ ~에의 접근
make every effort 갖은 노력을 다하다
ensure 반드시 ~하게 하다

05 We are extremely sorry that we have not written to you before about the above-mentioned invoice but, as one of our major customers has not yet paid his debts to us, we are having temporary cash flow problems. Because of this, we cannot possibly remit payment of your invoice in full immediately. We hope, therefore, that you will agree to accept payment in three, monthly installments of $5,000 each.

• 어휘 •
above-mentioned 앞서 언급한
major customer 주 고객
debt 빚, 채무
temporary 일시적인
remit payment 대금을 송금하다
in full 전부, 빠짐없이
monthly installments 월납

06 We are sure you have overlooked the above-mentioned invoice. As stated in our Terms and Conditions of Payment, all invoices are payable within 28 days of receipt of goods. As payment is now more than two weeks overdue, we would be grateful if you could arrange for the outstanding amount to be paid within the next few days. We are sorry to have to get in touch with you again about our outstanding invoice. We have written twice, and require settlement by the end of next week otherwise we might have to take further steps.

• 어휘 •
overlook 못 보고 넘어가다
as stated in ~ ~에 명시된 대로
terms and conditions 제반 조건
payable 지불해야 하는
receipt of goods 화물 인수
arrange for ~ ~을 준비하다
outstanding amount 미납액
get in touch with ~ ~와 연락하다
outstanding invoice 미납 청구서
settlement 지불(계산), 합의
further steps 추가 조치

07

In today's business language, customer satisfaction is never overemphasized. And the manner in which a business organization handles customer dissatisfaction becomes a barometer to decide whether the company deserves repeating business or not. I strongly demand the immediate refund of $2,000 which I paid to your airline for the trip. I do expect my claim against your company for this refund be taken seriously and most urgently. This is not negotiable and there is no room for compromise.

• 어휘 •
customer satisfaction 고객 만족
overemphasized 지나치게 강조된
customer dissatisfaction 고객 불만족
barometer 지표
demand 요구하다
refund 환불
claim against ~ ~에 대한 청구
urgently 시급하게, 조속히
compromise 타협, 절충

08

You are no doubt aware of the recent sharp decline in sales in our market due to the recession here. This decline has left us with huge inventories, the holding cost of which is now putting an extremely heavy burden on our finances. We are writing today to ask for your cooperation in dealing with this problem. Specifically, we request that you grant us an additional 60 days usance on all payments until inventories can be adjusted to normal levels. This will probably require another four to five months, depending on sales in the interim. Your usual prompt and positive consideration of this request would help a great deal at this time.

• 어휘 •
aware of ~ ~을 아는
decline 감소, 축소
in sales 매출에 있어
recession 경기 후퇴, 불경기
inventory 재고(품)
holding cost 유지 비용
cooperation 협조, 협력
grant 승인하다, 허락하다
usance 어음 기간
be adjusted to ~ ~로 조정되다
in the interim 그동안, 그 사이에
positive consideration 적극 검토

09 Thank you for your prompt action on our inquiry regarding an $8,950 outstanding balance on our record. Subsequent checks with the Han-il Bank in line with your information have confirmed that the amount was duly received on July 4. This had not been reported to us due to an oversight on the part of the bank. We realize this matter has caused you some inconvenience but hope you will understand the circumstances. Thank you again for your positive cooperation.

• 어휘 •

inquiry 질문, 문의, 조회
outstanding balance 미변제 잔고
subsequent 그 다음의, 차후의
in line with ~ ~에 따라(맞춰)
duly 적절한 때에 맞춰, 예상대로
oversight 실수, 간과
circumstance 상황, 정황
positive 긍정적인
cooperation 협조, 협력

10 Your inquiry regarding an $8,500 outstanding balance for our subscription to your report due in August 2016 was immediately checked against our records. Our records confirm that the $8,500 was indeed paid to your account #066011 at the Chemical Bank in New York by bank remittance on September 1, 2016. Along this line, we have already returned your second invoice with these remarks a few weeks ago. You are encouraged to direct further inquiries to the Chemical Bank who will confirm payment to you. Your prompt action in this regard would be very much appreciated.

• 어휘 •

outstanding balance 미변제 잔고
subscription 구독료, 구독
due 지불해야 하는
immediately 즉각적으로
be checked against ~ ~와 대조하다
confirm 확인하다
remittance 송금, 송금액
invoice 송장, 청구서
remark 발언, 말, 논평
direct (편지 등을) ~에게 보내다
further inquiry 추가 문의
in this regard 이 점과 관련해

CHAPTER 14 선적 및 배송

STEP 1 알짜배기 문장으로 통번역 준비 운동!
의미에 맞게 영문의 빈 칸을 채워가며 실전 통번역에 앞서 몸을 가볍게 풀어봅시다.

01 The goods you _____ are being _____ this afternoon.
귀사께서 주문하신 물품은 오늘 오후에 선적될 예정입니다.

02 Shipment will be _____ as soon as your payment is _____.
귀사의 결제 내역이 확인되자마자 선적이 시작될 것입니다.

03 Thank you for _____ September 25.
귀사의 9월 25일자 주문에 감사드립니다.

04 We hope they _____ and that you will be pleased with them.
물품이 귀하께 무사히 도착하길 바라며, 받아보신 물품에 만족하시길 바랍니다.

05 I'm sorry to inform you that your order of March 20 will be _____.
귀하의 3월 20일자 주문 배송이 일주일 지연될 예정임을 알려드리게 되어 유감스럽게 생각합니다.

06 We are very sorry to hear that the _____ order has not _____.
상기 주문품이 아직 도착하지 않았다는 사실을 알게 되었으며, 이에 매우 유감을 표하는 바입니다.

07 The recent trucker's _____ has been _____ in many of our shipments.
최근 트럭 운전 기사들의 파업으로 인해 저희 측 배송 업무 대부분이 지연되었습니다.

08 This was caused by _____ of _____ from one of our business partners.
이것은 저희 사업 파트너 중 한 곳으로부터 자재가 늦게 배송된 것으로 인해 야기되었습니다.

09 Delivery of the boxes should _____ today or by tomorrow morning _____.
상자는 금일, 혹은 늦어도 내일 아침까지 배송되어야 합니다.

10 I'm pleased to _____ tell you that your order was _____ two days ago.
귀사께서 주문하신 물건이 이틀 전에 발송되었음을 알릴 수 있게 되어 매우 기쁩니다.

11 We _____ that we were sent the _____.
당사는 저희 측이 잘못된 모델을 받았다는 사실을 알게 되었습니다.

12 We certainly _____ with your _____ of July 20.
귀사의 7월 20일자 선적과 관련해 저희 측이 명백히 실수를 저질렀습니다.

01. ordered / shipped	05. delayed by one week	09. be made / at the latest
02. initiated / confirmed	06. above mentioned / yet arrived	10. be able to / dispatched
03. your order dated	07. strike / causing delays	11. discovered / wrong model
04. reach you safely	08. the late delivery / materials	12. made an error / shipment

 STEP 2 비즈니스 영한 통번역 맛보기

핵심 문장들로 구성된 영문 통번역 예시를 보며, 실전 연습에 앞서 몸을 가볍게 풀어봅시다.

01 We sent your order today. I apologize for the delay. We have included a discount coupon as our way of apologizing. This coupon entitles you to 20% off your next purchases. We hope you'll enjoy it.

• 어휘 •
a discount coupon 할인 쿠폰
entitle 자격(권리)을 주다
purchase 구입, 구매

오늘 귀사께서 주문하신 물품을 발송했습니다. 배송이 지연된 점 사과드립니다. 사과의 뜻으로 할인 쿠폰을 첨부해 드렸습니다. 본 쿠폰은 귀하께서 다음 번에 구매하실 때 20% 할인을 받을 수 있습니다. 부디 쿠폰이 마음에 드시길 바랍니다.

02 First of all, we apologize for the mix-up. We certainly made an error with your shipment of July 20. The goods you ordered are being shipped this afternoon. We will send a carrier to collect the wrong shipment next week.

• 어휘 •
mix-up 혼동
shipment 수송, 수송품
carrier 수송(운송) 회사
wrong shipment 오배송

우선, 혼란을 드려 죄송합니다. 귀하의 7월 20일자 배송에 있어 저희가 명백히 실수를 저질렀습니다. 귀하께서 주문하신 물품들은 오늘 오후에 선적될 것입니다. 다음 주에 운송업자를 보내 잘못 보내드린 물품을 회수해 가도록 하겠습니다.

03 We are now ready for shipping, and shipment will be initiated as soon as your payment is confirmed. Shipping will be made in seven separate shipments; the first shipment to be shipped on April 16 and the following six shipments at one-week intervals.

• 어휘 •
be initiated 시작(개시)되다
be confirmed 확인되다
shipping 선적, 탁송
interval 간격, 사이

저희는 현재 선적할 준비가 완료되었으며, 귀하의 결제가 확인되는 대로 선적을 시작할 예정입니다. 선적은 7차례에 걸친 분할 선적으로 진행될 예정이며, 첫 번째 수송 물품은 4월 16일에 선적되고, 나머지 6개 물품들은 1주일 간격으로 선적이 진행될 계획입니다.

01

Thank you for your order dated September 25th. As requested we have sent the goods. We hope they reach you safely and that you will be pleased with them. Please let us know if you have questions. We'll contact you as soon as possible. We wish you success. Yours sincerely.

• 어휘 •
dated ~ ~ 일자의
as requested 요청하신 대로
reach 닿다, 이르다
safely 안전하게

02

(2-1) I'm sorry to inform you that your order of March 20 will be delayed by one week. Please accept our most sincere apology for the late delivery. Due to the strike of the cargo union truck drivers, the shipment is currently being delayed. (2-2) We are sorry to inform you that we are unable to fulfill your order of January 2 by the requested delivery date. Please be reassured that the merchandise will arrive at your warehouse no later than May 15.

• 어휘 •
be delayed 지연되다
late delivery 늦은 배송
cargo union 화물 연대
strike 파업
fulfill 수행(이행)하다
reassure 안심하다
merchandise 물품, 상품
warehouse 창고

03

We have spent a great deal of time and effort tracing the shipment returned from you, however, nothing has turned up so far. There is being no sign of receipt by us of the returned shipment, we have no alternative but to direct the search back to you in hopes that the missing goods may turn up elsewhere. As you are well aware, all the packages we send throughout the world carry electronic bar codes that would tell when and to where the package is shipped. Thank you in advance for your keen attention to this matter.

• 어휘 •
great deal of ~ 다량의(큰) ~
trace 추적하다
turn up 나타나다, 찾게 되다
so far 지금까지
receipt 수령, 받음
alternative 대안
missing goods 분실 물품
electronic bar codes 전자 바코드
in advance 미리, 사전에

04

With reference to your fax of June 6, we are very sorry to hear that the above mentioned order has not yet arrived. Delivery of the boxes should be made today or by tomorrow morning at the latest. Please accept our sincerest apologies for the delay. We hope that we can continue our successful business relationship, despite this problem.

• 어휘 •
with reference to ~ ~에 관련해
above mentioned 앞서 언급된
delivery 배송
at the latest 늦어도
despite ~ ~에도 불구하고

05

Your disappointment with the delayed delivery is completely understandable. We are sorry about the unexpected inconvenience to your company. The recent trucker's strike has been causing delays in many of our shipments. We are currently making other arrangements to promptly ship your order and expect to get the container on board by the end of the week. We value your business and hope to continue serving you in the future.

• 어휘 •
understandable 당연한, 정상적인
unexpected 예기치 못한
inconvenience 불편함
strike 파업
arrangement 준비, 협의(합의)
promptly 지체 없이
on board 승선한, 탑승한
value 가치 있게 생각하다

06

We are sorry for the delay in delivery of the goods. As I explained in our phone call this morning, this was caused by late delivery of materials from one of our business partners. I have checked and am pleased to be able to tell you that your order was dispatched two days ago. Logistics will send you an advice of dispatch by email today. We have sent the consignment by rail this time so that transport is not interrupted by the weekend. The containers should arrive there on Wednesday, January 1. I hope that the goods arrive safely and apologize once again for the delay.

• 어휘 •
explain 설명하다
be caused by ~ ~로 야기되다
material 재료, 자료
be dispatched 발송(배송)되다
logistics 물류 업체
advice 통지서, 안내서
consignment 탁송물, 배송물
by rail 기차로, 철도편으로
transport 수송, 이동
be interrupted by ~ ~에 방해받다

07

We discovered that we were sent the wrong model. This is a serious problem for us, considering that we had planned to sell the pens at our stores throughout Korea beginning next month. We would like to request that the pens be sent out via air freight so that we can have them in our stores by February 1. Please let us know if this is an acceptable solution.

• 어휘 •

wrong model 잘못된 모델
considering that ~ ~을 고려하면
plan to ~ ~할 계획을 세우다
throughout ~ ~의 도처에
via ~ ~을 통해
air freight 항공 화물
acceptable 수용할 수 있는

08

I'm sorry to inform you that order No. 333 for containers hasn't arrived yet. The order was sent almost two months ago on Jan 1, and delivery was promised by Feb 1. Could you please explain what has happened to the goods and let me know as soon as possible when we can expect the consignment? As you realize, we can't fulfill our orders until we have your containers. I have heard from the Sales Department that we have received a complaint from a new customer who has been waiting for a delivery from us since January. We've been doing business with you for over six years and we've had no cause for complaint up to now. You'll understand, however, that this current delay is causing us some problems. Please look into the matter immediately and let us know when we can expect delivery. We need the equipment urgently, so if you cannot deliver within the next week, we will have to look for another supplier. As you know, this is a trial order. We feel sure you will understand that your handling of this matter will determine whether we will be able to place future orders with you.

• 어휘 •

be promised 약속되다, 확정되다
consignment 탁송물, 배송물
fulfill 수행(이행)하다
sales department 영업부
wait for ~ ~을 기다리다
do business 거래하다
have no cause 이유가 없다
complaint 불평, 항의
up to now 지금까지
look into ~ ~을 들여다보다
immediately 즉각적으로
equipment 장비, 기기
urgently 긴급히, 조속히
look for ~ ~을 찾다
supplier 공급 업체
as you know 아시다시피
trial order 시험 주문
feel sure ~ ~을 확신하다
handle 다루다, 처리하다
determine 결정하다
place an order 주문하다

09

We are very pleased to receive your order and confirm that all the items required are in stock. It is a pleasure to have the opportunity of supplying you and we are sure that you will be satisfied with the quality of our goods. Your methods of payment, a draft at sight under L/C is quite acceptable to us. On receiving your credit from the bank we will make up your order and will forward shipping advice as soon as the shipment is completed. We assure you that this order and further orders shall have our immediate attention.

• 어휘 •

in stock 비축되어, 재고로
supply 공급하다, 제공하다
opportunity 기회
be satisfied with ~ ~에 만족하다
method 방법, 방식
a draft at sight 일람불 어음
L/C (= letter of credit) 신용장
acceptable 수용할 수 있는
shipping advice 선적 통지(서)
be completed 완료되다

10

Thank you very much for your order of two CNC Control Dicing Machines received on November 15, 2016. Unfortunately, the specifications and tolerances you require are not yet possible with the equipment we offer. Presently, there is no manufacturer that we know of who can meet your needs with "standard" equipment. We do appreciate your coming to us and regret our inability to be more helpful. Please contact us if you wish to pursue the matter with us in a different way.

• 어휘 •

unfortunately 유감스럽게도
specification 사양, 설명서
tolerance 내성, 저항력
possible 가능한, 유효한
equipment 장비, 기기
manufacturer 제조업자(업체)
inability 무능, 불능
helpful 도움이 되는, 유익한
pursue 계속하다, 밀고 나가다

CHAPTER 15 제품 결함, 반품, 취소

 알짜배기 문장으로 통번역 준비 운동!
의미에 맞게 냉분의 빈 칸을 채워가며 실전 통번역에 앞서 몸을 가볍게 풀어놉시다.

01 The product is not _____, and I'm disappointed with my purchase.
제품이 제대로 작동하지 않고 있으며, 그에 따라 본 제품을 구매한 것에 굉장히 실망했습니다.

02 We are _____ the handle sample you sent us.
저희는 무엇보다도 귀사가 보내주신 핸들 샘플에 가장 크게 실망하였습니다.

03 Please accept our _____ apology for your _____ with our product.
저희 제품에 대한 귀하의 불만족에 진심 어린 사과를 표하니 이를 부디 받아주시기 바랍니다.

04 Please don't forget to bring your _____ when you _____ the product to our store.
저희 가게로 제품을 반품하실 시 귀하의 공식 영수증을 가져오셔야 한다는 걸 잊지 마시기 바랍니다.

05 We have today _____ your account a _____ for USD 9,876.
금일 귀사의 계좌로 9,876 미국 달러를 부쳐드렸습니다.

06 Please _____ if it is possible to _____ immediately.
주문을 즉시 취소하는 게 가능한지 여부를 알려주셨으면 합니다.

07 Your kind _____ of _____ of this cancelation notice would be much appreciated.
귀사께서 본 취소 통지를 받으셨다는 사실을 확인해주신다면 매우 감사하겠습니다.

08 The whole system has now been _____.
전체 시스템이 이제 완벽하게 정상화되었습니다.

09 We assure you that the system operates in _____.
이젠 시스템이 완벽한 상태로 작동 가능하다는 사실을 귀사께 보장합니다.

10 We _____ today a new generator for immediate _____ by our mechanics.
저희가 저희 측 정비공을 통해 귀사께서 즉시 교체하실 수 있도록 새로운 발전기를 금일 발송해 드렸습니다.

11 We are advising that a truck with _____ XXXXX suffered _____ in the front.
차량 등록 번호 XXXXX번 트럭이 차량 앞부분에 손상을 입었음을 알리고자 합니다.

12 Please check your _____ and let us know the _____ of damage at terminal.
관련 기록을 확인해 보신 뒤 터미널에서 피해가 발생했을 가능성에 대해 알려주시기 바랍니다.

01. functioning properly
02. most disappointed with
03. deep / dissatisfaction
04. official receipt / return
05. posted to / credit
06. advise / cancel our order
07. confirmation / receipt
08. completely restored
09. perfect condition
10. dispatched / replacement
11. VIN / damage
12. records / possibility

STEP 2 비즈니스 영한 통번역 맛보기

핵심 문장들로 구성된 영문 통번역 예시를 보며, 실전 연습에 앞서 몸을 가볍게 풀어봅시다.

01 Please be informed that we didn't receive any damage report while vessel was discharging. You may assume the damage occurred after discharge or during transportation, in which case agent or liner is not involved.

• 어휘 •
damage 손상, 피해
discharge 배출하다, 방출하다
assume 추정하다
liner 여객선, 정기선

저희 측은 선박 하역 과정 중 그 어떤 피해 사실도 보고받지 못했음을 알려드립니다. 귀하께서 해당 피해가 하역 후, 혹은 대리업체나 정기선과 관계 없는 운송 과정에서 빚어진 것이라고 추정하실 수도 있습니다.

02 We received the returned shipment, which we understand failed to meet the requirements of your company. Please accept our deep apology for your dissatisfaction with our product. We have today posted to your account a credit for USD 9,876 representing the amount you had paid us for the said shipment. Looking forward to the pleasure of serving your company again in the near future.

• 어휘 •
returned shipment 반송 물품
requirement 요구 사항
dissatisfaction 불만족
post 발송하다, 부치다
account 계좌, 장부
credit (계좌에 넣는) 입금

반송된 물건을 수령하였으며, 이를 통해 당사가 귀사의 요구 사항을 제대로 충족시켜드리지 못했음을 확실히 알게 되었습니다. 귀사께서 저희 제품에 만족하지 못하신 점, 이에 진심 어린 사과를 드리오니 받아주시기 바랍니다. 금일 귀사께서 상기 물품에 지불하신 9,876 미국 달러를 귀사의 계좌로 부쳐드렸습니다. 가까운 미래에 귀사를 다시 한 번 모시게 되길 바랍니다.

03 The product I received is defective. Unfortunately, the product is not functioning properly, and I am disappointed with my purchase. We are most disappointed with the handle sample you sent us. As you know, our finished products must satisfy the quality standards of our clients. We would appreciate your sending us a new sample that meets our requirements as soon as possible.

• 어휘 •
defective 결함이 있는
function 기능하다
be disappointed with ~ ~에 실망하다
purchase 구입, 매입
finished product 완제품
quality standards 품질 기준

제가 받아본 상품에 결함이 있는 것으로 보입니다. 유감스럽지만, 제품이 제대로 작동하지 않고 있으며, 그에 따라 본 제품을 구매한 것에 굉장히 실망했습니다. 저희는 무엇보다도 귀사가 보내주신 핸들 샘플에 가장 크게 실망하였습니다. 아시다시피, 당사의 완제품은 반드시 고객들의 품질 기준을 충족시켜야만 합니다. 그러니 가능한 한 빨리 저희 측 요구 사항을 충족시켜줄 수 있는 새로운 샘플을 보내주신다면 좋겠습니다.

STEP 3 비즈니스 영한 통번역 실전 트레이닝 124~133

다양한 비즈니스 상황에서의 영어 단문 및 문단들을 통번역 해보며 실력을 한 단계 높여보도록 합시다.

모범답안 198

01 Regretfully, we are forced to cancel our order, prompted by a decision in our electronics division. Our director had asked that we postpone placing orders for laptop computers until further notice, but we only became aware of this request after I had already placed the order. Please advise if it is possible to cancel the order immediately. Cancelling the order became necessary as several of our major customers have decided to hold off on new purchases from us because of the recent economic downturn.

• 어휘 •
regretfully 유감스럽게도
be forced to ~ ~하도록 강요받다
be prompted by ~ ~로 촉발되다
electronics 전자 제품
postpone 연기하다, 미루다
place an order 주문을 하다
hold off 시작하지 않다, 미루다
purchase 구입, 매입
economic downtown 경기 침체

02 I purchased application software from your store on September 3 and I've been having some problems using it. I was able to install it successfully on my desktop computer, but every time I use the program for more than five minutes, the operating system automatically shuts down and then restarts. The same thing happened when I tried using the application a second time, and it has continued to happen ever since. I would be extremely grateful if you could help me with this problem before the ninety-day warranty ends. Thank you and I hope to hear from you soon.

• 어휘 •
purchase 구입하다
have problems 문제가 있다
install 설치하다
successfully 성공적으로
every time I ~ 내가 ~할 때마다
operating 운영, 작동
automatically 저절로
shut down 멈추다, 정지하다
restart 다시 시작하다
try 시도하다, 해보려고 하다
warranty 보증

03

Thanks for your advice. The terminal stevedores have confirmed that they are liable for the damage and hope to reach amicable settlement. Could you please check if they are willing to send claim funds to the consignee directly? We will forward an accepting bank account when we receive their reply. Awaiting your reply.

• 어휘 •

stevedore 부두 일꾼, 항만 노동자
liable for ~ ~에 대해 책임이 있는
amicable 우호적인, 원만한
settlement 해결, 합의
claim funds 청구(보상) 금액
consignee 수탁인, 화물 인수자

04

We were much embarrassed to receive your letter of June 21 informing us of malfunction of the generator we installed in your factory. While we cannot give you a definite explanation at present, we're looking into this matter seriously and will inform you of the field survey report as soon as it becomes available. Meanwhile, we dispatched today a new generator for immediate replacement by our mechanics.

• 어휘 •

malfunction 고장, 기능 불량
generator 발전기
at present 현재, 지금
look into ~ ~을 들여다보다
field survey 현장 조사
meanwhile 그동안, 한편
replacement 교체, 대체
mechanic 정비공

05

Please accept our apology for being unable to write to you earlier. It took a lot of time to examine the cause of the trouble with your factory automation system. The whole system has now been completely restored and we assure you that the system operates in perfect condition. Thank you for your patience in this matter, and please feel free to give us a call if you are in need of any further assistance from us.

• 어휘 •

examine 조사하다
factory automation 공장 자동화
completely 완전하게
be restored 회복되다
in perfect condition 완벽한 상태로
operate 작동하다
patience 인내심, 참을성
assistance 도움, 지원

06

We received the attached claim notification regarding a vehicle transshipped at Incheon. Since we have not notified any damage report during loading/sea transit/discharge, we suspect the damage occurred after discharge, while waiting to be delivered to the consignee. Please check your records and let us know the possibility of damage at the terminal.

• 어휘 •

vehicle 차량, 운송 수단
transship 옮겨 싣다
loading 적재
sea transit 해상 수송
discharge 하역
suspect 의심하다
consignee 수탁인, 화물 인수자

07

Through this letter we are advising that a truck coming from Korea with VIN XXXXX suffered damage in the front including bumper, cabin with difficulty in opening the door. I attach the port document issued in Incheon port and pictures of the truck, these pictures were taken by our logistic transporter. Await a prompt reply to my claim and I hope to solve this inconvenience in the best way possible.

• 어휘 •

VIN 자동차 등록 번호
suffer damage 손상을 입다
cabin 객실, (배의 경우) 선실
port document 항만 문서
issue 발행하다
logistic transporter 물류 운송 직원
inconvenience 불편함
in the best way 가장 좋은 방법으로

08

Circumstances beyond our control, to our great regret, demand that our order for two tourist buses be canceled immediately. We are sorry for any inconvenience this cancelation might cause you and your company, however, we trust we are in compliance with the cancelation provisions of our agreement relating to this order as set forth in Article 12(a). Your kind confirmation of receipt of this cancelation notice would be much appreciated.

• 어휘 •

circumstance 상황, 정황
demand 요구하다
be canceled 취소되다
in compliance with ~ ~에 따라
confirmation 확인
provision 조항, 규정
set forth in ~ ~에 제시된
receipt of ~ ~을 수령하는 대로

09 Mutual respect and trust is a prerequisite for any relationship: either personal or professional. Our year-long negotiations with your company reveal that there exists very little possibility of establishing a business relationship firmly founded on mutual trust and respect. It is, therefore, our deep regret that we have to discontinue all our discussion to save both of us from further loss of time and money.

• 어휘 •
mutual 상호의
prerequisite 전제 조건
negotiation 협상
reveal 밝히다, 드러내다
establish 설립(설정)하다
firmly 단호히, 확고히
discontinue 중단하다

10 Thank you for your e-mail. We sincerely apologize for the inconvenience you have experienced in using our product. In the past three months, we have received inquiries from other customers who also had problems with their purchases, so we decided to conduct a series of tests. The results indicate that defective source codes caused the various programs to malfunction: Web Browser is unable to load pages completely; error messages appear upon the start-up of Database Organizer; certain files cannot be opened using Document Manager; and Image Editor shuts down computer systems after running for about five minutes. Rest assured, we have fixed the problems and would be more than happy to replace your application software. Please do not forget to bring your official receipt when you return the product to our store. And to make up for the trouble this incident has caused, we have attached a printable coupon that you can use on your next purchase. (Customer Service Team.)

• 어휘 •
experience 경험하다, 겪다
inquiry 문의, 질문
purchase 구입, 매입
conduct 시행하다
indicate 가리키다
defective 결함이 있는
malfunction 고장, 오작동하다
unable to ~ ~할 수 없는
appear 나타나다
shut down 멈추다, 정지하다
run 작동시키다
rest assured 확신해도 된다
fix 고치다, 수리하다
replace 교체(대체)하다
forget to ~ ~하는 것을 잊다
official receipt 공식 영수증
make up for ~ ~에 대해 보상하다
incident (특히 불쾌한) 일, 사건
printable 출력 가능한

CHAPTER 16 컴플레인 및 사과

STEP 1 알짜배기 문장으로 통번역 준비 운동!

의미에 맞게 영문의 빈 칸을 채워가며 실전 통번역에 앞서 몸을 가볍게 풀어봅시다.

01 I am emailing you _____ your _____ dated January 1.
귀하께서 제기하신 1월 1일자 항의 내용과 관련해 이메일을 보내드립니다.

02 We were much embarrassed to learn of the _____ on our flight KE017.
항공편 KE017에서 발생한 불쾌한 사건을 알게 되었으며, 이에 매우 부끄럽게 생각합니다.

03 The alleged _____ raised by you has _____ all of us.
귀하께서 주장하신 식중독 관련 항의에 저희 모두 당황한 상태입니다.

04 Please accept our deep _____ for the _____ you suffered during the flight.
비행 중 귀하께서 겪으신 불편함에 대해 진심 어린 사과를 드리오니, 부디 이를 받아주시기 바랍니다.

05 _____ that we are seriously _____ the matter.
저희가 현재 이 사안을 심각하게 살피고 있음을 확실히 알아두셨으면 합니다.

06 The fact that the sales clerk seemed _____ in helping you is _____.
해당 직원이 귀하를 돕는 것에 무관심해 보였다는 것은 사실상 용납할 수 없는 일입니다.

07 We appreciate your _____ the problem with the _____.
배송과 관련된 문제점을 지적해 주신 것에 감사를 표합니다.

08 I will _____ this matter up with the managers at our next _____ meeting.
이 사안을 다음 운영 회의 때 상정해 관리자들과 이야기할 수 있도록 할 것입니다.

09 I will _____ to ensure that such behavior does not _____ again.
이러한 행동이 다시금 발생하지 않도록 할 수 있는 확실한 방법을 논의할 것입니다.

10 We'd like your company to _____ this machine with a _____ immediately.
저희는 해당 기계를 귀사께서 즉시 새 것으로 교체해주셨으면 하는 바램입니다.

11 Please rest assured that we'll _____ replace the _____ with a new one.
말씀하신 기계를 즉시 새 것으로 교체해 드릴 것을 확실히 약속드립니다.

12 We will make appropriate _____ upon receipt of your detailed _____.
귀하의 세부 명세서를 수령하는 즉시 적합한 보상을 제공해 드리도록 하겠습니다.

01. regarding / complaint	05. Rest assured / looking into	09. discuss ways / occur
02. unpleasant incident	06. uninterested / unacceptable	10. replace / new one
03. food poisoning / embarrassed	07. pointing out / delivery	11. immediately / said machine
04. apology / inconvenience	08. bring / management	12. compensation / statement

STEP 2 비즈니스 영한 통번역 맛보기

핵심 문장들로 구성된 영문 통번역 예시를 보며, 실전 연습에 앞서 몸을 가볍게 풀어봅시다.

01 I am so sorry about getting back to you so late. I was only able to read your e-mail just now. I was on an overseas business trip and couldn't access the Internet from laptop for some reason.

• 어휘 •
get back to ~ ~에게 답변하다
overseas business 해외 출장
access 접속(접근)하다

> 귀하께 너무 늦은 답장을 드리게 되어 매우 죄송하게 생각합니다. 제가 귀하의 이메일을 지금에서야 읽어볼 수 있었습니다. 제가 해외 출장 중이었는데 어떠한 이유에서인지 노트북으로 인터넷에 접속할 수 없었습니다.

02 I am emailing you regarding your complaint dated Jan 1. I assure you that the issues you raised in your email will be the first priority for us to deal with. Don't hesitate to contact me if you need further assistance. I look forward to your prompt and positive response to our offer.

• 어휘 •
complaint 불만, 항의
first priority 최우선 순위
deal with ~ ~을 다루다, 처리하다
hesitate to ~ ~하길 망설이다
positive response 긍정적인 답변

> 귀하께서 제기하신 1월 1일자 항의 내용과 관련해 이메일을 보내드립니다. 귀하께서 이메일에서 제기하신 문제 사항을 최우선 순위로 놓고 처리할 것을 확실히 약속드리겠습니다. 도움이 좀 더 필요하실 경우 제게 주저 말고 연락주시기 바랍니다. 저희 측 제안에 대한 귀하의 빠르고도 긍정적인 답변을 기다립니다.

03 I would like to draw your immediate attention to a most unpleasant experience I had on your flight KE017 on April 27, 2016. Bad news spreads like wildfire, and this is the reason why I strongly demand that you take prompt action to ensure that your well-earned reputation is not damaged.

• 어휘 •
immediate attention 즉각적 관심
wildfire 도깨비불, 번갯불
prompt action 즉각적인 조치
well-earned 충분한 노력 끝에 얻은
reputation 평판, 명성

> 귀사의 2016년 4월 27일발 항공편 KE017에서 제가 겪었던 아주 불쾌했던 경험에 대해 귀사의 즉각적인 관심을 촉구하는 바입니다. 나쁜 소문은 도깨비불처럼 번지기 마련이며, 제가 귀사께 즉각적인 조치를 취할 것을 강력히 주장하는 이유는 바로 귀사께서 공들여 쌓아 올린 명성이 손상되지 않도록 하기 위함입니다.

STEP 3 비즈니스 영한 통번역 실전 트레이닝 134~141

다양한 비즈니스 상황에서의 영어 단문 및 문단들을 통번역 해보며 실력을 한 단계 높여보도록 합시다.

01

Thank you for finding time to inform us of your dissatisfaction with our in-flight service on our flight KE017. We were much embarrassed to learn of the unpleasant incident on our flight KE017 on April 27, 2016, for which an oversight by our cabin attendant is to blame. Please accept our deep apology for the inconvenience you suffered during the flight. Enclosed with this letter is a small token of our apology and gratitude for making time to help us learn how to serve our passengers better.

• 어휘 •
dissatisfaction 불만족
in-flight service 기내 서비스
incident (특히 불쾌한) 일, 사건
oversight 실수, 간과
cabin attendant 승무원
blame ~을 탓하다
token of one's apology 사과의 표시
gratitude 고마움, 감사
passenger 승객

02

This has reference to the duplicate billing problem you brought to our attention in your letter of February 11. As you pointed out, Invoice #01807 is indeed a duplication of items already billed under Invoice #10732. Please disregard Invoice #01807 and pay only #10732. We apologize for any inconvenience this clerical error has caused and will do our best to see that such errors do not recur. Thank you for your patience and cooperation.

• 어휘 •
has reference to ~ ~에 관계가 있다
duplicate 똑같은, 꼭 같은
point out 지적하다, 언급하다
duplication 이중, 중복
bill 청구서(계산서)를 보내다
disregard 무시(묵살)하다
clerical error 사무 착오
recur 재발하다, 반복되다
patience 참을성, 인내심

03 We can understand your disappointment with the service you received. Because our top priority is meeting the needs of our customers, the fact that the sales clerk seemed uninterested in helping you is unacceptable. We apologize for the inconvenience caused by our reservation system. We appreciate your pointing out the problem with the delivery. I will bring this matter up with the managers at our next management meeting and discuss ways to ensure that such behavior does not occur again. Thank you for your feedback, again. We sincerely regret the inconvenience this has caused you.

• 어휘 •
top priority 최우선 순위
sales clerk 점원, 판매원
uninterested in ~ ~에 관심이 없는
unacceptable 용납할 수 없는
caused by ~ ~로 인해 야기된
reservation 예약
point out ~ ~을 지적하다
bring up (화제를) 꺼내다
manager 관리자, 담당자
management 관리, 운영
ensure 보장하다, 확실히 하다
occur 일어나다, 발생하다

04 Thank you for writing us about your concerns regarding the service you received at our store. Please accept our apologies for the inconvenience you have experienced and rest assured that we are seriously looking into the matter. While the type of rudeness you described is rare, it highlights the need for an even better service ethic within our stores. We value your business, and to show our appreciation for your e-mail, we are attaching a coupon for a complimentary coffee of your choice.

• 어휘 •
regarding ~ ~와 관련해
rest assured 확신해도 된다
look into ~ ~을 주의 깊게 살피다
rudeness 무례함, 오만함
rare 드문, 희귀한
highlight 강조하다
service ethic 서비스 윤리 의식
value 소중하게 생각하다
complimentary 무료의

05 I apologize for our recent mistakes, and assure you that we will do every possible effort to avoid future problems. Please call or fax me at any time if any other issues arise. Your business is very important to us, as evidenced by our recent relationship and working with you for many years to come. Nothing is perfect and even the most advanced technology is only close to perfection. Nevertheless, we pledge to work harder to eliminate even the slightest possibility of such failure.

• 어휘 •
avoid 피하다
arise 생기다, 발생하다
evidenced 입증된
advanced 선진의, 고급의
technology 기술, 기계
perfection 완벽, 완성, 마무리
nevertheless 그렇기는 하지만
pledge to ~ ~할 것을 약속하다
eliminate 제거하다, 없애다

06 (6-1) Despite our repeated request for replacement of the washing machine, your company has failed to take any action till today even without showing the courtesy of responding to our letters. In compensation for the inconvenience and loss of my time solely caused by your company, I strongly demand that your company refund $2,000. Please note that the way you cope with this problem will have a lasting effect on our future relationship. (6-2) We regret to notify your company again that the dish washing machine we recently purchased from your company is not functioning properly immediately after the test run by your mechanic. We would like your company to replace this machine with a new one immediately.

• 어휘 •
replacement 교체, 대체
washing machine 세탁기
take action 조치를 취하다
courtesy 공손함, 정중함
compensation 보상
solely 오로지, 단지, 단독으로
refund 환불하다
cope with ~ ~에 대응(대처)하다
lasting effect 지속되는 영향
notify 알리다, 통지하다
function 작동하다, 기능하다
properly 제대로, 적절히
mechanic 정비공

07 It is most surprising and embarrassing to learn that the washing machine you purchased from us is not properly operating. We deem it a very rare case and extend our deepest apology for causing all inconveniences and losses to your company. Please rest assured that we will immediately replace the said machine with a new one and will make appropriate compensation upon receipt of your detailed statement. Thank you again for providing us with an opportunity to improve our quality assurance and customer service.

• 어휘 •
operate 작동하다
deem ~ ~로 여기다
rare case 드문 경우
loss 손실, 손해
rest assured 확신해도 된다
compensation 보상
receipt of ~ ~을 받자마자
statement 내역서, 명세서
assurance 확언, 장담, 확약

08 The golden rule in our company is to serve every customer with the same dignity and respect. However, we are much embarrassed to hear that you were disappointed with our in-flight service on our flight PA123. Customer satisfaction through quality assurance has been an overriding goal of our airline and all of us are proud that this goal has been attained thus far. Unfortunately, however, the alleged food poisoning and the relevant claim raised by you have embarrassed all of us. Our thorough investigation of this incident implies that there exists no possibility of food poisoning from the food you had on board the said flight.

• 어휘 •
golden rule 황금률
dignity 위엄, 품위, 존엄성
in-flight service 기내 서비스
customer satisfaction 고객 만족
assurance 확언, 장담, 확약
overriding 최우선시되는
be attained 얻어지다
alleged 주장된
food poisoning 식중독
investigation 조사, 수사
incident (특히 불쾌한) 일, 사건
imply 암시하다, 시사하다

CHAPTER 17 감사 메시지

 STEP 1 알짜배기 문장으로 통번역 준비 운동!
의미에 맞게 영문의 빈 칸을 채워가며 실전 통번역에 앞서 몸을 가볍게 풀어봅시다.

01 _____ your company, our company would have some _____.
귀사가 없었더라면, 저희 회사는 크나큰 어려움을 겪었을 것입니다.

02 I am very _____ work with you. Thank you again for _____.
귀사와 함께 일할 수 있어 매우 기쁩니다. 다시 한 번 귀사의 도움에 감사드립니다.

03 I would like to thank _____ for attending my _____ party yesterday.
어제 저의 은퇴 기념식에 참석해 주신 모든 분들께 감사의 말씀을 전하고자 합니다.

04 I was extremely _____ your warm-hearted _____.
여러분의 따뜻한 마음이 묻어나는 작별 인사에 정말이지 크나큰 감동을 받았습니다.

05 I really _____ that I had the _____ of each and every one of you.
여러분 한 분 한 분이 베풀어주셨던 지지에 너무나 감사드릴 뿐입니다.

06 I want you to know that I had a _____ during my recent Asian Cruise.
제가 최근에 떠난 아시아 크루즈 여행에서 매우 즐거운 시간을 보냈다는 사실을 귀하께서 아셨으면 합니다.

07 I was greatly impressed by Victoria Cruise Line's _____ and _____ staff.
저는 빅토리아 크루즈 라인의 협조적이고도 사려 깊은 직원들에 매우 깊은 감명을 받았습니다.

08 If not for Mr. Hudson's _____, I don't think I would ever have _____ my purse.
허드슨 씨의 끈질긴 노력이 없었다면, 저는 제 지갑을 결코 찾을 수 없었을 것입니다.

09 I hope you will recognize his _____ to his job and reward him _____.
귀하께서 직업에 대한 그의 헌신을 알아주시고, 그에게 이에 합당한 보상을 해주셨으면 하는 바램입니다.

10 Thank you for _____ to make my trip to Seoul very relaxing and enjoyable.
서울에서의 제 여정을 이렇듯 편안하고 즐겁게 만들고자 해주신 모든 것에 감사의 말씀드립니다.

11 Thank you _____ for your support in _____.
이 일과 관련한 귀하의 지지에 진심으로 감사드립니다.

12 I _____ to the opportunity of returning _____ in the near future.
조속한 시일 내에 귀사의 호의에 보답할 수 있는 기회를 갖게 되길 바랍니다.

01. Without / big problems
02. pleased to / your help
03. all of you / retirement
04. impressed with / farewell
05. appreciate / support
06. wonderful time
07. accommodating / caring
08. persistence / recovered
09. dedication / accordingly
10. all you've done
11. indeed / this matter
12. look forward / your favor

STEP 2 비즈니스 영한 통번역 맛보기

핵심 문장들로 구성된 영문 통번역 예시를 보며, 실전 연습에 앞서 몸을 가볍게 풀어봅시다.

01
We have been doing business for a long time now, and you have always paid your bills by the due date. Without your company, our company would have some big problems. I am very pleased to work with you. Thank you again for your help.

• 어휘 •
do business 거래를 하다
pay one's bill 요금을 지불하다
due date 만기일, 지불 기일
without ~ ~ 없이

저희는 현재까지 오랜 기간에 걸쳐 거래를 해오고 있으며, 귀사는 항상 결제일에 맞춰 대금을 지불해 주셨습니다. 귀사가 없었더라면, 당사는 큰 어려움을 겪었을 것입니다. 귀사와 함께 일할 수 있어 매우 기쁩니다. 귀사의 도움에 다시 한 번 감사드립니다.

02
I would like to thank all of you for attending my retirement party yesterday. I was extremely impressed with your warm-hearted farewell. I really appreciate that I had the support of each and every one of you. Without you, I wouldn't have enjoyed working here.

• 어휘 •
retirement 은퇴
be impressed with ~ ~에 감동 받다
warm-hearted 마음이 따뜻한
farewell 작별 (인사)

어제 저의 은퇴 기념식에 참석해 주신 모든 분들께 감사의 말씀을 전하고자 합니다. 여러분의 따뜻한 마음이 묻어나는 작별 인사에 정말이지 크나큰 감동을 받았습니다. 여러분 한 분 한 분이 베풀어주셨던 지지에 너무나 감사드릴 뿐입니다. 여러분이 없었더라면, 저는 이곳에서 즐겁게 근무할 수 없었을 것입니다.

03
We are now living in a flood of advertising claims and, therefore, are apathetic to impersonal messages. Only the real-life examples attract our attention. Your personal recommendation of our company and product was a definite push in the right direction and we are expecting a trial order from Pacific Department Store. Thank you indeed for your support in this matter and I look forward to an opportunity of returning your favor in the near future.

• 어휘 •
apathetic 무관심한, 심드렁한
impersonal 특정 개인과 상관없는
real-life 실생활의
attract 끌다, 끌어모으다
recommendation 추천
trial order 시험 주문
indeed 정말, 확실히

현재 저희는 넘쳐나는 광고 문구의 홍수 속에 살고 있으며, 그 결과 이러한 특정 개개인과 상관 없는 메시지들에 무감각할 따름입니다. 오직 실생활과 밀접한 사례들만이 저희의 관심을 끌 뿐입니다. 저희 회사 및 제품에 대한 귀하의 개인적인 추천은 이렇듯 올바른 방향으로 작용해, 현재 저희는 퍼시픽 백화점으로부터 시험 주문을 기다리고 있는 상태입니다. 이 일과 관련한 귀하의 지지에 진심으로 감사드리는 바이며, 조속한 시일 내에 이에 보답할 수 있는 기회를 갖게 되길 바랍니다.

STEP 3 비즈니스 영한 통번역 실전 트레이닝 142~145

다양한 비즈니스 상황에서의 영어 단문 및 문단들을 통번역 해보며 실력을 한 단계 높여보도록 합시다.

01

I am much pleased to have this opportunity to write you to express how grateful I was for the warm hospitality you showed me during my last visit to Korea. The pleasant and enlightening conversation I was able to have with you during the luncheon is especially appreciated. Please allow me the opportunity of reciprocating in Seoul in the near future. Thank you again for all you've done to make my trip to Seoul very relaxing and enjoyable. I look forward to seeing you again soon.

• 어휘 •
grateful 고마워하는, 감사하는
hospitality 환대, 후대
last visit 지난 방문
enlightening 계몽적인, 깨우치는
luncheon 오찬
especially 특히
reciprocate 화답(응답)하다
relaxing 마음 편한, 느긋한
enjoyable 즐거운

02

This is the first opportunity I have since our return to Seoul to express my sincerest thanks to you for all the courtesies and assistance you provided us on the occasion of our recent visit to your facilities. I was really impressed with the manner in which your company handled all the feedback from your customers. It is reassuring to know that there are companies like yours where consumer satisfaction takes precedence over all else. Once again, let me thank you for your kind arrangements which have enabled us to have a most exciting and fruitful trip to Boston.

• 어휘 •
sincerest 가장 진실된(진심 어린)
courtesy 공손함, 정중함
assistance 도움, 원조, 지원
occasion 행사, 의식
be impressed with ~ ~에 감동 받다
handle 다루다, 처리하다
reassuring 안심시키는
take precedence 우선하다
over all else 다른 어떤 것보다
arrangement 준비, 마련, 주선
enable ~을 할 수 있게 하다

03

Before leaving for home tonight, I would like to tell you again how much I appreciate your time and effort to work out the most delightful tour schedule in Seoul for me and my wife. I would be much honored if I could reciprocate your courtesy in the nearest future in Korea.

• 어휘 •
leave for ~ ~로 떠나다
work out ~ ~을 계획해내다
delightful 정말 기분 좋은
tour schedule 관광 일정
reciprocate 화답(응답)하다

04 I want you to know that I had a wonderful time during my recent Asian Cruise. I was greatly impressed by Victoria Cruise Line's accommodating and caring staff. In particular, I can never forget Mr. Andrew Hudson, one of your tour guides, who helped me find my purse when I lost it on the second day of the trip. After a late afternoon stroll on the ship, I went to Flavors Bistro for dinner. As I was about to leave, I noticed that my purse was missing. I searched the table where I was seated, the restaurant, and other places I had gone, but couldn't find it. Mr. Hudson saw me looking for something, so he came up to me and offered help. He talked to waiters and asked some people from housekeeping if they had seen my purse. He also accompanied me to the security department to report my problem. The purse was not found that night, but Mr. Hudson called me in my room the next day to say that a housekeeper had found my purse inside one of the ship's restrooms. If not for Mr. Hudson's persistence, I don't think I would ever have recovered my purse. He is really an asset to your company. I hope you will recognize his dedication to his job and reward him accordingly. It is because of employees and service like this, that I have often used your cruise line, and will continue to do so. Thank you.

• 어휘 •

accommodating 잘 협조하는
caring 잘 배려하는
in particular 특히, 특별히
purse 지갑
stroll 산책, 거닐기
be about to ~ ~할 예정이다
missing 잃어버린, 없어진
be seated 착석하다
look for ~ ~을 찾다
come up to ~ ~에게 다가가다
offer help 도움을 주다
housekeeping 시설 관리과
accompany 동행하다
security 보안, 경비, 안보
be found 발견되다
housekeeper 객실 청소 매니저
restroom 화장실
persistence 고집, 끈질김
recover (분실물 등을) 되찾다
asset 자산, 재산
dedication 전념, 헌신
reward 보상, 사례
accordingly 부응해서, 그에 맞춰
employee 직원, 근로자
continue to ~ 계속해서 ~하다

CHAPTER 18 축하, 칭찬, 추천, 위로

PART 2

STEP 1 **알짜배기 문장으로 통번역 준비 운동!**
의미에 맞게 영문의 빈 칸을 채워가며 실전 통번역에 앞서 몸을 가볍게 풀어봅시다.

01   _____ on your promotion and your _____ success in Korea Electronics Co.
     귀하의 승진 및 한국 전자에서의 계속되는 성공을 축하드리는 바입니다.

02   It is _____ to know that someone of your ability has assumed this _____.
     귀하와 같은 능력을 가진 이가 이러한 요직을 맡았다는 사실에 힘이 납니다.

03   I wish you _____ in your future _____.
     향후 하시는 모든 일에 있어 계속 성공하시길 기원합니다.

04   They are _____ to your company of which you should be very _____.
     이들은 진정 귀사가 매우 자랑스러워해야 할 만한 귀사의 자산이라고 볼 수 있습니다.

05   I would not hesitate to _____ him to your company.
     저는 한치의 망설임도 없이 귀사에 그를 강력히 추천하고자 합니다.

06   He was _____ by all of us in the company.
     그는 회사 내 모든 직원들로부터 많이 존경 받아왔습니다.

07   I can _____ you that he would be an _____ to your company.
     저는 그가 분명 귀사의 자산이 될 것이라 확신합니다.

08   We would have _____ in recommending them as _____ customers.
     저희는 주저 없이 이들을 유망 고객으로서 적극 추천 드리는 바입니다.

09   I strongly recommend Seoul as your _____.
     저는 귀하의 미래 사업 파트너로서 서울을 강력히 추천하는 바입니다.

10   I can't _____ enough just how important this is in selecting a _____ for your factory.
     귀하의 공장 부지 선택과 관련하여 이곳이 얼마나 중요한지는 아무리 강조해도 지나치지 않을 것입니다.

11   I want to _____ that our thoughts and _____ are with you.
     귀사의 옆에 저희의 마음과 기도가 함께하고 있음을 알아주셨으면 합니다.

12   I'm sure that everything will _____ if you give it time.
     시간을 두고 지켜보신다면 분명 모든 일이 잘 풀리게 될 것이라 확신합니다.

01. Congratulations / continuing
02. encouraging / key post
03. every success / endeavors
04. real assets / proud
05. strongly recommend
06. highly respected
07. assure / asset
08. no hesitation / prospective
09. future business partner
10. emphasize / site
11. let you know / prayers
12. work itself out

STEP 2 · 비즈니스 영한 통번역 맛보기

핵심 문장들로 구성된 영문 통번역 예시를 보며, 실전 연습에 앞서 몸을 가볍게 풀어봅시다.

01 Nothing is more important than finding the right companion for life. Life is only half-filled until one finds one's match. Seeing you and Meagan today at the wedding convinces me that you have found the perfect complement to your life. My hearty congratulations to you and Meagan.

• 어휘 •
companion 동반자, 동행자
half-filled 반을 채운
convince 납득(확신)시키다
complement 보완물
hearty 따뜻한, 다정한

인생에 있어 딱 맞는 반려자를 찾는 것보다 더 중요한 일은 없을 것입니다. 한 사람이 자신의 짝을 찾기 전까지 삶은 반쪽에 불과할 뿐입니다. 오늘 이 결혼식에서 당신과 매건 양을 보고 있자니 당신이 인생에 있어 완벽한 반쪽을 찾았다는 확신이 듭니다. 당신과 매건 양에게 진심 어린 축하를 보냅니다.

02 We extend our warmest congratulations to you on your achieving the sales target of $10,000,000 in the first half of fiscal 2016. Congratulations on your promotion and your continuing success in Korea Electronics Co. It is encouraging to know that someone of your ability has assumed this key post. I wish you every success in your future endeavors.

• 어휘 •
sales target 매출 목표, 판매 목표
fiscal (year) 회계 (연도)
promotion 승진
encouraging 힘을 주는, 격려의
key post 요직, 중한 지위
endeavors 시도, 노력, 애씀

회계 연도 2016년 전반기에 매출 목표 1,000만 달러를 달성하신 것을 진심으로 축하드립니다. 더불어 귀하의 승진 및 한국 전자에서의 계속되는 성공을 축하드리는 바입니다. 귀하와 같은 능력을 가진 이가 이러한 요직을 맡았다는 사실에 힘이 납니다. 향후 하시는 모든 일에 있어 계속 성공하시길 기원합니다.

03 Customer satisfaction has become a set phrase in business these days, but there are not many companies that guarantee such basics all the time. From all standpoints, your entire staff deserves commendation for the unending efforts, dedication and, most of all, commitment to customer satisfaction. They are real assets to your company of which you should be very proud.

• 어휘 •
set phrase 관용구, 틀에 박힌 말
guarantee 약속(보증)하다
standpoint 견지, 관점
commendation 칭찬, 인정
dedication 헌신, 전념
commitment 약속, 전념, 헌신

오늘날 고객 만족은 비즈니스에 있어 틀에 박힌 관용구가 되었지만, 이 같은 기본을 항상 지키는 회사는 그렇게 많지 않습니다. 모든 관점에서 볼 때, 귀사의 전 직원들은 끊임없는 노력, 헌신, 그리고 무엇보다도 고객 만족을 위한 헌신에 있어 칭찬을 받을 만합니다. 이들은 진정 귀사가 매우 자랑스러워해야 할 만한 귀사의 자산이라고 볼 수 있습니다.

STEP 3 비즈니스 영한 통번역 실전 트레이닝 146~150

다양한 비즈니스 상황에서의 영어 단문 및 문단들을 통번역 해보며 실력을 한 단계 높여보도록 합시다.

모범답안 201

01 I heard that your company is facing difficulties and is going to close. I want to let you know that our thoughts and prayers are with you all during this most difficult time. I'm sure that everything will work itself out if you give it time.

• 어휘 •
face difficulties 어려움에 직면하다
prayer 기도, 간절한 바램
work itself out 일이 잘 풀리다
give it time 시간을 두고 보다

02 During his 12 years in our company, he demonstrated a superb level of competence in his work. He was creative, highly motivated and dedicated to his work. I would not hesitate to strongly recommend him to your company. His performance was outstanding in all respects. With his sincerity and strong sense of responsibility, he was highly respected by all of us in the company. I can assure you that he would be an asset to your company.

• 어휘 •
demonstrate 보여주다, 입증하다
superb level 최고 수준
competence 능숙함, 능숙도
dedicated to ~ ~에 전념(헌신)하는
performance 실적, 성과, 수행
in all respects 모든 점에 있어서
sincerity 성실, 정직
responsibility 책임감

03 We have been doing business with the company you are interested in since it was founded twenty years ago. We have executed hundreds of their orders to date and they have always met their obligations punctually. All three partners enjoy an excellent reputation in the trade. We would have no hesitation in recommending them as prospective customers. Please treat this information in the strictest confidence. It is given without liability on our part.

• 어휘 •
do business 거래를 하다
execute 실행하다, 수행하다
obligation 의무, 책무
punctually 시간대로, 엄수하여
reputation 평판, 명성
prospective 장래의, 유망한
confidence 비밀, 기밀
liability 법적 책임

04

After much deliberation, I have decided to take early retirement. My last day with Korean Air will be March 1, 2016 (= My retirement will take effect on March 1). The years of my association with you and your colleagues had always been enlightening and fruitful and will be greatly cherished all through my future career. Realizing that I have to leave behind the friends with whom I have shared the joys and pains during the last twenty years makes my decision most painful. It is sad to know that promises to keep in touch fade as time flows away.

• 어휘 •

deliberation 숙고, 숙의, 신중함
early retirement 조기 퇴직
take effect 실시되다, 발효하다
association 연계, 유대, 제휴
colleague 직장 동료
be cherished 소중히 여겨지다
leave behind ~ ~을 두고 가다
keep in touch 연락하고 지내다
fade 바래다, 희미해지다
flow away 흘러가다, 경과하다

05

I strongly recommend Seoul as your future business partner. Let me tell you why you have to choose this part of the Korean peninsula. I can't emphasize enough just how important this is in selecting a site for your factory. Let me first talk about the geographical factor. Seoul is located near the Gyungbu Expressway, which will take you to Daejeon within one hour by car, and is only a twenty minute drive from Yongin. In addition, Seoul is well-equipped with a communication and transportation infrastructure. And you can't do business without a workforce. Here, we have lots of experienced, well-educated, and well-qualified workers. Lastly, tax policies. Most important of all is how much you can save in taxes if you start your business in Seoul. The Seoul Council has already passed several laws that have been designed to help foreign investors.

• 어휘 •

peninsula 반도
emphasize 강조하다
site 현장, 부지
geographical 지리(학)적인
expressway 고속도로
well-equipped 잘 갖추어진
transportation 교통
infrastructure 사회 기반 시설
workforce 노동력, 노동자
experienced 경험이 있는
well-educated 잘 교육된
well-qualified 자격이 충분한
Seoul Council 서울시의회
tax policy 세금 정책
pass the law 법안을 통과시키다
investor 투자자

CHAPTER 19 기업, 생산, 경영

STEP 1 알짜배기 문장으로 통번역 준비 운동!

의미에 맞게 영문의 빈 칸을 채워가며 실전 통번역에 앞서 몸을 가볍게 풀어봅시다.

01 Most organizations have a _____ or _____ structure.
대부분의 조직들은 위계 구조, 혹은 피라미드 구조를 띠고 있습니다.

02 All the people in the organization know what _____ they are _____.
조직 내의 모든 사람들은 이들이 어떠한 결정을 내릴 수 있는지 인지하고 있습니다.

03 _____ and service industry workers are often organized in _____.
육체 노동 및 서비스 산업 종사자들은 보통 노동조합을 결성합니다.

04 British unions are known as _____. In some countries, unions are largely _____.
영국 노동조합은 직업별 노동조합으로 알려져 있습니다. 일부 나라에서, 노동조합은 대체로 정치적입니다.

05 Companies want to know the _____ in the area they want to invest in.
기업들은 자신들이 투자하고자 하는 지역의 인구 통계 자료를 알고 싶어 합니다.

06 The data helps the business _____ to decide the _____ of the market.
데이터는 사업 계획가들이 시장의 규모와 성장을 결정할 수 있도록 도와줍니다.

07 Most _____ produce a large number of products often _____ product lines.
대부분의 제조업체들은 흔히 제품군으로 분류되는 다수의 제품들을 생산합니다.

08 Together, a company's items, _____ and products _____ its product mix.
회사의 품목, 상표, 그리고 제품들이 다 함께 어우러져 제품 구성을 이룹니다.

09 Manufacturing companies are faced with a "_____" for every item.
제조업체들은 모든 물품에 대해 "자가제조와 구입 의사결정"을 내려야 하는 상황에 직면합니다.

10 In _____, nothing is bought or produced until it is needed.
적시 생산의 경우, 생산이 필요하기 전까진 그 무엇도 구매하거나 생산하지 않습니다.

11 The essential thing about presentations is that they generally need to be _____.
발표에 있어 정말 중요한 것은, 바로 발표가 대체적으로 짧고 간단명료해질 필요가 있다는 것입니다.

12 Tell your _____ what the _____ of your presentation will be.
여러분의 발표가 어떤 구성으로 진행될지 청중에게 말씀해 주셔야 합니다.

01. hierarchical / pyramidal
02. decisions / able to make
03. Manual / labor unions
04. trade unions / political
05. demographic statistics
06. planners / size and growth
07. manufacturers / divided into
08. brands / constitute
09. make or buy decision
10. just-in-time production
11. short and succinct
12. audience / structure

STEP 2   비즈니스 영한 통번역 맛보기
핵심 문장들로 구성된 영문 통번역 예시를 보며, 실전 연습에 앞서 몸을 가볍게 풀어봅시다.

01

It seems that data analysis ultimately pays off. According to the Magic Marketing research, eight out of ten companies responded that they had benefited from the data analysis when they started a new business. This data helps the business planners to decide the size and growth of the market and customer needs, and even buying behavior trends. They want to know the demographic statistics in the area they want to invest in. They want to know how many people live there, how these figures vary over time and so on.

• 어휘 •
data analysis 데이터 분석
ultimately 궁극적으로
pay off 성공하다, 성과를 내다
planner 설계자, 계획자
customer needs 고객 수요
demographic 인구(통계)학의
statistic 통계 자료
invest 투자하다
vary 변동하다

데이터 분석은 궁극적으로 그만한 성과를 내는 것으로 보입니다. 매직 마케팅 리서치에 따르면, 10개 중 8개 기업이 그들이 신사업을 시작할 때 데이터 분석을 통해 도움을 받았다고 답했습니다. 이 같은 데이터는 사업 계획가들이 시장의 규모와 성장 및 고객 수요, 그리고 심지어 구매 동향까지 결정할 수 있도록 도와줍니다. 이들은 자신들이 투자하고자 하는 지역의 인구 통계 자료를 알고 싶어 합니다. 이들은 얼마나 많은 이들이 그 지역에 살고, 이 같은 수치가 시간에 따라 어떻게 변하는지 등을 알고 싶어 합니다.

02

Most manufacturers produce a large number of products often divided into product lines. Most product lines consist of products, often distinguished by brand names, e.g. a range of soap powders, or of toothpaste. Several different items (different sizes or models) may share the same brand name. Together, a company's items, brands and products constitute its product mix. Since different products are always at different stages of their life cycles, with growing, stable or declining sales and profitability, and because markets, opportunities and resources are in constant evolution, companies are always looking to the future, and reevaluating their product mix.

• 어휘 •
manufacturer 제조업자(업체)
consist of ~ ~로 구성되다
be distinguished by ~ ~로 구분되다
range (특정 종류의 상품) 세트
soap powder 가루비누
constitute ~을 구성하다, 이루다
life cycle 생활 주기, 수명 주기
stable 안정된, 안정적인
declining 기우는, 쇠퇴하는
profitability 수익성, 이윤율
evolution 진화, 발전
reevaluate 재평가하다

대부분의 제조업체들은 흔히 제품군으로 분류되는 다수의 제품들을 생산합니다. 대부분의 제품군들은 보통 가루비누 세트, 혹은 치약 세트와 같이 상표 이름으로 구분되는 제품들로 구성됩니다. 각기 다른 다양한 제품들(각기 다른 사이즈, 혹은 모델들)은 같은 상표 이름을 공유할 가능성도 있습니다. 회사의 품목, 상표, 그리고 제품들이 다 함께 어우러져 제품 구성을 이룹니다. 다양한 상품들은 항상 이들의 제품 수명 주기와 관련하여 성장, 안정세, 혹은 매출 감소 및 수익성과 함께 다양한 단계를 거치고, 시장 및 기회, 그리고 자원 등은 끊임없이 변화와 발전을 거듭하기 때문에 기업들은 항상 미래를 내다보고, 이들의 제품 구성을 재평가해 나갑니다.

STEP 3 비즈니스 영한 통번역 실전 트레이닝 151~160

다양한 비즈니스 상황에서의 영어 단문 및 문단들을 통번역 해보며 실력을 한 단계 높여보도록 합시다.

01 Manufacturing companies are faced with a "make or buy decision" for every item or component they use as well as for every process and service. Do they make it themselves or do they outsource, and buy from a subcontractor? If a company assembles products supplied by a large number of subcontractors, they face the problem of how much inventory they require.

• 어휘 •
manufacturing 제조, 생산
component (구성) 요소, 부품
outsource 외부에 위탁하다
subcontractor 하청(협력) 업체
assemble 조립하다, 모으다
supplied by ~ ~에 의해 공급된
inventory 물품 목록, 재고(품)

02 In Just-In-Time production—also called lean production, stockless production, and continuous flow manufacture—nothing is bought or produced until it is needed. Each section of the production process makes the necessary quantity of the necessary units at the necessary time—which is when it is required by the next stage of the manufacturing process or by distributors or customers.

• 어휘 •
just-in-time production 적시 생산
lean production 절약 생산
stockless 재고가 없는
continuous flow 연속적인 흐름
section 부문, 구획
next stage 다음 단계
distributor 유통업자(업체)

03 Some people in an organization have colleagues who help them: for example, there might be an Assistant to the Marketing Manager. This is known as a staff position; its holder has no line authority, and is not integrated into the chain of command, unlike, for example, the Assistant Marketing Manager, who is number two in the marketing department.

• 어휘 •
colleague 직장 동료
assistant 보조, 조수
holder 소지자, 보유자
line authority 지휘(명령) 권한
be integrated into ~ ~로 통합되다
chain of command 지휘 계통
department 부서

04 The essential thing about presentations is that they generally need to be short and succinct. A good structure makes it much easier to follow. So we basically taught our employees some basic presentation skills and gave them important phrases like "the first thing I'd like to do is this, and finally…" It certainly helped them to get their messages across more clearly.

• 어휘 •
essential 필수적인, 극히 중요한
generally 일반적으로, 보통
succinct 간단명료한, 간단한
basically 기본적으로
get across 전달하다
clearly 명확하게

05 Manual and service industry workers are often organized in labor unions, which attempt to ensure fair wages, and reasonable working conditions for their members. British unions are known as trade unions because, as in Germany, they are largely organized according to trade or skill: there is an engineer's union, an electricians' union, a train-drivers' union, and so on. In other countries, including France and Italy, unions are largely political: workers in different industries join unions with a particular political position.

• 어휘 •
manual 손으로 하는, 육체 노동의
labor union 노동조합
with attempt to ~ ~하려는 시도
reasonable 타당한, 사리에 맞는
working condition 근무 조건
trade 직업, 일, (특정) 업계
largely 크게, 대체로, 주로
political 정치적인
political position 정치적 입장

06 Most organizations have a hierarchical or pyramidal structure, with one person or a group of people at the top, and an increasing number of people below them at each successive level. Here is a clear line or chain of command running the pyramid. All the people in the organization know what decisions they are able to make, who their superior (or boss) is (to whom they report), and who their immediate subordinates are (to whom they can give instructions).

• 어휘 •
hierarchical 계급에 따른
pyramidal 피라미드의
at the top 맨 위에
increasing 증대(증가)하는
successive 연속적인, 연이은
chain of command 명령 계통
superior 상급자, 상관
subordinate 부하, 하급자
instruction 명령, 지시, 안내

07

Consider any successful and well-run enterprise today and you will find a focus on both innovation and cost control. Investments are made in projects that will provide an opportunity for the business to attract new customers, enter new markets or improve efficiency with a goal towards revenue and profit growth. Information technology plays an increasingly important function in how these businesses operate and a key role in these projects. Therefore, it should be no surprise that cost-cutting measures continue to put more pressure on the IT organization to improve efficiency and effectiveness. For many organizations, this creates a paradox that pits innovation and greater IT agility against budget constraints and cost control. Gartner research indicates that growth or transformation that is expected but not reflected in the IT budget can indicate that the business has not planned adequately or is looking to get IT support from somewhere else, such as outsourcing, which will not be managed by the IT organization. Situations like this are symptomatic of IT organizations that are viewed as cost centers rather than strategic enablers and can also highlight competitive disadvantage. Gartner also states that organizations are constantly looking to reduce the cost of running the business, releasing more of the IT budget to invest in growing and transforming activities, which are the areas the business sees it really providing value to the business.

• 어휘 •

well-run 잘 운영되는
enterprise 기업, 회사
innovation 혁신
cost control 비용 관리, 원가 관리
investment 투자
attract 마음을 끌다, 끌어모으다
efficiency 효율성
revenue 수입, 세액
profit growth 수익 성장
information technology 정보 통신 기술
important function 중요한 기능
play a key role 핵심적인 역할을 하다
cost-cutting measures 경비 절감 조치
effectiveness 효과
pit A against B A와 B를 겨루게 하다
agility 민첩(성), 명민함
constraint 제약, 제한, 통제
transformation 변화, 변신
adequately 충분히, 적절히
outsourcing 외주, 외부 위탁
symptomatic 증상(징후)을 보이는
cost center 원가 중심점(부문)
enabler 조력자, 가능자
highlight 강조하다
competitive 경쟁력 있는, 뒤지지 않는
constantly 끊임없이
look to ~ ~할 방법을 모색하다
transform 바꿔 놓다, 변형시키다

08

To develop a view of the impact of innovation, we identify four archetypes of innovation: customer-focused, efficiency-driven, engineering-based, and science-based. We believe the archetype-based analysis produces a more nuanced picture of innovation performance than national-level metrics and provides more useful insights on which to base company strategies and public policy. We gauge the success of innovation in industries in these archetypes by metrics such as the share of global revenue and profits and the share of global exports that companies have achieved. Industries that fall into the four archetypes innovate in very different ways. Household appliance and smart phone manufacturing and Internet services fall into our customer-focused archetype. For these businesses, innovation involves identifying and addressing customer needs to develop new products, services, and business models—then using market feedback for frequent modifications and updates. Efficiency-driven innovation involves improving processes in production, product design, and supply-chain management to reduce cost and accelerate time to market. In engineering-based industries such as autos and aerospace, companies innovate by solving engineering problems using accumulated know-how and integrating technologies from suppliers and partners—to engineer, cars for better fuel economy, for example. Science-based innovation is about generating new discoveries and turning them into products—a new drug or a semiconductor design.

• 어휘 •

impact 영향, 충격
innovation 혁신
identify 확인하다, 알아보다
archetype 전형, 원형
customer-focused 고객 중심
efficiency-driven 효율성 중심
engineering-based 기계 공학 기반
science-based 과학 기반
nuanced 미묘한 차이가 있는
performance 실행, 실적, 성과
metrics 지표
insight 통찰력, 이해, 간파
gauge 측정하다, 알아내다
revenue 수입, 세입
innovate 혁신하다, 쇄신하다
household appliance 가전제품
manufacturing 생산, 제조
address 고심하다, 다루다
customer needs 고객 수요
frequent 잦은, 빈번한
modification 수정, 변경
supply-chain 공급망
accelerate time to market
시장 출시 기간을 단축하다
aerospace 항공우주 산업
accumulated 축적된, 누적된
integrate 통합시키다
fuel economy 연료(연비) 절약
generate 발생시키다, 생성하다
semiconductor 반도체

09

How can I give good presentations? Why do people attend presentations? What makes a successful presentation? The beginning is the most important part of the presentation so start with an interesting opener. Your audience will check your clothes and the way you walk into the room and form an opinion of you before you even open your mouth. It's normal to be nervous. Even experienced speakers feel a bit nervous until they get started. If possible, greet your audience as they arrive and chat with them. It's easier to give a presentation to people you "know" than to speak to strangers. Build a friendly relationship with your audience as soon as you start your presentation. Establish eye contact with each member of your audience. Look at everyone in turn so that they feel that you're speaking to them directly. Build a relationship with the people you are talking to immediately by asking them to respond to a question. Don't forget that your audience would like to know what you're going to talk about or what your objectives are. Tell your audience what the structure of your presentation will be. Once you've got started, guide your listeners logically through your presentation. Always use clear signals when you move on to the next point. Remember that a picture can be more useful than a spoken explanation so use graphics where appropriate. Use the simplest language you can without being patronizing. At the end of your presentation, it is vital that your listeners remember what you've told them so summarize your message in short words. If you've used illustrations, pass them out as a handout. Make sure that your audience is aware that they've heard useful information which they can put to good use immediately.

어휘

successful 성공적인
interesting opener 흥미로운 시작
audience 청중, 관중
way you ~ 당신이 ~하는 방식
normal 일반적인, 보통인
nervous 예민한, 초조한
experienced 경험이 있는
get started 시작하다
greet 맞다, 환영하다
chat with ~ ~와 이야기를 나누다
stranger 낯선 이, 모르는 사람
friendly 친절한, 우호적인
as soon as ~ ~하자마자
establish 설립하다, 수립하다
eye contact 눈맞춤
look at ~ ~을 쳐다보다
in turn 차례차례, 돌아가며
directly 직접적으로, 바로
immediately 바로, 즉각적으로
respond to ~ ~에 대답하다
objective 목적, 목표
structure 구조
guide 안내하다
logically 논리적으로
clear signal 명확한 신호
spoken explanation 구두 설명
patronize 가르치려 들다
at the end of ~ ~의 말미에
vital 필수적인
summarize 요약하다
in short words 간단하게
pass out 나누어주다
handout 유인물
be aware that ~ ~을 알다

10　Whether you are your own boss or employed by a company, you have likely experienced it before: the feelings of helplessness and stress as deadlines pass and work piles up. For many reasons, it seems like a hopeless battle. After all, there are only so many hours in the day. Thankfully, there is a way to make the most out of your time. Here are some tips from successful executives who have learned to manage their time and be more productive.

1. Plan ahead. Time management is less about managing time and more about managing activities. Assign "things to do" to specific times of the day, days of the week, months of the year, and so on. In addition, assign deadlines to each task or project, but set them at least two days ahead of the actual due dates so you will always be on time. / 2. Prioritize tasks. Complete the most important tasks and projects early in the morning to avoid being overwhelmed with work later in the day. Too often throughout a day, other obligations and responsibilities creep in and steal moments of your precious time. / 3. Get creative. Keep a notebook handy to record something you have neglected to include in your schedule, or to write down ideas. Otherwise, it becomes increasingly difficult to stay focused on the tasks before you. / 4. Put everything in its place. At home, in the car, and especially at work, minimize distractions by maintaining orderly surroundings. Keep frequently used items within easy reach, but secure everything else in drawers and cabinets. / 5. Reward yourself. Motivate yourself to finish tasks by rewarding major accomplishments. Depending on the nature of a completed task, your reward can be as simple as giving yourself time off to enjoy a leisurely activity.

• 어휘 •

one's own boss 누구의 지배도 안 받는
be employed 고용되다
likely ~할 것 같은
helplessness 무력함, 속수무책
deadline 마감일, 마감기한
pile up 쌓이다
hopeless 희망이 없는
thankfully 고맙게도, 다행스럽게도
make the most 최대한 이용하다
executive 임원, 고위 간부
productive 생산적인
plan ahead 미리 계획하다
time management 시간 관리
assign 배정하다
due date 만기일, 마감일
prioritize 우선 순위를 매기다
overwhelmed 압도된, 쫓기는
obligation 의무, 책무
responsibility 책임
creep in 생기기 시작하다
handy 유용한, 편리한
neglect to ~ ~하는 걸 소홀히 하다
write down 적다, 기록하다
stay focused 집중하다
minimize 최소화하다
distraction 집중을 방해하는 것
orderly 정돈된, 정연한
surroundings 환경
frequently used 자주 사용하는
easy reach 쉽게 닿을 수 있는 곳
secure 지키다, 보호하다
accomplishment 업적, 공적
time off to ~ ~할 여유 시간
leisurely activity 여가 활동

CHAPTER 20 기업가 및 근로자

 STEP 1 **알짜배기 문장으로 통번역 준비 운동!**
의미에 맞게 영문의 빈 칸을 채워가며 실전 통번역에 앞서 몸을 가볍게 풀어봅시다.

01 As the first woman to lead a Fortune 20 company, Fiorina often fought _____.
피오리나는 Fortune 20을 이끈 첫 번째 여성으로서 사회적 통념에 빈번히 맞서 싸웠다.

02 Leadership is about _____ others to reach their full _____.
리더십은 다른 이들이 자신들의 잠재력을 최대치로 끌어올릴 수 있는 자율권을 주는 것이다.

03 A manager should be a positive _____ for others to _____.
매니저는 다른 이들이 따를 수 있는 긍정적인 역할 모델이 되어야 한다.

04 A manager should know how to _____ and have _____.
매니저는 일을 처리하는 방법을 알아야 하며, 사람을 다루는 기술을 갖추고 있어야 한다.

05 People who speak many languages have a _____ advantage in the _____.
구직 시장에 있어, 다국어를 구사하는 사람들은 눈에 띄는 이점을 가진다.

06 _____ in English has become a major _____ for Chinese professionals.
유창한 영어 실력은, 경력 신장을 지향하는 중국인 전문직 종사자들에게 핵심적 필요조건이 되었다.

07 Many companies pay bonuses to workers who develop _____ and learn _____.
많은 기업들이 새로운 방식을 개발하고 새로운 기술을 습득하는 근로자들에게 보너스를 지급한다.

08 Some workers believe that new technology has _____.
일부 근로자들은 새로운 기술엔 인간의 희생이 따른다고 믿는다.

09 They see machines performing tasks _____ workers.
이들은 한때 근로자들이 하던 일을 기계들이 수행한다고 본다.

10 The idea of putting people _____ is now much _____.
이윤에 앞서 사람을 먼저 생각하자는 사고는 현재 널리 퍼져있는 개념이다.

11 _____ in productivity causes workers to become _____.
생산성 하락은 근로자들이 일자리를 잃게 만든다.

12 Generous _____ policies cannot _____ poor product strategies.
관대한 고용 정책이 형편없는 상품 전략을 메워줄 순 없다.

140

01. conventional wisdom
02. empowering / potential
03. role model / follow
04. do the job / people skills
05. distinct / job market
06. Proficiency / requirement
07. new methods / new skills
08. human costs
09. once done by
10. before profits / in vogue
11. A drop / unemployed
12. employment / make up for

STEP 2 비즈니스 영한 통번역 맛보기

핵심 문장들로 구성된 영문 통번역 예시를 보며, 실전 연습에 앞서 몸을 가볍게 풀어봅시다.

01

As the first woman to lead a Fortune 20 company, Fiorina often fought conventional wisdom. Receiving a BA in history and philosophy, she entered law school but eventually quit to join AT&T as a sales representative. Speaking of her choices, she said she learned it is important to do something because it engages your heart as well as your mind. After 20 years at AT&T and Lucent Technologies, She became the CEO of Hewlett Packard in 1999 and then fought for the Compaq merger. To reinvent HP, the company behind times, she renewed its commitments to innovation and its employees. "Leadership," she says, "is about empowering others to reach their full potential." She believes today's political and economic leaders must realize that strategy and its execution are not abstract concepts but "are ultimately about people." She feels this commitment to people will let good businesses become great even if they must occasionally fire some employees. Unfortunately, three years after the merger, HP's board of directors fired her—but with a severance package of 21 million dollars. Her commitment to what makes a good leader—embracing change and empowering people—remains unaffected and continues to influence many people.

• 어휘 •
conventional wisdom 사회적 통념
BA (= Bachelor of Arts) 학사 학위
philosophy 철학
eventually 마침내
sales representative 영업 담당자
engage 사로잡다, 끌다
merger 합병
reinvent 재창조하다
behind times 시대에 뒤떨어진
renew 재개하다, 갱신하다
commitment 약속(한 일), 책무
innovation 혁신
empower 권한(자율권)을 주다
potential 잠재력
political 정치적인, 정치의
execution 실행, 수행
abstract 추상적인
ultimately 궁극적으로
occasionally 가끔
unfortunately 불행히도
board of directors 이사회
severance package 퇴직금
embrace 받아들이다, 껴안다
remain unaffected 변하지 않다

피오리나는 Fortune 20을 이끈 첫 번째 여성으로서 사회적 통념에 빈번히 맞서 싸웠다. 역사와 철학으로 학사 학위를 받은 피오리나는, 로스쿨에 진학했지만 결국 이를 그만두고 AT&T에 영업 담당자로 들어갔다. 이러한 선택에 대해 이야기할 때, 피오리나는 가슴과 마음을 끌어당기는 것을 하는 것이 중요하다는 사실을 배웠다고 말한다. AT&T와 루슨트 테크놀로지에서 20년을 일한 뒤, 1999년 휴렛 패커드의 CEO가 되었으며, 컴팩 합병을 위해 고군분투했다. 시대에 뒤떨어진 HP(휴렛 패커드)를 쇄신하고자, 피오리나는 혁신 및 HP사 직원들을 향한 약속을 다시금 다잡았다. 피오리나는 "리더십은 다른 이들이 자신들의 잠재력을 최대치로 끌어올릴 수 있는 자율권을 주는 것"이라고 말한다. 오늘날의 정치적, 경제적 지도자들이 전략과 전략의 실행이 추상적 개념에 머무르는 것이 아니라, 이는 "궁극적으로 사람에 대한 것"이라는 사실을 깨달아야 한다고 믿는다. 또한 때에 따라 일부 직원들을 가끔 해고할 수 밖에 없을지라도, 사람들을 향한 이러한 약속이 그럭저럭 괜찮은 사업이 멋진 사업으로 탈바꿈할 수 있도록 해줄 것이라 여긴다. 하지만 불행히도, 합병 3년 뒤, HP사의 이사회는 2,100만 달러의 퇴직금과 함께 피오리나를 해고했다. 좋은 지도자를 만드는 요소, 즉 변화를 수용하고 사람들에게 자율권을 부여하는 것에 대한 피오리나의 헌신과 약속은 변하지 않고 많은 사람들에게 영향을 미치고 있다.

STEP 3 비즈니스 영한 통번역 실전 트레이닝 161~165

모범답안 204

다양한 비즈니스 상황에서의 영어 단문 및 문단들을 통번역 해보며 실력을 한 단계 높여보도록 합시다.

01

A drop in productivity causes workers to become unemployed and the value of money or purchasing power goes down. Companies find it harder to compete, and some may be forced to close. Society suffers because many employees lose their jobs. Also, fewer goods and services are produced. Here are a few tips to boost productivity as workers: Work more creatively. Find better ways to do tasks. If those new methods save time and resources, tell your employer about them. Adapt to new technology. You can learn new skills and find new ways to use old skills. Many companies pay bonuses to workers who develop new methods and learn new skills. Productivity does have its costs. This is especially true if it is based on new technology. New equipment costs money, in the long run, though the equipment earns back its cost through increased efficiency. Some workers believe that new technology has human costs. They see machines performing tasks once done by workers, but new machines can also create jobs. Workers are needed to build the machines, to operate them, and to fix them. New technology can be an opportunity for workers. They can learn new skills and use their old skills in new ways.

• 어휘 •

productivity 생산성
cause 야기하다
unemployed 실직한, 실업자인
purchasing power 구매력
go down 내려가다, 낮아지다
be forced to ~ ~하도록 강요받다
lose one's job 직장을 잃다
boost 신장시키다, 북돋다
creatively 창의적으로
method 방법, 방식
save resources 자원을 절약하다
employer 고용인, 고용주
adapt to ~ ~에 적응하다
especially 특히
be based on ~ ~에 기반을 두다
equipment 장비, 기기
cost money 돈이 들다
in the long run 결국에는
earn back 다시 얻다, 환수하다
increased 증가된, 늘어난
efficiency 효율성
perform task 업무를 수행하다
create jobs 일자리를 창출하다
in new ways 새로운 방법으로

02

Breakneck change and a raft of Internet upstarts are threatening to overturn long-successful technologies and business models. There are two choices: Yield to your instincts and protect those still-profitable technologies and models. Or preemptively overturn them yourself, even if it means eroding the very revenue streams upon which your company is founded. It's a devil of a dilemma, but the upshot for corporate America is fairly simple: Companies that learn to cannibalize themselves today will rule tomorrow's business jungle.

• 어휘 •
breakneck 위험할 정도로 빠른
upstart 벼락부자
overturn 뒤집다, 뒤집히다
yield to ~ ~을 따르다
instinct 본능, 직감
preemptively 우선(예방)적으로
erode 침식(약화)시키다
revenue stream 매출원, 매출 흐름
upshot 결과, 결말
cannibalize (비슷한 신상품 도입으로) 자사품의 매출 감소를 가져오다

03

(3-1) What qualities do you feel a successful manager should have? A manager should know how to do the job, and a manager should have people skills. A key quality should be leadership. A manager should also be a positive role model for others to follow. The highest calling of a true leader is inspiring others to reach the highest of their abilities. (3-2) My greatest strength is my people skills and my ability to understand and work with people as well as my excellent command of English. I have never had to discipline a person as a supervisory or team leader position. Instead, I have taken the team member aside and privately discussed the need for the team member to do her assigned task, stressing the role her task plays in the team's goal.

• 어휘 •
people skill 사람 다루는 기술
positive 긁정적인
inspire 고무하다, 격려하다
ability 능력
greatest strength 최대 강점
manipulate 조종하다, 다루다
excellent command 뛰어난 실력
discipline 징계하다, 훈육하다
supervisory 감독의, 관리의
position 직책, 지위
take aside 한쪽으로 데려가다
privately 사적으로, 남몰래
discuss 논의하다, 토론하다
assigned task 할당 받은 업무
stress 강조하다

04

Proficiency in English and other foreign languages has become a major requirement for Chinese professionals aspiring for career growth. With the increasing number of foreign companies operating in the country and stern competition in the job market, people who speak many languages have a distinct advantage. This trend made Kenny Mayer, a linguist, realize the need to establish a language school that would help citizens improve their performance. "Since impressive language skills are essential in the corporate world, I decided to build a school for those who wish to work on their language skills," Mayer said in an interview. Mayer opened Fluency Masters Academy on Friday at the Collinsway Tower. All programs offered at the academy are tailored to students who are beginners and have never studied a foreign language. Among the courses currently available are English, Japanese, and French. Native speakers in each language will conduct lessons on weekday nights. Mayer believes that the academy will help professionals study without having to travel abroad. "Through this school, many professionals will no longer need to study in other countries. If everything goes well during the year, I might consider offering Spanish and other European languages," Mayer said.

• 어휘 •

proficiency 숙달, 능숙, 능란
foreign language 외국어
requirement 필요조건
professional 전문직 종사자
aspire for ~ ~을 지향하다
career growth 경력 발전
stern 엄격한, 가혹한
competition 경쟁
job market 구직 시장
establish 설립하다, 건립하다
language school 어학원
distinct 뚜렷한, 분명한
linguist 언어학자
impressive 인상적인
essential 극히 중요한, 필수적인
corporate 기업의, 사업의
work on ~ ~에 노력을 들이다
be tailored to ~ ~에 맞춰 고안되다
beginner 초보자, 초심자
available 이용 가능한
conduct 시행하다
weekday night 평일 밤
travel abroad 해외 여행을 하다
no longer ~ 더 이상 ~하지 않다
go well 잘 되어가다

05

There is nothing particularly new about being nice to workers. The idea of putting people before profits is now much in vogue. Fortune, a business magazine, estimates that half of America's large companies are experimenting with self-managing teams. Even high-tech start-ups offer their workers job security, in a bid to recruit and retain scarce talent. If being nice to people is such a recipe for success, why isn't everybody doing it? After all, most bosses would prefer, other things being equal, to win friends by pouring money into pay, perks and training for their workers. One problem is that many people have a vested interest in resisting change. A more serious problem is that being nice is harder than it sounds. Flexible production is extremely hard to manage, and worryingly easy to subvert, because it depends on everybody pulling their weight and using their initiative. It is tempting to be starry-eyed about the new corporate paternalism. Generous employment policies cannot make up for poor product strategies. Even the most altruistic firms have to make a choice between stability and flexibility, between keeping old retainers and generating profits for other employees. To respond to market changes, they need to be as flexible in their approach to their workforce as to everything else.

어휘

particularly 특히, 특별히
in vogue 유행하고 있는
estimate 추정하다, 추산하다
self-managing 자가(자율) 관리
high-tech 최첨단의, 첨단 기술의
start-up 신규 업체
job security 직업 안정성
in a bid to ~ ~하기 위하여
recruit 채용하다, 모집하다
retain 보유하다, 유지하다
scarce talent 보기 드문 재능
recipe for success 성공 비결
pay 급료, 보수
perk 비금전적 혜택, 특전
vested interest 기득권
resist 저항하다, 반대하다
flexible 신축성(융통성) 있는
worryingly 귀찮아서, 성가셔서
subvert 전복시키다
pull one's weight 자기 임무를 다하다
initiative 진취성, 결단력
starry-eyed 꿈꾸는 듯한 눈을 한
paternalism 온정주의, 가부장주의
altruistic 이타적인
old retainer 충복

CHAPTER 21 각종 사회 이슈

STEP 1 알짜배기 문장으로 통번역 준비 운동!

의미에 맞게 영문의 빈 칸을 채워가며 실전 통번역에 앞서 몸을 가볍게 풀어봅시다.

01 Crime is _____, and there are _____ of things getting better.
범죄는 계속 늘고 있으며, 상황이 나아질 기미는 전혀 보이지 않고 있습니다.

02 Many students say they have to _____ to afford school.
대다수 학생들은 학교를 다니기 위해 부업을 가져야 할 지경이라고 토로합니다.

03 Students are upset about _____ in university funding and steep _____.
학생들은 대학 재정 삭감 및 엄청난 등록금 인상 조치에 매우 불편한 심기를 드러내고 있습니다.

04 I think it is a good idea to _____ in public _____ to improve people's health.
저는 사람들의 건강을 증진시킬 수 있는 방안으로서 공공장소에서의 흡연을 금하는 것이 좋은 생각이라고 봅니다.

05 I don't deny that students _____ opportunities to learn English if they _____.
학생들이 해외로 나가면 영어를 배울 수 있는 더 나은 기회를 가질 수 있다는 걸 부인하진 않겠습니다.

06 English _____ will definitely increase private education expenses.
영어 몰입 교육은 확실히 사교육비를 증가시키게 될 것입니다.

07 I don't think it is possible to _____ all classes _____ right now.
저는 지금 당장 모든 수업을 영어로 진행하는 것은 불가능하다고 봅니다.

08 You should know that children can _____ about the _____ of family.
여러분은 아이들이 가족의 중요성을 망각할 수도 있다는 사실을 인지해야만 합니다.

09 Officials are encouraging couples who grew up as the _____ to have a _____.
공무원들은 현재 외동으로 자란 부부들에게 둘째 아이를 갖는 것을 장려하고 있습니다.

10 The city says 97% of Shanghai families have _____.
도시 당국은 97%의 상하이 가구들이 1명의 자녀만을 키우고 있다고 밝혔습니다.

11 What you eat affects your _____ level, _____ and reaction time.
여러분이 먹는 것이 바로 여러분의 지능 지수와 기억력, 반응 속도에 영향을 미칩니다.

12 Consumers will pay more for food they believe to be _____.
소비자들은 살충제로부터 자유롭다고 믿을 수 있는 식품에 더 많은 돈을 지불하게 될 것입니다.

01. on the rise / no signs	05. get better / go overseas	09. only child / second baby
02. take second jobs	06. immersion education	10. only one child
03. cuts / tuition hikes	07. conduct / in English	11. intelligence / memory
04. ban smoking / as a way	08. forget / importance	12. free of pesticides

STEP 2   비즈니스 영한 통번역 맛보기

핵심 문장들로 구성된 영문 통번역 예시를 보며, 실전 연습에 앞서 몸을 가볍게 풀어봅시다.

01   As you know, murders and other violent crimes often make the news and get our attention. Crime is on the rise, and there are no signs of things getting better. The question is: What needs to be done to lower the crime rate in our country? I strongly insist that all ruthless murderers be killed immediately.

• 어휘 •
murder 살인
violent crime 폭력적인 범죄
on the rise 오름세에 있는
crime rate 범죄 발생률
ruthless 무자비한

아시다시피, 살인 및 기타 폭력 범죄들이 빈번히 뉴스거리가 되어 우리의 이목을 집중시키고 있습니다. 범죄는 계속 늘고 있으며, 상황이 나아질 기미는 전혀 보이지 않고 있습니다. 질문은 바로, "우리나라에서 이 같은 범죄 발생률을 낮추기 위해 무엇을 해야 하는가?"입니다. 저는 모든 무자비한 살인자들은 즉각적인 사형에 처해야 한다고 강력히 주장하는 바입니다.

02   Now to the United States where budget woes are being felt on college campuses and students are making themselves heard. Protests were held on Thursday in a number of states. Students and educators are upset about cuts in university funding and steep tuition hikes. Many students say they have to take second jobs to afford school.

• 어휘 •
budget woe 예산 문제
protest 항의, 시위
educator 교육자, 교육 전문가
funding 자금, 재정
tuition hikes 등록금 인상

이번에는 대학가에서 예산 문제가 불거진 가운데 학생들이 이에 목청을 높이고 있는 미국 관련 소식입니다. 목요일, 미국의 다수 지역에서 시위가 벌어졌습니다. 학생들과 교육 관계자들은 대학 재정 삭감 및 엄청난 등록금 인상 조치에 매우 불편한 심기를 드러내고 있습니다. 대다수 학생들은 학교를 다니기 위해 부업을 가져야 할 지경이라고 토로합니다.

03   I think it is a good idea to ban smoking in public as a way to improve people's health. I am sure many people have the same opinion as me. Also, this smoking ban will cause the number of people smoking to decrease. If they are not allowed to smoke, then they can't smoke anymore. It is a simple truth. Everybody knows that cigarettes do more harm than good, and they shorten our lives.

• 어휘 •
ban 금지하다
in public 공공장소에서
be allowed to ~ ~하도록 허용되다
smoke 담배를 피다
cigarette 담배
shorten 짧게 하다, 단축하다

저는 사람들의 건강을 증진시킬 수 있는 방안으로서 공공장소에서의 흡연을 금하는 것이 좋은 생각이라고 봅니다. 저는 저와 같은 생각을 가진 이들이 분명 많을 것이라 장담합니다. 또한, 금연은 흡연자들의 수를 감소시킬 것입니다. 흡연자들이 담배를 필 수 없게 된다면, 이들은 그 어디에서도 담배를 피울 수 없게 될 것입니다. 이건 단순한 진리입니다. 우리 모두 담배가 백해무익하다는 사실을 알고 있으며, 이것이 우리의 수명을 단축시킨다는 사실 또한 알고 있습니다.

STEP 3 · 비즈니스 영한 통번역 실전 트레이닝 🎧 166~174

다양한 비즈니스 상황에서의 영어 단문 및 문단들을 통번역 해보며 실력을 한 단계 높여보도록 합시다.

01

Integrate strength training into your exercise program! If you are walking an hour every day, six days a week, substitute a portion of your walking time with strength training to receive the maximum benefit from exercise. For example, on three of the six days, decrease your walking time to a half-hour and reserve the second half-hour for strengthening exercises. On the other three days, continue to walk for the full hour. It is important to take a day off in between strength-training sessions. Walking every day, whether strength or not, is fine.

• 어휘 •

integrate 통합시키다
strength training 근력 운동
substitute 대신하다, 교체되다
a portion of ~ 약간의(일부의) ~
maximum 최대의, 최고치의
benefit 혜택, 이득
strengthening 보강, 강화
full hour 한 시간 꼬박
take a day off 하루 쉬다
in between 중간에, 사이에
session 시간, 기간

02

We know that English is a global language because it is very useful for communicating with other people all around the world. Therefore, we need it to survive in this competitive world. That's why we are so interested in English and spend so much money learning it. So, we need to create a new English environment where students can be expected to speak English more, and then students will have a better opportunity to learn English. On the other hand, English immersion education will definitely increase private education expenses. Most of all, I don't think it's possible to conduct all classes in English right now. How will the government hire so many native speakers to teach English? They are just creating a useless policy from their desk. It's ridiculous.

• 어휘 •

global language 국제 언어
all around the world 전 세계적으로
survive 살아남다
competitive 경쟁적인
environment 환경, 여건
opportunity 기회
on the other hand 다른 한편
immersion education 몰입 교육
definitely 분명히, 확실히
private education 사교육
expense 비용
most of all 무엇보다도
conduct 시행하다
policy 정책
ridiculous 터무니없는

03

A new plan for China's fast aging population. Shanghai family planners are encouraging couples who grew up as the only child to have a second baby. The city says 22% of its population is 60 or older and 97% of Shanghai families have only one child. But officials say that doesn't change China's overall one-child policy that has been in effect since 1979.

• 어휘 •
population 인구
aging population 고령 인구
only child 외동
official 공무원, 관리
overall 전체적인
one-child policy 1가구 1자녀 정책
be in effect 시행되다

04

I am afraid to say this, but parents these days often seem to forget that their children need a harmonious family environment to have a healthy childhood. I don't deny that students get better opportunities to learn English and experience other cultures if they go overseas, but you should know that children can forget about the importance of family. What if they don't love parents and don't respect them? What I am saying is that they require loving family support in order to grow up and be healthy.

• 어휘 •
harmonious 조화로운, 보기 좋은
healthy 건강한
childhood 어린 시절
deny 부인(부정)하다
go overseas 외국에 가다
importance 중요성
What if ~? ~라면 어떻겠는가?
loving 애정 어린, 다정한
in order to ~ ~하기 위해

05

Ireland has wrapped up its investigation of an emergency landing of an Air Canada flight in January at Shannon Airport. Investigators say the copilot suffered a mental breakdown in mid-flight and had to be forcibly removed from the cockpit, then sedated, and restrained. And get this; it was a flight attendant with flying skills who stepped into the cockpit to help the pilot make a safe landing. None of the nearly 150 passengers were injured on the Toronto to London flight.

• 어휘 •
wrap up 마무리짓다
emergency landing 비상 착륙
copilot 부조종사, 부기장
mental breakdown 신경 쇠약
mid-flight 비행 중
cockpit 조종석
sedated 진정제가 투여된
restrained 자제하는, 차분한

06

Basic Internet Tips. 1. Do business with companies you know and trust. Be sure you know who the company is and where it is physically located. Businesses operating in cyberspace may be in another part of the country or in another part of the world. Resolving problems with companies that are unfamiliar can be more complicated in long-distance or cross-border transactions. 2. Don't download programs to see pictures, hear music, or get other features from websites you're not familiar with. You could unwittingly download a virus that wipes out your computer files or even hijacks your Internet service, reconnecting you to the Net through an international phone number, resulting in enormous phone charges.

• 어휘 •

physically 물리적으로
in cyberspace 가상 공간에서
resolve 해결하다
unfamiliar 익숙지 않은, 낯선
complicated 복잡한
long-distance 장거리의
cross-border 국경을 넘는, 국가간
transaction 거래, 매매, 처리
unwittingly 자신도 모르게
wipe out 파괴하다, 없애 버리다
hijack 납치하다, 장악(이용)하다
reconnect 다시 연결하다
enormous 막대한, 거대한

07

Organic foods: Do consumers get what they pay for? Organic food has gone from the fringe to many people's fridge, yet the $5 billion industry is still based mostly on trust. Consumers will pay more for food they believe to be free of pesticides and grown in a way that protects the environment, but can they always trust it? Not necessarily, according to interviews with more than a dozen people in the organic foods industry, from state officials to farmers, inspectors, processors, wholesale buyers and retailers. When a label says "grown and processed in accordance with the California Organic Foods Act of 1990," it does not necessarily mean the food is truly organic, industry insiders said. Unless the food also has been independently certified, they said, it's probable no one has checked to ensure the food meets minimum state standards.

• 어휘 •

organic food 유기농 식품
fringe 주변부, 비주류
fridge 냉장고
consumer 소비자
pesticide 살충제, 농약
a dozen 12명, 12개
official 공무원, 관리
inspector 조사관, 감독관
processor 가공하는 사람
wholesale buyer 도매업자
retailer 소매업자
in accordance with ~ ~에 따라서
insider (조직, 단체의) 내부자
independently 독립적(개별적)으로
certified 보증된, 확인된
standards 기준, 표준

08 Smart Foods. Do you forget what's-his-name's phone number or where you put the keys? Rather than blame your dwindling memory on genes, age or a busy lifestyle, take a look at your diet. What you eat affects how clearly you think and concentrate, your intelligence level, memory and reaction time, and even how quickly your brain ages. Brain-Boosting Eating Strategies? Eat a balanced breakfast every morning. Take it easy on the caffeine. Include plenty of following "smart foods" in your diet: Extra-lean red meat, cooked dried beans and peas, dark green leafy vegetables, dried apricots, nonfat milk, nonfat yogurt, wheat germ, bananas, seafood, whole-grains and green peas, orange juice, strawberries, carrots, spinach, cantaloupe, and other dark-colored fresh fruits and vegetables.

• 어휘 •
what's-his-name 아무개 씨
dwindling (점점) 줄어드는
gene 유전자
take a look at ~ ~을 살펴보다
diet 식사, 식습관
intelligence level 지능 수준
age 나이가 들다(먹다)
balanced 균형 잡힌
take it easy on ~ ~을 삼가다
extra-lean 기름기가 적은
pea 완두콩
apricot 살구
wheat germ 맥아, 밀 배아
spinach 시금치
whole-grain 통(미정제)곡물

09 Environmental experts estimate that electronic equipment makes up about 5% of solid waste. This may not sound like much, but electronic waste is full of toxic materials which sink into the ground, contaminate water and eventually food. Recycling old electronic equipment is a must if we want to slow down the build-up of dangerous waste all over the planet. All electronic equipment and materials, for example computers, monitors, terminals, printers, fax machines, modems, copy machines, clocks, calculators, telephones, mobile phones, components, batteries and various other pieces of equipment made of plastic and/or metal can be recycled. It is important that you dispose of batteries properly and safely. Never put a battery into a fire or an incinerator. Burning a battery will cause it to explode. Intelligent recycling of used equipment is a must for all of us.

• 어휘 •
estimate 추정하다, 추산하다
electronic equipment 전자 기기
solid waste 고형 폐기물
toxic material 유독성 물질
sink into ~ ~로 가라앉다
contaminate 오염시키다
a must 필수조건
slow down (속도, 진행을) 늦추다
build-up (어느 기간에 걸친) 증가
terminal (컴퓨터) 단말기
metal 금속
recycle 재활용하다
dispose of ~ ~을 없애다(처리하다)
incinerator 소각로, 소각 장치
explode 폭발하다
used equipment 중고 기기(설비)

CHAPTER 22 여행 및 항공

STEP 1 알짜배기 문장으로 통번역 준비 운동!

의미에 맞게 영문의 빈 칸을 채워가며 실전 통번역에 앞서 몸을 가볍게 풀어봅시다.

01 Welcome _____ United Airlines Flight 357 _____ Boston.
보스턴 행 유나이티드 항공 여객기 357에 탑승하신 승객 여러분을 진심으로 환영합니다.

02 Our flight to Boston will _____ 10 hours and we shall be flying _____ 35,000 feet.
저희 항공기는 보스턴까지 10시간이 소요될 예정이며, 비행 고도는 35,000피트입니다.

03 The weather in Boston is _____ and the temperature is 24 _____.
보스턴의 날씨는 쾌청하며 현재 기온은 섭씨 24도입니다.

04 We advise that you keep your seatbelt _____ throughout _____.
비행 중엔 좌석 벨트를 꼭 착용하고 계셔야 함을 알려드립니다.

05 The use of _____ electronic devices is not allowed during _____ and _____.
이착륙 시엔 휴대용 전자 기기의 사용이 금지되어 있습니다.

06 We will be _____ some _____ during the next few minutes.
저희 비행기는 잠시 후 몇 분간 난기류를 통과할 예정입니다.

07 Your crew have been especially _____ for situations of _____.
여러분의 승무원들은 이런 종류의 상황에 대비해 특별 훈련을 받았습니다.

08 We have to make an _____ in approximately 15 minutes.
저희 비행기는 약 15분 이내에 비상 착륙을 시도하게 됩니다.

09 Due to _____, we had to _____ Narita airport.
짙은 안개로 인해, 저희는 나리타 공항으로 우회할 수밖에 없었습니다.

10 We very much regret the _____ in our arrival and hope for your kind _____.
도착과 관련하여 지연이 발생한 것에 대단히 죄송하며, 부디 넓은 아량으로 이해해주시기 바랍니다.

11 Traveler's _____ are the best way of protecting yourself against _____ of money.
여행자 수표는 돈을 잃어버리거나 도둑 맞는 것에서 스스로를 보호할 수 있는 가장 좋은 방법입니다.

12 Students with the 2019 International Student _____ Card pay no _____.
2019년 발행 국제 학생증을 소지하고 있는 학생들은 수수료를 지불하지 않아도 됩니다.

01. aboard / bound for
02. take / at height of
03. clear / degrees Celsius
04. fastened / the flight
05. portable / take-off / landing
06. going through / turbulence
07. trained / this nature
08. emergency landing
09. heavy fog / divert to
10. delay / understanding
11. checks / loss or theft
12. Identity / service charges

STEP 2 비즈니스 영한 통번역 맛보기

핵심 문장들로 구성된 영문 통번역 예시를 보며, 실전 연습에 앞서 몸을 가볍게 풀어봅시다.

01

Ladies and gentlemen. We very much regret to inform you that due to deteriorating weather conditions (heavy air traffic / ground handling difficulties) at Narita airport, we are unable to take off as scheduled. Our flight will therefore be delayed for 15 minutes (delayed until further notice). A further announcement will be made shortly in the airport lounge. We would like to apologize for the delay in taking off today.

• 어휘 •
deteriorating 악화되고 있는
heavy air traffic 혼잡한 항공 교통
ground handling 지상 업무(착륙)
take off 이륙하다
as scheduled 예정되었던 대로
be delayed 연기되다
announcement 공지
shortly 얼마 지나지 않아, 곧

승객 여러분. 유감스럽게도 현재 나리타 공항의 기상 악화(혼잡한 항공 교통/지상 업무상 어려움)로 인해 예정대로 이륙할 수 없게 됨을 알려드립니다. 이에 따라 저희 항공편은 15분간 지연될 예정입니다(추가 공지가 있을 때까지 지연될 예정입니다). 공항 라운지에서 곧 추가 공지 방송이 있을 예정입니다. 금일 이륙과 관련하여 지연이 발생한 것에 대해 진심으로 사과드립니다.

02

Traveler's checks are the best way of protecting yourself against loss or theft of money. If your traveler's checks are in the currency of the country you're traveling in, you're also protected against fluctuations in currency. Ruesch sells American Express Travelers Checks in most major currencies and cash in more than 120 foreign currencies. Students with the 2019 International Student Identity Card pay no service charges ($2 per currency for traveler's checks and 1% for cash). Shipping charges still apply if ordering by mail. Present your card at Ruesch offices in New York, Washington, Chicago, LA, Atlanta, and Boston, or enclose a photocopy of your card if you are ordering by mail.

• 어휘 •
traveler's check 여행자 수표
protect against ~ ~로부터 지키다
theft 절도, 도둑질
currency 통화, 통용
fluctuation 변동, 오르내림
cash 현금, 현찰
foreign currency 외화, 외국 통화
service charge 봉사료, 수수료
shipping charge 배송료
apply 신청하다, 지원하다
by mail 우편으로
enclose 동봉하다
photocopy 복사(본)

여행자 수표는 돈을 잃어버리거나 도둑 맞는 것에서 스스로를 보호할 수 있는 가장 좋은 방법입니다. 만약 여행자 수표를 여러분이 여행하고 있는 국가의 통화로 발행했을 경우, 여러분은 통화 변동으로부터도 보호받을 수 있습니다. 루스크는 대부분의 주요 통화에 있어 아메리칸 익스프레스 여행자 수표를 판매하고 있고, 120개가 넘는 외국 통화의 현금을 다루고 있습니다. 2019년 발행 국제 학생증을 소지하고 있는 학생들은 수수료(여행자 수표일 경우 통화당 2달러, 현금의 경우 1%의 수수료)를 지불하지 않아도 됩니다. 하지만 우편으로 주문할 경우 배송료가 적용됩니다. 뉴욕, 워싱턴, 시카고, LA, 애틀랜타, 그리고 보스턴에 있는 루스크 지점에 학생증을 제시하시거나, 우편으로 주문할 경우 학생증 사본을 첨부해주시기 바랍니다.

STEP 3 비즈니스 영한 통번역 실전 트레이닝 175~177

다양한 비즈니스 상황에서의 영어 단문 및 문단들을 통번역 해보며 실력을 한 단계 높여보도록 합시다.

모범답안 207

01 Good morning, ladies and gentlemen, welcome aboard United Airlines Flight 357 bound for Boston. (On behalf of Captain Cooper and his crew, I would like to welcome you aboard United Air Flight No. 357 to Boston.) Our flight to Boston will take 10 hours and we shall be flying at a height of 35,000 feet. The weather en route is partly cloudy and the weather in Boston is expected to be clear. The local time is 11 o'clock in the morning. The weather in Boston is clear and the temperature is 77 degrees Fahrenheit, or 24 degrees Celsius. You are kindly requested to fasten your seatbelts, put your seat backs in the fully upright position and please, pay attention to the "no smoking" sign. Please note that smoking in the toilets is forbidden at all times. We advise that you keep your seatbelt fastened throughout the flight. Also, the use of portable electronic devices is not allowed during take-off and landing. For your comfort and safety, please put your carry-on luggage in the overhead compartments or under the seat in front of you. When you open the overhead compartments, please be careful as the contents may fall out. Also, the use of cellular phones and radios is not allowed at any time on board. For more information, please refer to XXXX magazine in your seat pocket. If there is anything we can do to make your flight more comfortable, our cabin attendants are happy to serve you. On behalf of Captain Cooper and his crew, I wish you a pleasant flight and please enjoy the flight. Thank you.

• 어휘 •

bound for ~ ~로 가는
on behalf of ~ ~을 대신하여
crew 승무원 (전원)
at a height of ~ ~의 높이(고도)에서
en route (어디로 가는) 도중에
partly 부분적으로, 어느 정도
local time 현지 시간
temperature 온도, 기온
degrees Fahrenheit 화씨 ~도
degrees Celsius 섭씨 ~도
be requested to ~ ~하도록 요구되다
fasten 잠그다, 매다
seat back 의자 뒷부분, 등받이
upright position 바로 세운 상태
no smoking 금연
forbidden 금지된
at all times 언제나, 항상
advise 권고하다, 알리다
portable 휴대가 쉬운, 휴대용의
take-off 이륙, 도약
carry-on luggage 휴대한 수하물
overhead 머리 위에
compartment 객실, 칸, 사물함
fall out 떨어져 나가다
cellular phone 휴대폰
on board 탑승한, 승선한
seat pocket 좌석 앞주머니
comfortable 편안한
cabin attendant 승무원

02 Ladies and gentlemen. Welcome to Boston. We would like to apologize for any inconvenience caused by sudden turbulence experienced during the flight. Due to heavy fog, we had to divert to XXXX airport. We very much regret the delay in our arrival and hope for your kind understanding. The local time is 11 in the morning. For your safety, please remain seated until the captain has turned off the seatbelt sign. When you open the overhead compartments, be careful as the contents may have shifted during the flight. Before leaving the aircraft, please check to make sure that you have not left any items behind. Thank you for flying United Airlines, and we wish you a pleasant stay here in Boston. We hope that you have enjoyed your trip. Thank you once again for flying United Airlines.

• 어휘 •
apologize for ~ ~에 대해 사과하다
inconvenience 불편함
sudden 갑작스러운
turbulence 난기류, 격동(격변)
due to ~ ~로 인해
diver to ~ ~으로 돌리다
local time 현지 시간
safety 안전
remain seated 앉은 채로 있다
turn off (전기, 가스 등을) 끄다
be careful 조심하다
shift 이동하다, 이동되다
during the flight 비행 중
aircraft 항공기
leave behind 두고 가다

03 Ladies and gentlemen. Please listen very carefully. We will be going through some turbulence during the next few minutes. Our attendants will come around to collect all drinks. When the cabin attendants come to your row, please pass your food tray and all other service items to the aisle for pick-up. We have to make an emergency landing in approximately 15 minutes. Your safety will depend on carrying out the following instructions carefully and calmly. Your crew have been especially trained for situations of this nature. When instructed to evacuate, leave all carry-on items at your seat and go to the nearest exit. Inflate your vest upon leaving the aircraft. Please remain seated, extinguish all cigarettes, place your seat in the upright position and secure the table in front of you. Refer to the card in the seat pocket in front of you for details of emergency landing procedures. Listen for the next announcement shortly.

• 어휘 •
go through ~ ~을 겪다
cabin attendant 종업원
come around 오다
row (좌석 등의) 줄, 열
food tray 식판
aisle 통로, 복도
emergency landing 비상 착륙
approximately 대략, 거의
carry out 수행(이행)하다
instruction 설명, 지시, 명령
evacuate 떠나다, 피난하다
inflate 부풀리다, 부풀다
extinguish (불을) 끄다
secure 고정하다, 잡아매다
procedure 절차, 방법
announcement 공지
shortly 얼마 안 되어, 곧

비즈니스
영 어
통번역

영·한·편

PART 3

비즈니스 영어 통번역 시험
ITT 예상문제 40

ITT 통번역 시험 출제 예상문제 40개 풀이 학습

TEST 40 ITT 출제 예상문제 풀이 학습

01

I am writing to thank you for the hospitality you extended on my recent visit to your country. The delightful and memorable lunch at your headquarters brought to mind again the close relationship between our two companies. I look forward to developing that relationship to the mutual benefit of our organizations.

• 어휘 •
hospitality 환대, 후대, 접대
extend 주다, 베풀다
delightful 정말 기분 좋은, 즐거운
memorable 기억할 만한, 인상적인
headquarters 본사, 본부
mutual benefit 상호 이익

02

Very, very belatedly I am writing to thank you again for the beautiful vase you gave me at the cocktail party last month. Thank you for inviting Mr. Park as well. We both enjoyed the occasion thoroughly. We all hope to see you the next time you are in Seoul. Meanwhile, from your friends at KT best wishes and warmest regards.

• 어휘 •
belatedly 늦게, 뒤늦게
occasion 행사, 의식
thoroughly 대단히, 완전히
meanwhile 그동안, 한편
best wishes / warmest regards
(편지에서 행복, 성공을 빌 때 쓰는 말)

03

I thank you for your kind invitation to the luncheon party on October 1 which Mr. Choi and I enjoyed very much. From your explanation of the situation, I am confident that our business activities in Texas will further expand in the near future. In this context, I hope that our business relationship will also expand to our mutual benefit.

• 어휘 •
invitation 초대
luncheon 오찬
explanation 설명
expand 확대되다, 팽창되다
context (전후)사정, 문맥, 배경
mutual benefit 상호 이익

04 This is to introduce Dr. Ferdinand Bishopski of Princeton University. Dr. Bishopski has been associated socially as well as professionally with Dr. Myung-chul Park, the director of our laboratory, for years. I understand he is now working with Garnet Lasers, a field in which you and your staff are internationally known. Consequently, he would very much value the opportunity of exchanging views on pertinent matters with you and your staff. Anything you could do to make his visit more rewarding would be very much appreciated.

• 어휘 •
be associated with ~ ~와 연관되다
socially 사회적으로
professionally 직업(전문)적으로
laboratory 실험실
internationally 국제적으로
consequently 그 결과, 따라서
value 소중히 생각하다
exchange views 의견을 교환하다
pertinent 적절한, 관련 있는

05 Thank you very much for the splendid lunch last Friday. It was very kind of you to invite us all to see you again after such a long time and also to be in such fine company. I hope you will be coming to Korea soon; if not I hope to get together with you the next time I am in Chicago.

• 어휘 •
splendid 정말 멋진, 훌륭한
such a long time 이처럼 오랜 시간
in company 사람들 틈에서
if not 만약 그렇지 않다면
get together 만나다, 어울리다
next time I ~ 다음에 내가 ~할 때

06 Mr. Yoon and I thoroughly enjoyed our visit to Canada. Our trip was very much enhanced by your kind arrangements and hospitality and the obvious warmth of our reception at PHILKO. Thank you so much for arranging the lunch with Mr. Holst and Mr. Gompers. It was also a great honor to visit your home and meet your lovely wife Gretchen and, of course, to hear her play the piano so skillfully. My wife was naturally eager to hear about my visit and to learn about you and Gretchen and your family.

• 어휘 •
thoroughly 대단히, 완전히
be enhanced 향상되다, 나아지다
arrangement 준비, 마련
hospitality 환대, 후대, 대접
warmth of ~ ~의 따스함
skillfully 솜씨 있게
naturally 물론, 당연히
eager to ~ ~을 하고 싶어 하다
learn about ~ ~에 대해 알다(배우다)

07

This is to introduce my close friend and colleague Dr. Tae-young Kim. I have had the good fortune of working with him since he joined our laboratory some nine years ago. Dr. Kim is a member of our Semiconductor Division where he is known for his pioneering work in the LSI field. He is currently working on LSI application in Logic Memory, a field in which your laboratory has done a great of work. Consequently, he would very much like a chance to discuss pertinent matters with you and your staff.

• 어휘 •

close friend 가까운(절친한) 친구
colleague 동료
have good fortune 운이 좋다
laboratory 실험실
semiconductor 반도체
division (조직의) 부/국
pioneering 개척(선구)적인
application 적용, 응용
consequently 그 결과, 따라서
pertinent 적절한, 관련 있는

08

Thank you again for the lovely bouquet which you so thoughtfully had delivered to my room during my stay in Houston. Participating in the 11th Korea-Texas Association Conference served to make me aware of the changing economic patterns of Texas and the huge potential your fine state offers. I am confident our activities in Texas will further expand in the near future. At the same time, I sincerely hope to see our relationship expand as well.

• 어휘 •

bouquet 부케, 꽃다발
thoughtfully 사려 깊게, 친절하게도
participate in ~ ~에 참석하다
aware of ~ ~을 깨달은(아는)
potential 가능성, 잠재력
expand 확장되다, 팽창되다
at the same time 그와 동시에
sincerely 진심으로

09

Let me begin by thanking you for the opportunity to lecture at your laboratory. It was also gratifying to hear from you that things went reasonably well. Attached you will find some material pursuant to the conversation we had on correction of technical papers and their presentation. The material should give you a rough idea of what I had in mind. I would be glad to supplement this information at some mutually convenient time.

• 어휘 •

lecture 강의하다, 강연하다
gratifying 흐뭇한, 기쁜
reasonably 상당히, 꽤, 합리적으로
material 자료, 소재, 내용
pursuant to ~ ~에 따른
correction 정정, 수정
technical paper 기술 문서(논문)
supplement 보충(추가)하다

10 Thank you for your order No. PBO211 included with your email of October 14. Attached is the Pro-forma Invoice F91-103 for KRW 700,000. Payment by bank draft will ensure quick delivery. The software will be dispatched immediately on receipt of your payment. However, please understand the software for Models 33X and 38XC is not yet available and will be airfreighted in January. Thank you for giving us this opportunity to be of service.

• 어휘 •

pro-forma invoice 견적 송장
payment 지불, 결제
bank draft 은행 환어음
ensure 보장하다
dispatch 보내다, 발송하다
on receipt of ~ ~을 수령하는 대로
airfreight 항공 화물로 보내다
be of service 도움이 되는

11 I appreciate your kindness in sparing your valuable time for me during my recent visit to LG. It was indeed a rewarding and enjoyable meeting. I hope our cooperation in developing countries, particularly China, will bring about the desired results. Taking this opportunity, I would again like to thank you for what you have done for our organization and hope that you will continue to favor us with your generous support. I look forward to seeing you again soon.

• 어휘 •

indeed 정말, 확실히
rewarding 보람 있는, 유익한
developing country 개발 도상국
cooperation 협력, 협조
particularly 특히, 특별히
desired result 소기의 성과
favor 돕다, 지지하다

12 Thank you for the time you spent with my associates and me during my visit to Johannesburg. Despite our long and valued relationship with Drexel, I fully agree we both need to be creative in finding new areas and ways to do business as our respective markets change. In the future, I think emphasis on capital goods and other types of trading activity will open new opportunities to continue the growth of our relationship.

• 어휘 •

associate (사업, 직장) 동료
fully agree 전적으로 동의하다
creative 창의(창조)적인
do business 거래하다
respective 각자의, 각각의
emphasis 강조, 역점, 주안점
capital goods 자본재
trading (상)거래, 영업

13

Allow us to begin by thanking you for all you have done to secure a foothold for our products in your market. Your ability to maintain sales despite the negative factors affecting our business is highly regarded here. We have also had our troubles. The biggest of these has been the sharp depreciation in the value of the U.S. dollar on which all our prices are based. Every effort has been made to absorb this drop in revenue through cost reduction measures. However, with the depreciation now reaching 20%, it has become impossible to unilaterally absorb these losses. Consequently, we have decided to raise our export prices 10% across the board effective April 1. We realize this will not make your situation easier. However, please consider the fact that we have been running in the red for three months now. Also, bear in mind that by asking for only 10% we are seeking to share and not shift the entire burden.

• 어휘 •

secure 획득하다, 확보하다
foothold 발판, 기반
maintain sales 매출 실적을 유지하다
despite ~ ~에도 불구하고
negative factor 부정적 요소(요인)
affect 영향을 미치다
highly regarded 높이 평가되다
depreciation 가치 하락, 가격 저하
absorb 흡수하다, 빨아들이다
revenue 수입, 세액
cost reduction 원가(비용) 절감
unilaterally 일방적으로
consequently 그 결과, 따라서
in the red 빚지고, 적자 상태로
bear in mind that ~ ~을 명심하다
shift 옮기다, 이동하다
burden 부담, 짐

14

Thank you very much for giving us the opportunity to serve you and your fine guests yesterday. We sincerely hope that everyone in your party enjoyed themselves and found everything satisfactory. Attached are your copies of the vouchers for Food and Beverages consumed during the reception that you requested. I have also taken the liberty of attaching our special Christmas menu for your reference. We look forward to the pleasure of serving you again at some early date.

• 어휘 •

serve (손님 등의) 시중을 들다
sincerely 진심으로
enjoy oneself 즐겁게 보내다
satisfactory 만족스러운, 충분한
beverage (물 외의) 음료
consume 소모하다, 먹다, 마시다
take the liberty of ~ 실례를 무릅쓰고 ~하다
reference 참고, 조회
at an early date 가까운 시일에

15 Thank you for your email which I received way back in April. Fall has finally arrived in Seoul, giving us a welcome break from the hot summer sun. From all reports, you New Yorkers also suffered through a truly unbearable summer. I am emailing today to tell you briefly about a Korean firm which produces a product that may be of interest to you. The name of the firm is Joon & Co. operated by Joon Kim. Detailed information can be found in the attached press package. I was first introduced to Mr. Kim by the editor of the "Semiconductor Newsletter" for whom I am writing articles on the Korean market.

• 어휘 •
way back in ~ 오래 전 ~
truly 진심으로, 진정으로
suffer 시달리다, 고통 받다
unbearable 참을(견딜) 수 없는
briefly 잠시, 간단히
be of interest to ~ ~에게 흥미롭다
operated by ~ ~에 의해 운영되는
press 보도, 신문, 언론
editor 편집자, 기자
semiconductor 반도체
newsletter 소식지, 회보
article (신문, 잡지의) 글, 기사

16 Your request to raise the F.O.B. prices of recently introduced models by 11% effective January 21 to cover "increasing cost pressure" was indeed demotivating. We fully understand and can sympathize with the need to raise prices at times to insure profits. However, you are strongly encouraged to recall that this time a great deal of money was spent on promotion and promotional materials to see that these products got off to good start. These costs have yet to be recovered. There is also the problem of our retailers, who will be very unreceptive to a price increase so soon after introduction. In view of this, we urge you to reconsider at least the timing and to delay the increase for six months.

• 어휘 •
F.O.B. price 본선인도가격
recently 최근에, 현재
demotivating 절망적인, 의욕을 꺾는
fully understand 완전히 이해하다
sympathize with ~ ~에 공감하다
insure profits 수익을 보장하다
a great deal of ~ 다량의 ~
get off to ~ ~으로 시작하다
retailer 소매업, 소매업자
unreceptive 수용력이 없는
urge 강력히 권고하다
reconsider 재고하다
at least 적어도, 최소한

17 Attached for your evaluation is a report from a company in Busan. I apologize for the poor quality of the English, but it was prepared by the inventor of the system. It seems there is considerable interest from other organizations, especially in Europe. The inventor would be quite happy with a share in the company if it is offered. This would ensure continuity of thought and development as well as prevent reduplication of the effort made in getting the product this far. I have not, at this stage, made any investigation of the status of the company. Should you be interested in further details, I will of course be only too happy to obtain them for you.

• 어휘 •
evaluation 평가, 검토
poor quality 질이 떨어지는(부족한)
inventor 발명가, 개발자
considerable 상당한, 많은
a share in ~ ~의 몫(지분, 주식)
ensure 보장하다
continuity 지속(성), 연속(성)
prevent 막다, 예방하다
reduplication 반복, 중복
investigation 수사, 조사, 연구
status 신분, 지위, 상황
obtain 얻다, 구하다

18 Our South African importer has recently been approached by a non-conference operator with an offer for constant space for tractors and spare parts for Korea/South Africa at considerably lower rates than those of your conference. The importer has requested that we change the sales terms from the present C. & F. to F. O. B. so that they may nominate the non-conference operator. While there is obviously some merit in utilizing the non-conference operator in terms of freight rates, we, being a contract shipper with your conference, do not want to agree to our importer utilizing the non-conference operator. However, the rates offered by the outsider are considerably lower than the conference. Therefore, the only way in which we could dissuade our South African importer from using non-conference vessels would be if your conference were to reduce the present rates on tractors and spare parts to a comparable level.

• 어휘 •
importer 수입업자, 수입자
non-conference 비동맹, 비협정
conference 동맹, 연맹
spare parts 예비 부품
considerably 많이, 상당히
lower rates 더 저렴한 운임
sales term 판매 조건
C.&F. 운임포함가격
F.O.B. 본선인도가격
nominate 지명하다, 추천하다
utilize 활용(이용)하다
freight rate 화물운임(률)
contract shipper 계약 화물주
outsider 외부인, 국외자
dissuade 만류하다, 단념하게 하다
vessel (대형) 선박, 배
comparable 비슷한, 비교할 만한

19 Although vehicle prices are usually revised in September and March to absorb increased production and labor costs, we have decided to keep all models at the current prices until March. This is to help you in effectively marketing the new models introduced in August, which unfortunately coincided with big fluctuations in foreign exchange rates. These fluctuations are now bringing disorder to the market. We foresee further deterioration in the market to a considerable extent. Therefore, we felt this special pricing policy would be helpful in attracting customers during this period of foreign exchange instability. Please make the most of this opportunity.

• 어휘 •
vehicle 차량, 탈 것, 운송수단
revise 수정하다, 변경하다
absorb 흡수하다, 감내하다
labor cost 인건비, 노동 비용
coincide with ~ ~와 동시에 일어나다
fluctuation 변동, 오르내림
foreign exchange rate 외국환 시세
disorder 엉망, 난동, 무질서, 장애
foresee 예견하다, 내다보다
deterioration 악화, 가치 하락
extent 정도, 규모, 크기
instability 불안정

20 We were referred to your company by Hills Productions in San Francisco. Our company produces and distributes various travel and educational videos in Korea. These include two 30-minute videos on Jeju island and Mt. Sorak and a 50-minute video on Hong Kong. With the overseas market in mind the tapes have also been produced with complete narration and packaging in English. So far, they have sold very well to tourists in Korea and Hong Kong. We would now like to market the videos directly in the United States. We feel that potential markets for these tapes are travel agencies, video stores, book stores, schools and libraries. We would appreciate your advice on whether your company would be interested in acting as a distributor in the United States or if you have any recommendations on any other American associates who might also be interested.

• 어휘 •
produce 생산하다
distribute 유통시키다, 분배하다
educational 교육적인
include 포함하다, 수반하다
overseas 해외의, 국외의
complete 완전한, 완벽한
so far 지금까지
tourist 관광객, 여행자
market 내놓다, 광고하다
directly 곧, 즉시, 직접적으로
potential 가능성이 있는
travel agency 여행사
act as ~ ~로서의 역할을 하다
distributor 배급업자, 판매업자
recommendation 추천
associate (사업, 직장) 동료

21

Attached with this email are some materials pursuant to the discussions we had regarding in-house education. These materials will help you get a working knowledge of the programs we are operating. However, please understand that our programs in this area have been significantly expanded since these articles were published. I have also attached our company brochure for your reference. It outlines our full line of services and provides other background information. Along this line, I would be happy to give a more complete explanation with actual materials. This could be arranged either for our office or yours, whichever is convenient for you.

• 어휘 •

material 자료, 소재, 내용
pursuant to ~ ~에 따른
in-house education 사내 교육
working knowledge 실용적 지식
significantly 상당히, 크게
expand 확장하다, 팽창되다
publish 출판하다
reference 참고, 조회
outline 윤곽을 보여주다
full line 전 상품(품목)의
background information 참고 자료
actual 실제의, 사실상의
whichever 어느 쪽이든

22

I take great pleasure in inviting you to attend an important seminar on expatriate investment given by our overseas investment group. The seminar has been arranged to give you a chance to learn more about the four Dongyang funds, spread worldwide in equities, property and fixed interest securities. It will also present a method of investing that is ideal for the expatriate: the Dongyang Group Shareholders Account in Hong Kong. The funds between them provide income or capital growth, or a combination of the two. The Account gives you direct control over your portfolio, allowing you to alter the balance of your investments as your needs change. You can hold shares in one of the funds, in all of them, or in any combination that you decide on.

• 어휘 •

take pleasure in ~ 기꺼이 ~하다
expatriate 국외(해외) 거주자
investment 투자
overseas 해외의, 국외의
equity 자기 자본, 주식
property 재산, 부동산
fixed interest security 확정 이자 유가증권
a method of ~ ~의 방식
ideal 이상적인
shareholder 주주
income 소득, 수입
capital growth 자본 성장(증가)
combination 조합, 결합
portfolio (경제) 주식, 투자

23

When our president Mr. Joon-whan Park, was in Richmond last spring, you mentioned you were interested in importing consumer items from Korea. We are authorized exporters for one of the largest and fastest growing discount houses in our country, Best Products, Ltd. We are sending under separate cover one of their catalogs with our order blanks as well as the terms and conditions of sale. On orders over $10,000 the 2.5% handling fee is waived and the 7.5% handling fee on certain other items becomes 5%. We look forward to hearing from you.

• 어휘 •

president (조직의) 장, 회장
import 수입하다
consumer item 소비성 품목, 소비재
authorized 공인된, 권한이 있는
exporter 수출업자(업체)
discount house 할인 상점(상사)
separate cover 별도의 봉투(별봉)
order blank 주문 용지
terms and condition 제반 조건
handling fee 취급 수수료
be waived 면제되다, 생략되다

24

Mr. Barry O'Connell was affiliated with communications Associates Company, Limited, for over two years. During that time he held the position of full-time lecturer and was engaged in industrial education.

He was directly involved with our programs at the following Korean corporations:
Korea Advertising Company
Dong-yang Electric Company
Dong-ah Motor Company
Dong-ah Diesel Motor Company

While in our employ, Mr. O'Connell's performance was more than satisfactory. He was serious about his work and demonstrated a high degree of competence in education.

• 어휘 •

affiliated with ~ ~와 제휴한(연계된)
hold the position 직책을 차지하다
full-time 상근의, 정규직의, 전임인
lecturer 강사, 강연자
be engaged in ~ ~에 종사하다
industrial 산업의, 공업의
directly 곧, 바로, 직접적으로
be involved with ~ ~에 관여되다
advertising company 광고 회사
electric company 전기 회사
motor company 자동차 회사
in one's employ ~의 고용인
satisfactory 만족스러운, 충분한
serious about ~ ~에 대해 진지한
demonstrate 보여주다, 입증하다
high degree of ~ 고도의 ~
competence 능숙함, 능숙도

25

I regret the delay in writing to you on behalf of Mr. Chung and myself to thank you for your warm hospitality on July 7. We enjoyed having the chance to meet you and look forward to seeing you again soon. As you can imagine, Mr. Chung and I have been extremely busy travelling around our various sites in England and Scotland, not to mention the most impressive cornerstone laying ceremony to commemorate the start of the NICHITA factory construction in Ireland. Consequently, we have had to be away from our office for long periods.

• 어휘 •

on behalf of ~ ~을 대신해
hospitality 환대, 후대, 접대
extremely 극도로, 극히
busy ~ing ~하느라 바쁜
travel around 여기저기 다니다
site (건설) 현장, 부지
not to mention ~ ~은 말할 나위 없고
impressive 인상적인, 인상 깊은
cornerstone laying ceremony 정초식
commemorate 기념하다
construction 건설, 공사

26

Your urgent request for delaying the three percent F.O.B. price increase effective from October shipment has been given every consideration. Admittedly, being able to maintain the current F.O.B. price to insure maximum market penetration would be to our mutual benefit. However, maintaining the current price structure would leave us in the red. One of the main reasons for this is the fact that our new line of products has been substantially upgraded. You are encouraged to recognize the qualitative advantage this has given you over competitors and the additional cost this has meant to us. Your full understanding and quick approval of our offering price would be most appreciated.

• 어휘 •

urgent 긴급한, 시급한
F.O.B. price 본선인도가격
shipment 수송(품), 선적
consideration 사려, 숙고
admittedly 인정하건대, 확실히
market penetration 시장 진입(침투)
mutual benefit 상호 이익
in the red 적자 상태인, 빚진
substantially 상당히, 많이, 대체로
qualitative 질적인
competitor 경쟁자(업체)
additional cost 추가 비용
offer price 매출(판매) 가격

27 We would like to ask that you refer to an email we sent to you in June to which you responded most courteously. A few days ago, a conference — to which we were not invited — was held in London between certain Korean trading interests and purchasing executives from major companies in your area. This has prompted us to write to you again with particular reference to supplying aluminum pressure and gravity diecast components. We would welcome the opportunity to provide you with further details on our manufacturing capability and capacity and would hope ultimately to become a major supplier to your organization.

• 어휘 •
courteously 예의 바르게, 공손하게
interest 이해 관계, 이익 단체
executive 간부, 경영진
prompt 유도하다, 촉발하다
particular 특정한, 특별한
supply 공급하다, 제공하다
aluminum 알루미늄
diecast 다이캐스트, 주조
component (구성) 요소, 부품
capability 능력, 역량
capacity 용량, 수용력, 능력
ultimately 궁극적으로

28 We saw your advertisement in Korea Joongang Daily today and would like to wish you every success in quickly finding the right person. While you are awaiting response to the advertisement and interviewing hopeful candidates you may require the services of a trained temporary to cope with existing work. Aida Staff would be more than happy to provide you with someone qualified. Our temporaries are all carefully tested and given thorough interviews to ensure that their skills and experience measure up to our clients' needs. They are prepared to assist you on a long-term or short-term basis.

• 어휘 •
advertisement 광고, 홍보
daily 일간지
await (~을) 기다리다
candidate 후보자, 지원자
temporary 임시의, 임시직
cope with ~ ~에 대처(대응)하다
existing work 기존 작업
qualified 자격이 있는
ensure 보장하다
measure up to ~ ~에 맞추다
long-term 장기의
short-term 단기의

29 I have just spoken with Herman York of the Transworld Institute, and he recommended you to us as a possible representative for our product in the U.S. He tells me that he is gathering additional literature which will tell us more about your company, but in the meantime, you should have some information about us. Attached are a copy of our standard distribution contract, a brochure, and other materials describing our Thinking International film series. If you are interested in representing us, we would like to know your thoughts about the market for Thinking International in the U.S. and what services you could provide. I have also attached a copy of our "Distribution Proposal Guidelines" which indicates the information we need before entering into a distribution agreement.

• 어휘 •

institute 기관, 협회
recommend 추천하다
possible 가능한, 가능성 있는
representative 대표(자), 대리인
additional 추가적인
literature 문헌, 인쇄물
in the meantime 그동안(사이)에
distribution 유통, 배부, 배급
standard contract 표준 계약
be interested in ~ ~에 관심 있다
represent 대신하다, 대리인이 되다
proposal 제안, 제의
guideline 지침, 지표
indicate 나타내다, 보여주다
agreement 협정, 합의

30 As part of our continuing effort to improve our worldwide parts supply service to our customers, we are now preparing to dispatch specialists to assist and refine parts management at our more important distributors. In line with this, Sung-min Yoon, a qualified member of our head office staff, is planning to visit your company from January 10 to 17. Outlined below are concrete subject to be covered during his stay: *Parts Inventory Control-Annual order planning-Monthly adjustment of annual plan * Review of Our Parts Ordering Procedures – Order follow-up information *Specifics on Your Market – Imitation parts – Import regulations and duty structure

• 어휘 •

continuing effort 지속적인 노력
worldwide 전 세계적인
dispatch 발송, 파견
specialist 전문가, 전공자
refine 정제하다, 개선(개량)하다
in line with ~ ~에 따라
head office staff 본사 직원들
adjustment 수정, 적응(조정)
procedure 절차, 방법
follow-up information 추적 정보
import regulation 수입 규정
duty structure 관세 구조

31

Thank you very much for your order of one Model ILP-800 Semiconductor Laser Prober received on January 14. Unfortunately, production of that particular model has been discontinued due to the increasing sophistication of user needs. However, we now offer several advanced versions which are fully automatic and have many other superior features. You are encouraged to consider our Model IDF-1701A as an alternative that will meet your present, as well as future needs. Attached is some detailed written information on this product. We look forward to hearing from you soon with regard to how you would like to proceed.

• 어휘 •

semiconductor 반도체
prober 프로버(= 탐사를 하는 장치)
unfortunately 유감스럽게도
discontinued 중단된, 단종된
sophistication (수준의) 세련, 성숙
user needs 사용자 요구
automatic 자동의
superior 우수한, 우세한
alternative 대안, 선택 가능한 것
one's needs ~의 수요(욕구)
with regard to ~ ~에 관해
proceed 진행하다, 계속하다

32

Thank you for your email of May 22 and the enclosures which served to open this "direct" route of communications between us. Cary Clark had already given us a general rundown on your fine films and his thoughts on how we might proceed in working toward a possible business relationship. David Jenkins had also broached the matter with us in a recent email and even provided one of your press packages for us to study. As things stand now, we are interested in pursuing the matter of helping you market here in Korea. And while we appreciate the spirit of your proposal guidelines, it is felt that everything is now contingent upon our having a chance to see and evaluate the marketability of your films here.

• 어휘 •

enclosure (서신에) 동봉된 것
rundown 설명, 묘사
proceed 진행하다, 계속하다
work toward ~ ~을 향해 노력하다
broach (하기 힘든 얘기를) 꺼내다
press 신문, 언론, 보도, 인쇄
as things stand now 현 상황으로는
pursue 밀고 나가다, 계속하다
market (상품을) 내놓다, 광고하다
a spirit of ~ ~의 정신, 취지
guideline 지침, 지표
contingent upon ~ ~의 여부에 따라
evaluate 평가하다
marketability 시장성

33 Thank you for your email of September 8 in which you mentioned an interest in discussing areas of common concern. We are always open to hearing suggestions for improving our operations. Your expertise in polishing technology is of particular interest. Let us know when you would like to set up such a meeting. We would also appreciate receiving additional information on your product lines. This would serve to make such a meeting more effective. We look forward to hearing from you.

• 어휘 •

common concern 공통의 관심사
suggestion 제안, 제의
operation 사업, 영업, 활동, 업무
expertise 전문 지식(기술)
polish 다듬다, 연마하다
technology 기술, 기계, 장비
set up a meeting 회의를 잡다
additional information 추가 정보
product line 제품(생산) 라인
effective 효과적인

34 The two tapes you sent us with your email of December 18 have been thoroughly reviewed by us and our publisher to determine their marketability in Korea. Unfortunately, from the standpoint of our company, the content is not really suited to our sphere of activity in that it is neither business nor interculturally oriented. Our publisher felt that the coverage was also not detailed enough in command of much interest from the high school or university education system here. Therefore, though the tapes are not without merit, it does not appear that we can be of any direct help. I should also add that we were not completely satisfied with the sharpness of the pictures. The quality of the Korean narration also left something to be desired. However, the publisher and I both think that travel agencies here may be interested in your product.

• 어휘 •

thoroughly 대단히, 완전히
publisher 출판인, 출판사
determine 결정하다, 확정하다
marketability 시장성
standpoint 견지, 관점
suit to ~ ~에 맞다, 적합하다
sphere of activity 활동 범위
interculturally 이(종) 문화간으로
~ oriented ~ 지향의, 경향이 있는
coverage (정보의) 범위
in command of ~ ~을 지휘(통솔)하여
without merit 취할 점이 없는
be satisfied with ~ ~에 만족하다
sharpness 날카로움, 선명함
leave something to be desired
미흡한 점이 있다

35 Our order No. NR-3790 was received on November 7. In checking the contents against your attached invoice, it was found that several items were missing. Please see the attached copy of your invoice which is modified to reflect the items actually delivered. Our regulations do not permit payment against inaccurate invoices. Also some of the deleted items render other delivered items useless. We await your instructions on how you propose to deal with this situation.

• 어휘 •

check against ~ ~에 대조하다
invoice 송장, 청구서
modify 수정하다, 변경하다
reflect 나타내다, 반영하다
regulation 규정, 조항
permit 허용하다, 허락하다
inaccurate 부정확한, 오류가 있는
render (어떤 상태로) 만들다
instruction 안내, 지시, 명령
deal with ~ ~을 다루다, 처리하다

36 I am sure that you are aware of and concerned about the increased prices of BMW cars sold in our country. I had written to you earlier that our tag prices far exceed those of Benz. This is enabling our competitors to give higher discounts and is forcing us to sell under cost if we match their prices. Along this line, we recently were able to obtain information on actual freight charges which I am enclosing. To our astonishment Benz's freight charges are shown to be far less than ours. Attached is a comparison of freight rates. Kindly study this matter and amend our freight rates accordingly. We would like the new freight rates applied for all 2016 models due to be shipped in June/July 2016. Your quick attention to this matter will be very much appreciated.

• 어휘 •

be aware of ~ ~을 깨닫다, 알다
tag price 가격표, 정가표
exceed 넘다, 초과하다
enable ~을 할 수 있게 하다
competitor 경쟁업자(업체)
under cost 가격(원가) 이하로
along this line 이 점에 대해서
freight charge 화물 운송비
enclose 동봉하다
astonishment 깜짝(크게) 놀람
comparison of ~ ~의 비교(비유)
amend 개정하다, 수정하다
accordingly 부응해서, 그에 맞춰
be shipped 배송(발송)되다
applied for ~ ~에 적용(신청)된

37 Thank you for the fine arrangements that were made for me last August. My associates and I thoroughly enjoyed our stay at your hotel. I plan to visit Hawaii again this August. I will arrive on the morning of August 7 and hope that a room can be available from noon. I will leave on the morning of August 12. I would very much appreciate it if you could arrange for a ground-level oceanfront room. Thank you again for everything you have done to make my previous stays memorable.

• 어휘 •

arrangement 준비, 마련
associate (사업, 직장) 동료
thoroughly 대단히, 완전히
plan to visit 방문할 계획이다
available 유효한, 이용 가능한
arrange for ~ ~을 준비(계획)하다
ground-level 1층
oceanfront room 바다 전망 객실
previous 이전의, 바로 앞의
memorable 기억할 만한

38 This is to formally invite you to the reception which I have already mentioned to you informally. The reception will be held in the "Palace Garden" the New Town Hotel from 2:00 to 4:00 P.M. on Friday, November 23. The day was chosen to match the theme of the gathering, i.e., "thanksgiving." It was also chosen so as to permit busy people to attend without interfering with business schedules. The purpose of this party is ostensibly to celebrate our fifteenth year in business. However, our real aim is just to gather some of the more important people who have supported us over the years so that we can express our appreciation and enjoy meeting in a warm, friendly atmosphere. The occasion will also permit our people to meet many of our benefactors who they seldom have a chance to meet in the course of their day-to-day activities.

• 어휘 •

formally 정식으로, 공식적으로
informally 비공식적으로
gathering (특정 목적을 위한) 모임
i.e. (라틴어 id est에서 유래) 즉
so as to ~ ~하기 위해서
permit 허용하다, 허락하다
interfere with ~ ~을 방해하다
ostensibly 표면상은
appreciation 감사, 공감
friendly 친절한, 우호적인
atmosphere 분위기, 기운
occasion 행사, 의식
benefactor 후원자, 독지가
seldom 좀처럼(거의) ~ 않는
in the course of ~ ~동안(하는 중에)
day-to-day 그날그날의, 매일의

39 Your repeated requests to postpone submission of your 2014-15 P/L statement and your 2015-16 comprehensive business plans have been acknowledged to date. However, you are urged to recall Article 3 of our Memorandum of Dealership which states that said agreement will automatically expire on September 30 if not formally renewed. This article clearly states your duty to inform us regarding your financial conditions by submitting actual figures at the end of each fiscal year. It also requires that you finalize your business plans for the following fiscal year in full consultation with us.

• 어휘 •
submission (서류 등의) 제출
P/L statement 손익계산서
comprehensive 종합적인
acknowledge 인정하다, 알리다
to date 지금까지
be urged to ~ ~하기가 요구되다
recall 기억해내다, 상기하다
memorandum 각서, 제안서(보고서)
dealership 대리점, 판매 대리업
fiscal year 회계 연도
consultation 협의, 상의

40 Your interest in working in Korea and your very impressive resume have been conveyed to us by Mr. Jung of Hanil Office Systems. Mr. Jung also spoke very highly of you as an instructor. Unfortunately, this was all received after we had finished our recruiting for 2016, with the last man scheduled to join us in September. There is also our policy of not hiring anyone "sight unseen." I am sure you will appreciate our thinking here, especially since what we are after are people who are looking for a lifetime career. However, there are other reputable organizations here in Korea who welcome people with fixed one or two year commitments. We feel some arrangement like this would be more in line with the desires you outlined in your email.

• 어휘 •
impressive 인상적인, 인상 깊은
resume 이력서
be conveyed 전해지다, 전달되다
speak highly of ~ ~을 극구 칭찬하다
instructor 강사, 교사, 전임 강사
unfortunately 유감스럽게도
recruiting 채용, 모집
sight unseen 실물을 보지 않고
lifetime 일생, 평생, 생애
reputable 평판이 좋은
fixed 고정된, 변치 않는
commitment 책무, 약속(한 일)
arrangement 준비, 마련, 주선
in line with ~ ~에 따라
outlined 서술된, 나타난

비즈니스 영어 통번역

영·한·편

비즈니스 영어 통번역 모범답안

PART 02. 통번역 모범답안
PART 03. 통번역 모범답안

CHAPTER 01 회사 소개

01 저는 20년 전 유니버설 컴퓨터를 설립했습니다. 저희는 서울에 있는 작은 사무실에서 시작했습니다. 저희 본사는 여전히 이곳에 있지만 현재 한국 전역에 걸쳐 지사들이 있고 약 500여 명의 직원들이 함께 하고 있습니다. 저희 회사의 사무실 대부분은 개방형입니다. 과장부터 관리 직원, 전화로 상품을 판매하는 직원 및 전화로 고객들에게 도움을 주는 기술 지원부 직원들까지 모두가 함께 일을 합니다. 사원 모집은 서울에 있는 인사과에서 담당하고 있습니다.

02 기업 목표: 저희 유니레버는 소비자와 고객이 바라는 것을 예측해 세계 각지의 사람들의 수요를 충족시키는 것을 목표로 하고 있으며, 또한 삶의 질을 높이는 브랜드 상품과 서비스로 이에 창의적이고도 경쟁력 있게 응하는 것을 목표로 하고 있습니다. 전 세계에 걸쳐 있는 지역 문화 및 시장에 대한 깊은 뿌리는 저희 회사의 미래 성장을 위한, 그 어떤 것에도 비할 수 없는 유산이며 토대라 할 수 있습니다. 저희는 다국적으로 기업 지역 소비자 서비스에 저희의 풍부한 지식과 국제적인 전문 지식을 동원할 것입니다. 저희는 성공을 하기 위해선 직원, 소비자, 그리고 지역 사회를 위한 가장 높은 수준의 기업 경영을 갖출 필요가 있다는 것을 분명히 알고 있습니다. 이것이 바로 저희 사업, 그리고 저희 주주 및 직원들을 위한 우리 사업의 지속 가능한 수익 성장, 그리고 장기적 가치 창출로 가는 유니레버의 길이라고 할 수 있습니다.

03 CGI 컴퓨터 사, 학교 계약을 따내다: 알칸사 인근의 소규모 컴퓨터 하드웨어 기업인 CGI가 향후 3년간 미국 전역에 있는 학교에 하드웨어를 공급하고 지원하는 계약을 따냈다. 이 계약은 약 5,000만 달러에 달하는 가치를 지닌다. 존은 학창 시절 컴퓨터 공장에서 일자리를 구했다. 현재, 그는 자신만의 회사 CGI를 운영하고 있다. 이 회사는 컴퓨터 하드웨어를 개발하고 제조하는 업체이다. 존은 알칸사 국경 근처 조그만 도시에서 태어났다. 그는 1992년 학교를 그만두고 전문대학에 들어가 사무 관리 보조원으로서 견습 기간을 거쳤다. 같은 해, 존은 지역 공장에서 하계 일자리를 구했다. 그는 사무실에서 주문을 처리하는 일을 했다. 공장에서의 주요 업무 중 하나는 바로 컴퓨터 제작이었다. 어느 날, 존은 작업 현장을 가로질러 가던 중 그가 직접 자신만의 컴퓨터 하드웨어 회사를 운영하고 싶어 한다는 것을 깨달았다. 2015년, 그는 졸업하자마자 CGI를 설립했다. 회사는 작은 규모로 시작되었다. 처음에 존은 오래된 창고를 임대했다. 그는 조립 라인에서 시간제로 근무할 인원을 3명 고용했다. 성공은 존이 2015년 젊은 기업인상을 수상하며 일찍이 찾아왔다. 다른 상들이 연이어 잇따랐다. 몇 년에 걸쳐, CGI는 성장하고 발전했다. 현재, 200명이 넘는 사람들이 존을 위해 일을 한다. 회사는 2년 전 상장되어 그 이후 CGI는 남미로 판로가 확장되었다. CGI는 현재 6개월째 알칸사 인근 산업 단지의 맞춤 제작된 부지에 자리잡고 있다. 작년, CGI는 거의 5억 달러에 이르는 매출을 기록했다.

04 제프 베조스는 1994년 아마존 닷컴을 설립했다. 그는 미국을 가로질러 장시간 이동을 하는 와중 온라인 서점을 구상했다. 처음에, 그는 워싱턴에 있는 부모님 집의 차고에서 회사를 운영했다. 그의 사업은 곧 지역 사업가인 닉 하나우어, 그리고 유수 기업들의 이사회 임원인 톰 알베르그, 이 두 명의 성공한 기업가의 관심을 끌게 되었다. 1995년 말, 이 두 남자는 모두 아마존 닷컴에 돈을 투자했다. 베조스는 투자금의 일부를 아마존 웹사이트를 개발하는 데에 사용했다. 머잖아 아마존 닷컴은 미국 전역에 책을 배송하게 되었지만 베조스는 사람들을 다시 고객으로서 돌아오도록 만들려면 그 이상의 것을 제공해야 한다는 사실을 깨달았다. 그는 책 구매자들에게 서평을 작성해달라 요청하기로 결정한다. 이 생각은 효과가 있었다. 서평을 남긴 사람들은 자신들이 회사에 소속되어 있다는 느낌을 받았다. 이들은 아마존을 단지 물건을 구매하는 장소가 아닌, 온라인 커뮤니티로서 바라보기 시작했다. 1997년, 아마존은 1,570만 달러의 수익을 창출했다. 회사는 상장되었으며 베조스는 판매 목록에 CD와 영화를 추가했다. 1998년, 아마존은 소프트웨어, 전자제품, 비디오 게임, 장난감, 그리고 가전제품을 판매하기 시작했다. 1999년 말, 아마존은 10억 달러 이상의 매출을 기록했지만 회사는 돈을 잃기 시작했다. 2000년, 아마존은 200명이 넘는 사람들을 해고하게 된다. 1년 뒤, 1,000명이 넘는 직원들이 떠나야만 했다. 이는 마치 베조스의 꿈이 종말을 맞는 것처럼 보였다. 사이트를 살리기 위해, 베조스는 아마존 닷컴을 통해 타사들이 자신들의 제품을 판매할 수 있도록 하였다. 오늘날, 여러분은 아마존에서 온갖 종류의 물건들을 구입할 수 있다.

05 이미 서울에서 보셨겠지만, 저희 회사는 다양한 판촉물을 세계 각국 주요 국제 항공사들에 제공하는 것을 전문으로 하고 있습니다. 당사는 항공 업계에서 경험이 풍부한 간부들에 의해 다년간 운영되면서, 유럽, 아시아, 북미에 걸쳐 폭넓은 고객층을 확보해왔습니다. 저희는 또한 최근 몇 년간 남미 시장에서의 시장 점유율을 높여가고 있습니다. 저희의 주요 강점은

최고 품질의 제품들을 가장 경쟁력 있는 가격으로 공급한다는 데에 있습니다. 귀사를 보다 잘 모실 수 있도록, 귀 항공사의 요구사항과 관련해 보다 상세한 정보를 알았으면 합니다. 귀사가 현재 사용 중인 판촉물의 종류와 각 품목의 연간 소모량을 알려주시면 정말 큰 도움이 될 것입니다. 대부분의 경우, 당사는 동일하거나 유사한 품목들을 훨씬 경쟁력 있는 가격으로 공급할 수 있을 것입니다. 뿐만 아니라, 귀사의 상세한 요구사항에 맞춰 귀 항공사를 위한 새로운 디자인을 제시할 수도 있습니다. 추가 정보가 필요하시거든 전화나 팩스로 언제든 연락주시기 바랍니다. 귀사로부터 곧 연락을 받게 되길 기대합니다.

CHAPTER 02 구인구직 및 인사 관리

01 일자리를 찾는 많은 사람들은 회사나 직업 소개소 등에서 신문이나 인터넷에 낸 일자리 광고를 읽는다. 이 광고에 답하는 것은 바로 일자리에 지원하는 것이다. 여러분은 후보자, 혹은 지원자가 된다. 여러분은 지원서를 작성하거나 회사의 직무기술서를 작성하여 이를 이력서 및 자기 소개서와 함께 보낸다. 여러분은 종종 여러분을 위해 추천서를 써줄 만한 두 사람의 이름을 제시해야 한다. 만약 당신의 자질과 능력이 그 일자리에 맞는다면, 여러분은 후보자가 될 가능성이 있으며, 이 말은 즉 면접에 참석하도록 선택된다는 것이다.

02 온라인 구직 사이트에 올라와 있는 귀사의 광고를 보았으며, 저는 재무 분석가 직책에 지원하는 것에 관심이 있습니다. 첨부된 이력서에 상세히 적혀있는 바와 같이, 저는 제 학력 및 경력이 제가 본 직책에 걸맞는 훌륭한 후보자라는 것을 확실히 보여준다고 굳게 믿습니다. EMRE PASTEURS는 업계에서 항상 주목할 만한 평판을 받아오고 있으며, 제가 그러한 귀사에서 일할 기회를 얻게 된다면 매우 기쁠 것입니다. 제 지원에 대한 긍정적인 답변을 받게 되길 진심으로 기대합니다. 면접을 잡고자 하신다면 제 휴대폰 번호 222-5555로 직접 연락하실 수 있습니다. 귀하의 시간과 배려에 매우 감사드립니다.

03 보스턴에 위치한 당사는 전시회, 쇼, 그리고 행사 등을 진행합니다. 팀의 일원으로서 귀하는 일대일로 대중을 상대하며 행사 관련 정보를 제공하고 티켓을 배부하게 될 것입니다. 귀하는 구두, 그리고 문서를 통한 의사소통에 능해야만 합니다. 일반적 수준의 소프트웨어 능력은 필수입니다. 또한 사회 각계각층, 해외로부터 오신 분들을 상대하는 것도 능숙해야 합니다. 뛰어난 영어 실력이 요구됩니다. 만일 귀하의 지원이 통과된다면, 귀하는 전화 면접 참여를 통보 받게 됩니다.

04 저는 영어권 회사의 수습직 지원에 관심이 있습니다. 인터넷에 나와 있는 귀사에 대한 설명과 거기에 제시된 수습직에 대한 세부 사항들이 제 능력과 관심사에 매우 근접한다고 봅니다. 저는 곧 독일 유통 회사에서의 사무 관리 보조직원으로서의 실습을 마치게 됩니다. 제 직무는 메모, 팩스, 이메일 및 서신 작성, 회의 주관, 전화 통화, 메시지 수신 및 전달 등입니다. 저는 영어를 사용하는 방문객이 회사에 올 경우 통역을 맡아 하기도 합니다. 저는 또한 영어, 문서 작성 및 부기를 배우고 있는 직업 학교에 다니고 있습니다. 이러한 교육 과정은 유럽권에 있는 모든 나라에서 인정하는 자격증으로 연결됩니다. 제 이력서와 자격증 사본을 첨부합니다. 저는 특히 영어권 국가에서 영어 실력을 향상시키고 싶은 마음이 간절하므로, 귀사와 함께 이 지원에 관해 이야기를 나눌 기회가 생긴다면 매우 기쁠 것입니다. 귀사로부터 곧 연락이 오길 기대하겠습니다.

05 구직에 있어 가장 중요한 요소는 무엇일까요? 우선, 저는 여러분이 지원서를 얼마나 잘 작성하느냐에 여러분의 기회가 달려있다고 봅니다. 만약 이 첫 번째 단계를 제대로 밟지 못하게 되면 절대로 면접 고려 대상이 될 수 없습니다. 두 번째로, 면접 대처 능력이 가장 중요합니다. 여러분은 면접 질문에 잘 답할 수 있어야 하며, 당황스러운 질문을 받았을 때에도 긍정적인 대답을 할 수 있어야만 합니다. 긍정적이고 자신감 있는 태도를 갖도록 하십시오. 세 번째로, 이력서를 잘 작성하는 것이 여러분이 갖춰야 할 가장 중요한 기술입니다. 잘 쓴 이력서는 장래의 고용주가 여러분의 학력 및 전문적인 경력이 회사의 요구에 부합하는지 여부를 한 눈에 볼 수 있도록 해줍니다.

06 올해 귀하의 성과에 대해 어떻게 생각하시는지요? 이것이 귀하의 업무 평가 초안입니다. 이를 잘 살펴보시고 질문이 있으시면 제게 말씀해 주시기 바랍니다. 아시다시피, 저희는 올해 귀하의 업무 평가가 타당하게 도출될 수 있도록 서로 의견 일치를 봐야 합니다. 귀하는 전반적으로 아주 뛰어난 성과를 냈습니다. 아시다시피 귀하의 수준 선상에 있는 이들에게 가장 중요한 영역은 기술적인 능력, 그리고 의사소통 능력입니다. 저는 귀하가 이러한 영역에서 뛰어난 모습을 보였다고 믿습니다. 하지만, 귀하는 여전히 이사, CEO, 그리고 다른 주요 인사들과 보다 효과적으로 의사소통을 나누는 데에 노력을 기울일 필요가 있습니다. 저는 귀하가 전반적으로 매우 뛰어나게 본인을 어필했다고 생각하지만, 상기 언급한 사람들을 대하는 데 좀 더 꼼꼼하고 사무적인 태도를 가질 수 있게 되길 바랍니다.

07 EMRE에서 좋은 일자리가 여러분을 기다립니다. 고품질의 유제품을 생산하는 업계에서 인정받고 있는 EMRE는 14년 전 창립된 이래로 쭉 흑자 성장을 이루어오고 있습니다. 당사는 새 천년 세계로의 확장이라는 목표를 이루는 데 도움을 줄 수 있는 능력 있고 동기가 충만한 전문 인력을 지속적으로 찾고 있습니다. 파스퇴르는 최근 다음과 같은 직책에 있어 인력을 모집하고 있습니다: 판매 담당자. 이 직책은 판매 담당자의 운영 지원, 상표 인지도 고취, 그리고 시장 점유율 향상 업무를 아우르는 신입 직책입니다. 뛰어난 의사소통 능력 및 발표 능력이 요구되며, 고객과 재빠르게 친밀한 관계를 쌓아나갈 수 있는 능력 또한 요구됩니다. 품질 관리인. 선발된 후보자는 매주 운영 관리인에게 직접 주간 보고를 해야 합니다. 품질 관리인은 위생, 품질, 식품 안전에 대한 일반적 수준의 지식이 있어야 하며 식품 서비스 관리, 혹은 이에 상응하는 분야에 대한 학위를 소지하고 있어야 합니다. 재무 분석가. 확립된 회계 관례에 따른 재정 보고를 용이하게 하는 것이 이 직책의 주요 역할입니다. 이상적인 후보자는 금융 및 경영 보고, 사업 분석을 위한 기업 정보 수집 도구를 활용해본 경험이 있어야만 합니다. 4년간의 관련 경험이 요구됩니다. 유통 담당자. 고용된 지원자는 물류팀을 감독하고 완제품의 원활한 유통을 책임지게 될 것입니다. 유통 담당자는 부서 예산을 관리하는 동시에 물품의 이동 및 보관 업무의 질, 비용, 그리고 효율성을 감독하게 됩니다. 비슷한 직종에서의 과거 경험은 장점으로 인정됩니다. 관심 있는 분들은 davis@emrepasteurs.co로 두 부의 추천서와 함께 이력서를 보내주시면 됩니다. 모든 직책의 지원 마감일은 9월 30일입니다.

08 채용 공고. 저희는 미국 채용 대행 선두 업체로서 정규직 사무 관리 보조 직원을 모집하고 있습니다. 당사의 고객사는 보스턴 소재의 저명한 개인 병원입니다. 합격자는 병원 관리자의 업무를 지원하고 접수 데스크에서 근무하게 됩니다. 담당 업무는 해외 고객 응대, 병원 관리자의 비서 업무 지원, 예약 관리, 데이터베이스 업데이트, 그리고 일반 사무 관리 제공 등입니다. 1) 자격 요건 : 압박감 하에서도 업무를 처리할 수 있는 제대로 준비된 일꾼이어야만 합니다. 뛰어난 관리 능력은 필수입니다. 사무실 근무 경력을 요하며 접수 데스크에서 근무해본 경험을 우대합니다. 일반적인 오피스 소프트웨어 사용에 능해야 하며 뛰어난 타이핑 실력과 훌륭한 전화 응대 능력을 갖추고 있어야 합니다. 영어 및 최소한 한 가지 이상의 외국어 능력은 필수입니다. 2) 근무 조건 : 연간 20,000달러 내외의 급여를 지급합니다. 점심 식권과 선택 가능한 외국어 강의를 제공합니다. 병원은 기차역 및 지하철역에 가깝게 위치해 있습니다. 본 직책은 정규직이며 근면성실하고 열정적인 분들께 좋은 기회가 될 것입니다. 본 직책에 지원하는 것에 관심 있는 분들은 지원서를 작성해 주시기 바랍니다. 만일 지원서가 통과되면, 이력서와 함께 자기 소개서 제출을 부탁드리게 될 것입니다. 1차 면접은 전화로 진행될 것입니다. 합격자들은 1월경 일대일 면접 진행을 위해 보스턴으로 오시게 됩니다.

09 김훈일 씨께서 당사에 영업 담당자로 지원하셨으며, 신용조회를 의뢰할 사람으로서 귀하의 이름을 언급해주셨습니다. 귀하께서 김훈일 씨의 성격, 김훈일 씨가 목표로 하는 직무에 있어서 필요하다고 생각되는 그의 능력 및 경력과 관련해 귀하께서 알고 계신 모든 정보를 알려주신다면 매우 감사하겠습니다. 귀하께서 제공해주신 정보는 모두 극비로 유지될 것임을 알려드립니다.

10 주말 내내 두꺼운 종이 위에 이력서를 복사하고 똑같은 자기소개서를 50번씩 다시 쓰며 한 통이나 되는 우표에 침을 발라 붙인 후, 우체국까지 순례를 했는데 일요일이라 우체국 문이 굳게 닫힌 걸 알게 되는 것만큼 짜증나는 일도 없을 것입니다. 정말 재미있는 건 그 다음입니다. 몇 주일씩이나 기다렸는데, 회사가 내 이력서를 받았는지 못 받았는지조차 모릅니다. 그리고 대개, 이 회사들이 정말 구인 공고를 냈는지조차 모릅니다. 이 얼마나 짜증나는 일입니까! 만약 여러분이 인터넷에 나와있는 양식에 여러분의 모든 정보를 기입하고, 여기에 여러분의 능력 및 요구 사항을 포함시켜 멋진 전자 문서 파일로 만든 뒤, 여러분이 관심 있는 분야에서 구인 공고를 내고 있는 수백 개의 회사들과 이를 맞춰볼 수 있다면 어떨 것 같은가요?

정말 멋지지 않나요? 네, 저희도 그렇게 생각합니다. 오직 학생들만을 대상으로 설계된 온라인 구직 데이터베이스, 잡소스(Jobsource)에 오신 여러분을 환영합니다.

CHAPTER 03 공지 및 안내

01 레드 블록 백화점은 12월 15일 월요일 연례 재고 조사로 인해 일시적으로 문을 닫을 예정입니다. 백화점 휴무는 경영진이 회계 장부를 업데이트하고 창고를 정리할 수 있는 시간을 허락해 줄 것입니다. 하지만 슈퍼마켓과 디자이너 부티크들은 휴무 당일 영업할 예정입니다.

02 저희는 구정 연휴 기간 동안 문을 닫을 예정입니다. 한국의 모든 지점들은 2월 6일부터 8일까지 휴무입니다. 하지만 귀하께서 긴급한 요청사항이 있으실지 모를 경우에 대비해 연휴 기간 동안 직원이 대기하고 있을 예정입니다. 전화번호는 82-881-8888입니다.

03 방문객 주차장에 있는 직원 차량. 본 규정은 즉각적으로 시행될 것이며, 정문 앞쪽 방문객 주차장에 주차된 승인되지 않은 직원 소유의 차량은 소유자 비용 부담으로 견인될 것입니다. 주차 방침을 지켜달라는 수차례에 걸친 기존의 요청이 효과가 없는 것으로 판단된 후 이 같은 극단적인 조치가 불가피하게 되었습니다. 이 방침은 건물 앞쪽을 탁 트이게 하고 당사 방문객들에게 편리한 주차 공간을 제공하기 위한 목적을 지녔음을 기억해주시기 바랍니다.

04 여러분께서 결정을 내리는 데 도움이 될만한 몇 가지 정보를 알려드리고자 합니다. 사무 보조 직원으로 일하기로 하셨을 경우, 여러분은 업무상 다양하고도 많은 일들을 처리해야만 합니다. 여러분은 매일매일 여러분, 혹은 다른 이들이 작업을 마친 문서나 서류들을 정리해야 하며, 사무실에 종이, 봉투, 그리고 기타 문구류가 충분히 구비돼 있도록 확실히 해야 하며 우편물 업무도 처리해야 합니다. 일부 사무 보조 직원들은 재무 설계를 돕기도 합니다. 또한 여러분은 컴퓨터로 자료를 만들거나 나중에 사람들이 확인할 수 있도록 메모를 해야 할 수도 있습니다.

05 경영진은 전 직원의 의료 보험 보상 범위를 업그레이드하기로 결정했습니다. 올해부터, 각 정규 직원은 완전한 의료 및 입원 수당을 받을 자격이 있는 2명의 가족 구성원을 신고해도 됩니다. 반면, 수습 직원들은 2명의 부양 가족에 대한 보험 혜택으로 100달러를 추가적으로 받게 됩니다. 여러분의 편의를 위해 새로운 보상에 대한 세부사항을 웹사이트 게시판에 게시해 놓았습니다. Healthpath 담당자가 여러분의 보험 설계를 수정하는 데 필요한 정보를 수집하기 위해 내일 아침 10시 본사에 들릴 예정입니다. 여러분이 새로운 규정에 대해 질문이 있을 경우 짧은 질의 응답 시간 또한 가질 예정입니다. 만약 참석할 수 없으실 경우 필요한 정보를 수집해 Healthpath에 전달할 수 있도록 인사과에 연락해주시기 바랍니다. 이 사안과 관련해 여러분의 협조를 부탁드립니다. 감사합니다.

06 미국 내의 경우, 벤 앤 제리스를 판매하는 식료품점이나 저희 아이스크림 매장 어디에서든 개인이 소지하고 계신 쿠폰을 상품과 교환하실 수 있습니다. 벤 앤 제리스의 아이스크림인 프로즌 요거트와 셔벗 가운데 원하는 것으로 1파인트를 무료로 드릴 수 있습니다. (단, 1인 쿠폰 50장으로 제한) 회사의 경품 및 광고 등으로 50장 이상의 쿠폰을 주문하고 싶으신 분은, 전화 (802)846-1500을 통해 저희 판매부나 마케팅부로 전화해주시면 됩니다.

07 캘리포니아 내 운전 관련 정보 – 교통국 / 캘리포니아 주 운전면허증이나 신분증은 수표를 현금으로 바꿀 때에, 그리고 본인이 술을 마시는 것이 허용되는 나이(21세)임을 입증하는 데에 필요합니다. 교통국에서 부과하는 운전면허증 신청료는 12달러이며, 사진이 있는 신분증의 경우 6달러입니다. 캘리포니아 주 거주민의 경우, 이미 국제면허증을 소지하고 있다 할지라도 교통국의 요구에 따라 캘리포니아 주 운전면허증을 취득해야 합니다. 다음과 같은 경우 여러분은 캘리포니아

거주민으로서 인정됩니다. (1. 거주지를 임차한 사람 / 2. 캘리포니아 내에 있는 학교에 재학 중인 사람 / 3. 소득이 있으며 주 소득세를 납부하는 사람) 캘리포니아 주 운전면허증을 취득하기 위해선, 다음과 같은 시험에 응시해야만 합니다. (1. 캘리포니아 주 교통 법규를 인지하고 이해하고 있음을 증명하기 위한 필기 시험 / 2. 자동차를 안전하게 운행하는 데 필요한 기술을 보유하고 있음을 증명하기 위한 주행 시험)

08 아마존 닷컴은 여러분의 개인 정보 보호를 위해 최선을 다하며, 당사는 여러분과 관련해 수집한 정보를 활용해 주문을 처리하고 좀 더 개인 맞춤화된 쇼핑 경험을 제공하고 있습니다. 당사의 개인 정보 보호 방침에 대해 좀 더 자세히 알고자 하신다면 계속해서 읽어주시기 바랍니다. 주문을 하실 경우, 당사는 여러분의 성명, 이메일 주소, 우편 주소, 신용카드 번호 및 만료일을 알아야만 합니다. 이러한 정보는 당사가 여러분의 주문을 처리하고 이행하며 여러분께 주문 처리 상태를 안내할 수 있도록 해줍니다. 당사의 개별 통지 서비스에 가입하실 경우, 당사는 이메일 주소만 필요할 뿐이며, 이는 여러분께서 요청하신 정보를 보내드릴 때 이용됩니다. 아마존 닷컴은 수집한 정보를 제3자에게 공개할까요? 아마존 닷컴은 여러분의 개인 정보를 타인에게 팔거나, 교환하거나, 빌려주지 않습니다. 혹 신뢰할 수 있는 제3자에게 훗날 여러분의 정보를 공개할 가능성은 있으나, never@amazon.com으로 내용 없이 이메일만 보내주시면 그렇게 하지 말 것을 요청하실 수 있습니다. 당사는 고객, 매출, 접속 유형에 대한 집계 통계 및 관련된 사이트 정보를 평판이 좋은 제3의 판매사에 제공할 가능성이 있으나, 이러한 통계 자료들엔 개인 식별 정보가 포함되지 않을 것입니다. 아마존 닷컴은 1) 법률에 따르거나, 2) 여러분의 이용 약관 규정을 시행하거나 적용하고, 3) 아마존 닷컴, 사용자, 또는 타인의 권리나 재산, 안전성을 보호하기 위해 정보 공개가 마땅히 필요하다는 판단이 들 경우 이용 계정 정보를 공개할 가능성이 있습니다.

09 신입 회계사 여러분들. 저희 컨설팅 회사에 오신 것을 환영합니다! 여러분이 저희 팀에 합류하게 된 것을 정말 기쁘게 생각하며 앞으로 여러분과 장기적인 상호 보완적 업무 관계를 맺게 되길 기대합니다. 여러분 모두 회사 시스템 및 구조, 조직에 대해 분명히 많은 질문이 있을 걸로 생각됩니다. 그러니 부디 주저 말고 질문해주시기 바랍니다. 이메일 amno@gold.org로 제게 연락을 주시거나, 내선번호 222로 전화하셔도 됩니다. 하지만 여러분의 많은 궁금점들이 신입사원 오리엔테이션 동안 모두 풀릴 수 있게 되길 바랍니다. 여러분이 새로운 역할에 원활하게 적응할 수 있도록 하기 위해, 오리엔테이션은 여러분의 근무 첫날 열리게 됩니다. 동봉된 일정표를 보시면 오리엔테이션이 재정 부장님의 연설로 시작된다는 것을 알 수 있습니다. 그 후 일부 고위급 임원들의 말씀이 이어질 예정입니다. 임원들의 말씀엔 회사 및 회사 목표에 대한 내용이 포함되어 있으며, 점심 식사 전 회계 이사님의 말씀이 하나 더 있을 예정입니다. 마무리 연설 후엔, 여러분들께 새로운 직장 동료들을 만날 기회를 드리고자 사내 건물 2층에서 환영회가 있을 예정입니다. 마지막으로, 여러분 모두 4월 10일이나 그 전까지 건강 검진 결과를 제출하셔야 됨을 다시 한 번 상기시켜 드립니다. 검진 결과를 이메일로 보내주시거나, 5층에 있는 인사과에 직접 제출해주시기 바랍니다. 감사합니다.

10 8월 20일부터 22일까지 벤톤 트레이드 홀에서 열리는 Great Homes 박람회와 관련해 보내주신 이메일을 오늘 아침 받아보았습니다. 관심을 보여주신 것에 감사드리며, 제 답장이 귀하께 행사와 관련된 충분한 정보를 제공해 드릴 수 있게 되길 바랍니다. 본 시설은 시애틀 도심에 위치해 있습니다. 북서부에서 가장 큰 부동산 박람회로서, 본 행사는 매년 300명 이상의 부동산 개발 업자 및 중개 회사, 금융 회사들을 끌어모으고 있습니다. 부동산 회사들은 주거용 아파트 및 사무 공간부터 산업 시설에 이르기까지 다양한 부동산 매물을 판매할 예정입니다. 작년엔 12,000명이 넘는 사람들이 행사에 참여했으며 총 720개의 건물, 주택, 그리고 부동산이 판매되었습니다. 다수의 구매자와 개발 업자들이 15 퍼센트에 이르는 수수료를 지급하기 때문에, 귀하께서 이 기회를 부디 놓치지 않으셨으면 합니다. 박람회에서 부스를 마련한 대다수의 회사들이 성공적인 매출을 기록한 걸 봤을 때 귀하 역시 그렇게 하시기를 적극 추천 드리는 바입니다. 귀하의 직원을 수용할 수 있도록 부스 준비가 이뤄질 수 있으며 다양한 종류와 사이즈의 부스가 이용 가능합니다. 저희는 또한 귀하와 귀하의 판매 중개사께 행사 마지막 날에 있을 무료 부동산 세미나에 참석하시길 제안하는 바입니다.

CHAPTER 04 초대 및 일정 잡기

01 친절하게도 개막식에 초대해 주셔서 매우 감사드립니다. 영화제 10주년을 기념하기 위한 저녁 만찬에 초대받은 것은 정말 큰 영광입니다. 귀하의 사려 깊은 초대를 기꺼이 수락하고자 하며, 이 명망 있는 행사에 기쁜 마음으로 참석하고자 합니다.

02 귀하와 약속을 잡아 이 사안에 대해 좀 더 많은 것을 논의할 수 있었으면 합니다. 언제 어디서 저희가 만날 수 있을지 제 비서에게 메시지를 남겨주시거나, 그렇지 않으면 그 날 2시 이후에 제가 시간이 가능하니 화요일 오후 2시에 제 사무실로 와주셔도 됩니다.

03 당신만의 사업체를 소유하고 싶으신가요? 체인점에 대해 고려해본 적이 있으십니까? 만약 수입과 자립을 추구하고 계신다면 시내 밀튼 호텔에서 이번 주 금요일 오후 3시에 열리는 2차 연례 체인점 세미나에 참석하시기 바랍니다. 사업체를 소유해본 경험이 있는 이들로부터 사업체 소유에 대한 것을 배워보십시오. 성공하신 많은 분들의 강연 및 발표가 있을 예정입니다. 등록비는 25달러이며 세미나는 오후 6시까지 이어집니다.

04 가능하시면 전화상이나 이메일로 이야기를 나누기보다 직접 만나 뵙고 다음 연도 프로젝트에 대해 좀 더 많은 것을 논의했으면 합니다. 아시다시피 저희는 조속히 의견 일치를 봐야 하며, 저희가 직접 만나게 된다면 어떤 식으로든 결론을 낼 수 있을 거라 보입니다.

05 당사의 30주년 기념일을 축하하고자 2016년 3월 2일 오후 8시 롯데 호텔 크리스탈 볼룸에서 저녁 만찬을 주최하고자 합니다. 귀하께서는 저희 회장님과 함께 주빈석에 앉으시도록 초청된 귀빈 중 한 분이십니다. 저녁 파티에 참석해주신다면 저희 대한항공 임직원 모두에게 큰 영광이 될 것입니다. 귀하께서 이에 대해 조속히 답변해 주신다면 저희에게 큰 도움이 되겠습니다.

06 오늘 아침 이른 통화 건과 관련해 글을 씁니다. 이는 매우 유용한 토론이었으며 이제 귀하의 목표에 대해 보다 확실히 이해할 수 있게 되었습니다. 통화 말미에, 귀하께서 회의를 가질 시간과 장소로서 2월 7일 오후 2시, 서울에 있는 인터콘티넨탈 호텔 로비를 제안하셨습니다. 저는 귀하께서 그때까지 호텔에 머무르고 계실 거라 믿습니다. 제가 귀하께 회의 확정 이메일을 보내드리겠다고 말씀 드렸었습니다. 제게 있어, 말씀하신 시간과 장소가 매우 적합합니다. 저는 오후 내내 일정 없이 자유롭습니다. 그 시간 그곳에서 귀하를 뵙게 되길 바라며 저녁엔 서울에 있는 좋은 식당에서 귀하께 저녁을 대접할 수 있었으면 합니다.

07 세룰로 씨께. 시카고에 머무는 동안 귀하를 만나 뵙게 되어 즐거웠습니다. 시드니로 돌아와 보니 일부 핵심 직원들의 5월 마지막 주 일정이 이미 잡혀있는 것을 알게 되었습니다. 따라서 유감스럽긴 하오나, 6월 12일 대신 다른 날짜로 발표를 잡는 것이 가능한지 여쭙고자 합니다. 괜찮으시다면, 발표 일자를 가급적 6월 14일로 잡았으면 합니다. 해당 날짜가 어려울 경우, 다른 적당한 날짜를 직접 제안해줄 수 있으신지요? 귀하의 친절한 배려에 감사드립니다. 진심을 담아, 트레이시 사이먼 (부 매니저) 드림

08 신장에 있는 저희 시멘트 공장 매입에 관심을 가져주셔서 감사드립니다. 본 공장은 에이스 콘크리트사의 가장 큰 시멘트 공장 중 하나로서, 연간 20만 톤의 시멘트를 생산하고 귀사와 같은 대형 건설사의 수요를 맞춰드릴 수 있는 능력을 갖춘 공장입니다. 저희는 귀사께 장비, 생산 라인, 그리고 창고를 기꺼이 보여드리고자 합니다. 만약 귀하께서 방문을 원하실 경우, 공장의 운영 관리인 옹 씨가 귀하께 공장 견학을 시켜드릴 수 있도록 금요일에 방문 일정을 잡으실 것을 추천드립니다. 옹 씨는 현재 향후 5년간 저희가 집중적으로 운영하게 될 베이징 소재의 새로운 공장을 건설 중입니다. 부디 이번 주 안에 귀사의 결정을 알려주시기 바랍니다. 궁금한 점이 있으시면 222-5555를 통해 저희에게 연락하시면 됩니다. 귀사를 만나 뵙게 되길 기대합니다.

09 가격 차별과 독점 금지법에 관한 흥미로운 정보를 보내주셔서 감사 드립니다. 보내주신 정보가 귀국에서 가격을 설정하는 데에 꽤 많은 도움이 될 것으로 보입니다. 또한 마브리 씨를 소개해주신 것에 대해서도 감사를 표하며, 제가 다음 번 샌프란시스코를 방문하게 되면 서로 편한 시간대를 잡아 마브리 씨를 만나 뵈었으면 합니다. 그 때 귀하께서 만남을 주선해줄 수 있으신지요? 공장 설립 프로젝트와 관련한 저희 양사의 업무 협력 관계 형태에 대한 귀하의 제안에 대해서는, 적합한 계획이 수립되는 대로 회신을 드리도록 하겠습니다.

10 8월 5일 뉴욕의 힐튼 호텔에서 열리는 특별 컨퍼런스에 여러분을 초대하게 되어 기쁩니다. 본 컨퍼런스는 전문 비서들을 위한 집약적이고도 실질적인 컨퍼런스이며, 비서들이 경영 및 사무 생산성을 높이고 최신 기술과 테크닉을 따라갈 수 있도록 하는 것을 목표로 합니다. 이 세미나는 다양한 실용적 주제들과 관련된 전문가적 조언을 해줄 수 있는 저명한 전문 연사 패널들로 알차게 구성되어 있습니다. 이 놓쳐서는 안 될 컨퍼런스의 모든 정보는 상세 프로그램에 동봉되어 있습니다. 참석하기로 결정하실 경우, 동봉된 신청서를 작성하여 1인당 80달러의 요금과 함께 6월 30일 전까지 제게 보내주시기 바랍니다. 컨퍼런스에 참석할 이 기회를 놓치지 마시길 바라며 그곳에서 여러분을 뵙게 되길 기대합니다.

CHAPTER 05 정보 요청 및 협조 요청

01 귀하의 기사 일부를 한국어로 번역해 당사의 교육 매뉴얼에 포함시키려고 하오니 허락해주신다면 감사하겠습니다. 당사 회보에 귀하의 글을 게재하는 걸 허락해주실 수 있으신지요?

02 Modern Sportsman 1월호에 실린 귀사의 스포츠 용품 광고를 보게 되었습니다. 귀사의 최신판 카탈로그 1부를 받을 수 있다면 매우 감사할 듯 합니다. 광고에 카탈로그 가격이 명시되어 있지 않았던 관계로, 카탈로그 요금은 동봉하지 못했습니다. 수취인 지불로 카탈로그를 보내주시거나 카탈로그 청구서를 첨부해주신다면, 수표나 우편환을 송금해 드리도록 하겠습니다. 빠른 시일 내에 귀사의 카탈로그를 받아볼 수 있길 바랍니다.

03 동봉된 별지에 언급된 회사에서 저희 측에 20,000달러 상당의 시험 주문을 하였으며 신용 조회처로서 귀사를 소개하였습니다. 이전에 이 회사와 거래해본 경험이 없기 때문에, 해당 회사의 재무 상태에 대한 정보를 제공해주실 수 있다면 정말 감사하겠습니다. 또한 이 회사의 평판이 괜찮은지 여부도 알았으면 합니다. 제공해주신 모든 정보는 기밀로 남을 것이며 귀사에는 어떠한 법적 책임도 없을 것임을 보장합니다. 향후 저희 측에서 이와 비슷한 성격의 도움을 귀사께 제공해드릴 수 있을 경우 저희에게 알려주시기 바랍니다.

04 호텔 객실을 찾는 데에 문제가 있었으며, 제가 찾아낼 수 있었던 것은 귀하의 사무실에서 멀리 떨어진 2등급 호텔의 싱글룸 2개뿐이었습니다. 너무 촉박한 통보인 것은 알지만, 혹시 귀하께서 사무실 근처에 있는 숙박 시설을 잡아주실 수 있을지 궁금합니다.

05 원만한 해결의 조짐 없이, 1개월에 걸친 당사의 노사 분규는 저희로 하여금 공장 가동을 중단할 수밖에 없게끔 만들었습니다. 당사가 계약의 제반 조건들을 제대로 이행할 수 없을 것으로 보여지는 바, 당사는 귀사가 원하는 대로 계약을 이행하고 완료할 수 있는 자매회사 퍼시픽 엔터프라이즈로 본 계약을 양도할 수 있도록 허가해주시길 제안 드립니다. 귀사께서 허락해 주신다면, 빠른 시일 내에 삼자회담을 가졌으면 합니다.

06 한국의 주요 산업에 영향을 미치고 있는 극심한 불황에 대해 분명 잘 알고 계시리라 생각합니다. 당사도 예외가 아닙니다. 매출의 급격한 감소는 재고 과잉 현상을 낳았으며, 이는 결과적으로 심각한 재정난을 야기했습니다. 오늘의 이 서신은 이 같은 급박한 문제를 해결함에 있어 귀사의 지원을 요청하고자 하는 서신입니다. 구체적으로, 당사는 귀사에게 대금을 지불해

야 하는 것을 올해 말까지 45일의 추가 유예 기간을 허가해주십사 간청 드리는 바입니다. 이 요청을 긍정적으로 고려해주신다면 매우 감사하겠습니다.

07 귀하께 간청을 하나 드리고자 이렇게 글을 씁니다. 귀하께서 가지고 계신 재무 회계 관련 서적 중 일부를 제가 빌릴 수 있을까요? 재무 회계와 관련해 몇 가지 질문이 있는데, 귀하께서 이 분야의 전문가이시니만큼 답해주실 수 있을 겁니다. 다음 주 화요일 중 제게 10분 정도 통화할 수 있는 시간을 내어주실 수 있으실지 궁금합니다.

08 추가 정보 요청: 귀사의 최근 카탈로그를 보내주신 것에 감사드립니다. 혹 지게차에 대한 좀 더 상세한 정보를 가격, 보증서, 배송 일자까지 포함해 저희 측에 보내주실 수 있으신지요? 또한 굴삭기에 대한 상세 정보까지 보내주실 수 있다면 정말 좋을 듯합니다. 수송비, 배송 일자 및 보증서에 관한 추가적인 정보를 저희 측에 보내주신다면 큰 도움이 되겠습니다.

09 다른 업무로 무척 바쁘시다는 것은 알고 있지만, 귀사의 일정에 맞추려면 최근 디자인 변경에 관한 귀하의 즉각적인 피드백을 이번 주 말까지 받아야만 합니다. 귀하께서 빠듯한 일정을 갖고 계시다는 걸 압니다만, 귀하의 협조가 절대적으로 필요합니다. 이번 사안이 매우 긴급한 관계로, 요청사항에 대한 귀하의 신속한 처리가 필수적입니다. 귀하의 빠른 피드백을 기대합니다.

10 2013년 초 이후로 계속 유보되어 왔던, 당사 제품 판매 대리점의 아르헨티나 내 설립 가능 여부에 관한 협상을 재개하자고 제안하신 귀사의 6월 6일자 서신을 잘 받아보았습니다. 저희 역시 그간 경제 상황 및 기타 상황들이 상당히 호전되어왔다는 사실에 공감하는 바입니다. 현 상황은 저희 사업을 귀국으로 확장하는 걸 고려해보기에 적기라고 생각됩니다. 이를 진행하는 데 있어 그 첫 번째 단계로, 저희 측에서 먼저 귀사의 최근 영업 활동 상태를 파악하는 게 좋을 듯합니다. 동봉해드린 것은 이를 시작하는 데 필요한 모든 데이터를 제공하는 데에 쓰일 설문지입니다. 귀사로부터의 빠른 답변 기다리겠습니다.

11 우선 수년간 제 업무가 제대로 돌아갈 수 있도록 해주셨던 모든 것에 대해 감사의 말씀 전합니다. 귀하와 그곳에서 제 편이 되어주신 존과 같은 분들이 계시지 않았다면, 일이 얼마나 힘들게 돌아갔을지 생각만 해도 끔찍합니다. 그런데 오늘, 다른 문제로 펜을 들게 되었습니다. 지난 5년간 시계추처럼 정확하게 월차계산서를 받아 왔는데, 제가 이번 1월달 월차계산서는 받지 못했습니다. 이번 계산서 같은 경우엔 최근 무어링스(Moorings)사에서 물품을 구입한 것과 관련해 꽤 큰 금액이 이체된 것이 포함되어 있기 때문에 특히나 중요합니다. 그러니 귀하께서 이 문제를 최선을 다해 해결 조치해주신다면 매우 감사드리겠습니다.

CHAPTER 06 자료 분석 및 시장 조사

01 이 도표에서 보실 수 있듯이, 이 회사의 미국 내 매출액은 회계연도 1분기에 1억 달러를 기록했고, 2분기에는 매출이 1억 5천 달러까지 급증하였습니다. 하지만 3분기를 보시면 매출이 9백만 달러까지 대폭 떨어진 것을 볼 수 있습니다. 연말 즈음엔 상황이 호전되어 매출이 1억 달러까지 증가하여 1분기 매출과 동일한 수준을 기록했습니다.

02 위기는 부호들을 더욱 부유해지도록 만든다. 세계 혼란을 빠져나온 전 세계 600만 명의 부호들은 12% 더 부유해졌다. 새로운 조사에 의하면 금융 위기가 1998년 세계 대부분의 지역을 휩쓸었을 때에도 세계의 부호들은 더욱 부유해졌으며, 정확히 말해 12% 더 부유해진 것으로 나타났다. 메릴 린치 투자 은행과 제미니 컨설팅이 새롭게 실시한 조사는 백만 불 이상의 금융 자산을 소유하고 있는 사람들로 정의되는 세계 600만 명의 "큰 손"들이 지난해 개인 자산이 12% 증가하여 21조 6천억에 달하는 것을 목격했다고 밝힌다. 보고서는 또한 백만 달러 이상을 보유한 부호들의 순자산이 2013년도 말까지 50% 증가해 32조 7천억에 달한다는 사실을 밝혀냈다. 그리고 보고서는 일을 해서 벌어들인 부가 상속받은 부보다 더 빠른 속도로 증가함에 따라 부호들의 명단이 바뀌고 있다는 결론을 내렸다.

03 　최근의 판매 수치, 특히 수익 수치와 가전제품 소비량에 주목해주셨으면 합니다. 차트를 유심히 살펴보시면, 우리는 지난 3년간 직원 교육에 좀 더 많은 비용을 소비해왔고, 직원의 수를 점진적으로 늘려왔으며, 광고 예산 비용 또한 증액시켜왔음을 알 수 있습니다. 덧붙이자면 수년간에 걸쳐 직원들의 임금 또한 상당한 수준으로 인상되어 왔습니다. 하지만 여러분께서 설명하셔야 할 부분은, 바로 당사의 매출이 수년간에 걸쳐 하락하고 있으며 생산량은 2년 연속 제자리 걸음을 하고 있다는 것입니다.

04 　이러한 유형 분석을 통해, 우리는 고객 중심 및 효율성 중심 산업 분야의 중국 기업들이 혁신 기업으로서 그 역할을 굉장히 잘 수행해왔음을 알 수 있으며, 이는 세계 매출 및 수출 시장에서의 이들 점유율을 통해 파악할 수 있습니다. 도표 E2는 이러한 4가지 유형의 중국 기업들의 수입을 보여주고 있으며, 이는 중국의 세계 GDP 점유율(2013년도에 12%)을 바탕으로 이들 기업들의 예상 세계 매출 점유율이 어떻게 될 것인지를 파악해 정리한 것입니다. 우리는 고객 중심 혁신에 있어, 중국 기업들이 우리가 분석한 7개 분야 중 3개 분야에서 파악된 이들의 GDP 기반 점유율보다 더 많은 비중을 점유하고 있다는 것을 확인할 수 있습니다. 이러한 산업 분야들 중 일부 분야, 이를테면 가전제품과 같은 분야에 있어, 중국 기업들은 세계 수입 및 수출에 있어 높은 점유율을 확보하고 있으며, 예를 들자면 가전제품 분야에서는 36%의 세계 수입 점유율 및 20%의 세계 수출 점유율을 보이고 있습니다. 인터넷 서비스 및 소프트웨어, 그리고 인터넷 소매업 분야의 경우, 중국 기업들은 이들의 세계 수입 점유율보다 더욱 높은 점유율을 확보하고 있습니다. (각각 15%, 14%)

05 　자금과 금리: 낮은 물가상승률로 인해 연방 준비 은행이 금리를 빠른 시일 내에 올릴 가능성이 낮아짐에 따라 미국 재무부가 발행한 장기 채권의 가치가 반등했다. 30년 만기 장기 채권의 이율이 6월 11일에는 18개월만의 최고치인 6.16%를 기록했다가, 6월 16일에는 6.08%로 하락했다. / 주식 시장: 월가는 짐짓 괜찮아 보이는 미국의 물가상승을 환영하고 있다. 다우 지수는 일주일 동안 6월 16일까지 순 0.9% 증가했다. 동경의 니케이 지수는 지난주 일본의 경제가 다시금 회복되고 있다는 뉴스 이후로 3.5% 상승했다.

06 　산업 생산량은 2월 마이너스 7.3%에서 3월 4.9%로 급상승했습니다. 한국 6개 주요 산업의 세계 시장 점유율은 2000년에 약간 감소했으나 2001년과 2002년엔 1999년 수준으로 회복되었습니다. 실업률은 2월에 4.3%로 정점을 찍었으며, 그 후 3월엔 4.1%로 떨어지기 시작했습니다. 2004년 1분기에는, GDP 성장률이 5.3%로 양호했습니다. 이는 2004년 2분기엔 5.5%로 증가했습니다. 이후, 이는 하락하기 시작해 3분기에는 4.7%로 감소했고, 4분기에는 3.3%로 더욱 하락했습니다. 경제 성장은 마침내 2005년 1분기에 2.7%까지 바닥을 쳤으며, 이후 2005년 2분기가 돼서야 2004년 4분기 수준인 3.3%로 회복되었습니다.

07 　다우 존스 지수가 경기 불황 전반에 걸쳐 오르락 내리락 하는 양상을 보임과 함께 한국 종합 주가 지수가 10,000에서 13,000 사이에서 변동을 거듭하고 있는 상황에도 불구하고, 주가 지수는 점차 회복되기 시작했습니다. 덧붙여 많은 경제 분야에서도 회복이 이루어지고 있습니다. 가격 변동 내의 이러한 변동 양상은 심히 숙고되어야 할 사안임이 분명하나, 우리의 수출액은 점차 회복되고 있습니다.

08 　사업 신뢰도: 던 앤 브래드스트리트의 최근 기업가 전망에 대한 분기 조사에 따르면, 전 세계적으로 악화된 사업 신뢰지수가 반전된 것으로 보인다. 전 세계 표본 조사에 따르면, 2분기에 매출이 상승할 것이라고 예측한 비율이 이것이 떨어질 것이라고 예측한 비율을 44% 초과한 것으로 나타났으며, 이는 1분기의 33%보다 높은 수준이다. 이것은 5분기 연속 하락 이후에 나온 상승이다. 네덜란드를 제외하고 표에 나타난 모든 국가에서, 낙관론의 비중이 상승하는 것으로 나타났으나 오직 일본에서만 비관론자의 숫자가 낙관론자의 숫자보다 많은 것으로 나타났다.

CHAPTER 07 동향 파악 및 전망, 예측

01 미국의 경제 활성은 일반 노동자들의 급여보다 회사 간부들의 지갑을 더 빠르게 살찌우고 있다. 미국 공장 노동자들은 2010년 이래 평균 28%의 임금 인상을 받았으며, 이는 단지 22.5%의 물가 상승률을 상회하는 수준일 뿐이다. 하지만 보고서에 따르면 최고위층 회사 간부들의 보수는 4배 이상 증가했다고 밝혀졌다. 보고서 작성자 중 한 사람인 앤더슨 씨는 "여기엔 큰 공정성 문제가 자리잡고 있다. 주요 뉴스들이 경제가 굉장히 잘 돌아가고 있다고 떠들고 있지만, 이로 인한 수익은 공평하게 분배되지 못하고 있다."고 말했다. "2000년대, 기업 간부들의 과잉 호사시대 10년"은 워싱턴 진보 정책 연구 단체와 공정 경제 연합, 경제 불평등을 집중 조명하는 데에 헌신하고 있는 보스턴 소재의 민중 단체들이 진행한 공동 프로젝트였다. 보고서 비평가는 보고서엔 가치가 변동될 수 있는 주식 인수권이 포함되어 있기 때문에 그 내용에 결함이 있다고 주장했다. 하지만 그 역시 보수엔 차이가 존재한다는 사실을 인정했다. 회사 간부 회원들의 지지를 받고 있는 뉴욕 소재의 연구 및 정보 교환 단체인 컨퍼런스 보드에서 기업 간부들의 보수를 전문적으로 연구하고 있는 펙 씨는 "분명히 최저 임금을 받는 사람들과 최고 임금을 받는 사람들 사이엔 큰 차이가 존재한다. 그리고 이에 대한 내 반응은 '그래서 뭐 어떻다는 것인가? 여긴 시장 중심 사회다'"라고 말했다. 보고서는 2016년도 동안 제조업 분야의 비관리직 노동자들의 임금을 추적한 노동부의 통계와 비즈니스 위크 매거진 및 민간 단체들이 조사한 회사 간부들이 받는 급여 동향 결과를 비교했다. 이 보고서에 따르면 근로자들의 평균 보수는 1990년 22,952달러에서 2010년 29,267달러로 증가했다. 한편, 제조업 및 기타 산업들을 포함한 국내 365개 대규모 상장 기업들의 최고 경영자 2명의 평균 보수는 1990년 180만 달러에서 2010년 1,060만 달러로 인상됐다. 이것은 482% 인상된 것과 같다. 간부들의 보수엔 일반 급여, 보너스, 그리고 최고 경영자 및 이들의 법정대리인들이 행사하는 주식 인수권의 가치까지 포함되어 있다.

02 통계자료는 지난 3년간 유기농 식품의 소비량이 극적으로 증가해 온 사실을 보여준다. 이것이 시사하는 바는 웰빙이라는 것이 점점 더 많은 소비자들에게 최우선 고려 사항 중 하나가 되고 있다는 사실이다. 이것은 우리가 어떤 종류의 식품을 개발하고 시장에 출시해야 하는지를 말해준다.

03 지난해, 당사 직원들은 구조조정안으로 인해 절반 가량으로 줄어들었습니다. 그 결과, 근무 시간은 늘어났고 업무 성과는 실망스러웠습니다. 하지만 우리는 해외 시장에서의 더딘 매출에 대해 걱정할 필요는 없습니다. 최후의 수단으로서, 우리는 여전히 매출 강세를 보이고 있는 국내 시장에 의존할 수 있습니다. 상황이 좋게 받쳐준다면, 우리는 일본 시장에서도 수익을 올릴 수 있습니다.

04 바쁜 일정에도 시간을 내주셔서 감사드립니다. 통계자료는 실질 임금이 연간 15%씩 인상하고 있음을 보여줍니다. 그러면 우리는 어떻게 매출액을 증대시킬 수 있을까요? 여기엔 우리의 목표, 임무, 재무 계획, 시장 분석 요약, 전략, 그리고 이행 요약, 위험 요소, 기타 등등과 같이 고려해야 할 많은 요소들이 있습니다. 하지만 그 답은 우리 제품의 유통 경로를 다양화하는 방법을 찾는 데에 있습니다. 그리고 그 후엔 누가 우리의 목표 고객이 될 것인지를 생각해봐야 합니다.

05 중국의 부상하는 통신 시장: 월요일에 발표된 보고서에 따르면, 세계 최대의 인구수를 자랑하는 국가가 빠르면 2015년 전 세계에서 가장 큰 인터넷 시장 중 하나가 될 것이라고 전망했다. 중국은 이미 아시아에서 가장 빠르게 성장하는 통신 시장이며, 덧붙여 중국의 인터넷 사용자 수는 금년 말까지 1998년보다 319퍼센트 증가된 670만 명에 달할 것으로 예상된다. 인터넷을 사용하기 시작한 중국의 PC 사용자 수는 작년과 거의 동일한 수준으로 증가되었다. 외국 기업들 또한 차이나 텔레콤이 지배하고 있는 이 시장에 진입할 방법을 모색 중이다. 지난주, 아메리카 온라인(AOL)은 중국 및 다른 아시아 지역에서 운영되고 있는 포털 사이트, 통신 서비스 회사인 차이나 닷컴의 주식을 10% 가량 매입한 상태다. 보고서는 중국 아이에스피(ISP) 시장이 2013년까지 80억 달러의 가치에 이르게 될 것이라고도 전망했다.

06 그래프에서 보실 수 있듯이, 소비자 가격은 2005년 2월 이후 꾸준히 하락하고 있습니다. 가격은 2월에 3.3%로 최고치를 기록했으며, 그 이후엔 떨어지기 시작했습니다. 가격은 3월에서 5월까지 3.1%로 안정화되었고, 그 후 6월에 2.7%로 하락했습니다. 7월엔 소비자 가격 인상 지수가 2.5%로 떨어졌습니다. 2006년 유가가 안정되고 물가 상승이 낮은 수준에 머무는 것을 봤을 때, 겨울 난방 시즌에도 불구하고 이후 몇 달 동안 소비자 가격이 더욱 떨어질 것을 기대해볼 수 있습니다.

07 물가지수 : 금값이 하락세를 지속할 것으로 보인다. 금값은 5월 이래 11%까지 떨어져 6월 10일엔 1온스당 257달러, 결국 20년 만에 최저가를 기록했다. 현재 서방 선진 7개국(G7) 재무 장관들은 310톤에 달하는 금을 매도하려는 국제 통화 기금(IMF)의 매도 계획을 승인했는데, 이는 빈곤 국가들의 채무 탕감을 위한 자금 조달을 목적으로 한 것이다. 금의 현재 시세를 기준으로, 러시아와 중국 이외의 나라에 있는 금광 4곳 중 1곳이 적자를 기록하고 있으며, 그 중 남아프리카의 금광이 가장 취약하다고 볼 수 있다. 남아프리카 중앙 은행은 국제 결제 은행의 정기 경매에서 금을 공식적으로 매도하는 것을 통해 시장을 안정화시키는 방안을 제안했다. 스위스는 향후 몇 년간 1,300톤에 달하는 금을 매도할 예정이며, 영국은 다음 달에 금을 저가로 판매할 계획을 가지고 있다.

CHAPTER 08 의견 제시 및 건의

01 제 요지는 바로 인력이 우리의 자산 중 하나라는 것입니다. 미래에 무슨 일이 생길지는 그 누구도 확실히 알지 못합니다. 우리는 할 수 있을 때 가장 최악의 상태에 대비해야 합니다. 우리가 다른 어려움에 직면했을 때, 우리 회사를 구할 이들은 바로 우리 관리자들일 것입니다. 저는 바로 지금이 우리 관리자들에게 합당한 보상을 해줘야 할 때라고 생각합니다. 어떻게 하면 될까요? 이들에게 스스로를 좀 더 발전시킬 수 있는 기회를 줄 수 있도록 해주십시오. 예를 들어, 이들이 원할 때 공부를 하러 해외로 나갈 수 있게 해주는 것입니다.

02 저는 자유 무역 협정(FTA)에 찬성하며, 저는 이것이 우리의 경제 성장에 매우 도움이 될 것이라 생각합니다. 한국 기업들에게 미국은 커다란 시장이며, 이러한 미국 시장에 우리가 상당히 많이 의존하고 있다는 사실을 부정할 수 있는 이는 아무도 없을 것입니다. 사실상, 저는 자유 시장 제도가 세계적인 추세이며, 따라서 우리에겐 다른 나라에 시장을 개방하는 것 외엔 선택의 여지가 없다고 봅니다. 우리는 또한 수출량을 신장시키고 해외 투자를 유치해야 할 필요가 있습니다. 더 나아가, 자유 무역 협정을 통해 자유민주적인 해외 투자 환경이 조성될 것이며, 이는 우리나라의 장기적인 경제 발전에 있어 원동력이 될 것입니다. 따라서 국가 경제 발전을 위해서는 고품질의 상품을 만들고 해외 시장으로 수출을 늘리는 것이 필수적입니다.

03 잠시 주제에서 벗어나, 대안을 생각해 봅시다. 구조조정 문제로 돌아가보면, 저는 우리에게 선택의 여지가 없다고 봅니다. 따라서, 우리는 조직의 규모를 축소해야 합니다. 이것은 우리가 다른 어떤 회사들보다도 더 높은 시장 점유율을 계속 유지해올 수 있었던 방법을 깨닫도록 해줄 것입니다. 그렇다면 우리는 어떻게 규모를 축소해야 할까요? 여기 우리가 해야 할 일들이 있습니다. 첫째로, 사업 구조를 재편성하는 것입니다. 두 번째로, 수익을 올리지 못하고 있는 해외 공장들을 폐쇄하는 것입니다. 마지막으로, 선임 직원들에게 조기 퇴직 선택을 권고하는 것입니다.

04 간단히 말해, 형편없는 고객 서비스는 매출 부진으로 이어집니다. 고객 없이는, 간단히 말해 우리는 존재할 수 없습니다. 하지만, 고객을 관리하는 것과 관련해 우리가 받은 평가는 그리 고무적이지 않습니다. 그럼 무엇이 문제일까요? 문제는 바로 우리 스스로 고객 관계가 우리 사업의 핵심이라는 것을 알고 있음에도 불구하고 고객을 성가신 존재로 여기는 경향이 있다는 것입니다. 그뿐만 아니라 지난달 불행한 사고가 하나 발생하고 말았습니다. 그것은 바로, 우리 고객 중 한 명이 돈을 환불해 달라는 자신의 지속적인 요청을 무시했다는 이유로 우리를 고소한 것입니다. 우리는 실수를 저질렀다면 그에 대한 대가를 지불해야 할 것입니다. 우리 모두 누구나 실수를 저지를 수 있다는 사실을 압니다. 하지만 우리가 하지 말아야 할 것은 똑같은 실수를 또다시 저지르는 것입니다. 저는 우리가 고객들을 친구나 가족과 같이 대한다면 고객 서비스를 향상시키고자 하는 우리의 목표를 반드시 이룰 수 있으리라 장담합니다.

05 최고 경영자(CEO)를 위한 자가 진단 테스트: 1. 당신의 업무 수행 능력 수준, 업무 수행 능력에 대한 신뢰도는 어느 정도인가? 당신은 (CEO로서) 반드시 사업 성과를 도출해내야 하며, 일반적인 4분기 사업 성과 예측 안을 수립하는 것 대신 향후 8분기까

지의 사업 성과 예측 안을 수립하지 못한다면 성과를 올리기 어려울 수도 있다. 당신은 지금 바로 향후 6~8분기까지 헤쳐나갈 수 있는, 변화를 위한 아이디어를 모색해야 한다. / 2. 당신은 업무 수행의 기본적인 요소에 초점을 맞추고 있는가? 당신은 회사 및 회사가 타깃으로 하고 있는 시장에 관한 정보 흐름에 스스로 연계되어 있다는 생각을 가져야 하며, 여기엔 고객 및 중요 실무를 담당하고 있는 직원들과의 주기적, 직접적인 상호 교류가 포함된다. 당신은 직속 부하 직원들의 주요 약속들을 모두 이행하고 있는가? 당신은 이러한 일들이 잘 진행되고 있는지 아닌지를 당신에게 말해주는 내부의 목소리에 귀를 기울이고 있는가? / 3. 좋지 않은 사안들이 주기적으로 당신에게 보고되고 있는가? 모든 회사, 심지어 가장 성공적으로 운영되고 있는 회사들조차 좋지 않은 사안들을 보통 많이 갖고 있기 마련이다. 만약 당신이 이에 대한 보고를 받고 있지 않다면, 혹 당신은 문제점이 더 커지도록 방치해두고 있는 것은 아닌가? 당신은 수집된 정보를 통해 당신의 경쟁자들을 심각하게 받아들이고 고민해야 한다. / 4. 당신 기업의 이사회는 그들이 해야 할 업무를 제대로 수행하고 있는가? 그들이 해야 할 업무란 바로 당신과 당신의 직속 부하들을 평가하고 시장 정보를 구하며 승계 계획을 요구하는 것 등의 업무를 말하며, 여기엔 전략 수립(당신(CEO)이 할 일을 수립하는 것)이나 경영 관리와 같은 업무는 포함되지 않는다. / 5. 당신의 팀은 불만을 가지고 있는가? 최 측근 부하 직원들이 CEO가 퇴진하기 전에 떠나기 시작하는 일이 잦지는 않은가.

06 제 생각에, 주 5일 근무제는 우리에게 많은 이익을 가져다 준다고 봅니다. 이는 근로자들이 휴식을 취하고 스스로를 재충전할 수 있게끔 해줍니다. 또한 이 제도 덕분에 근로자들이 생산성과 창의성을 높일 수 있기 때문에 고용주들에게도 이익이 됩니다. "일만 하고 놀지 않으면 우둔한 사람이 된다"라는 말이 있습니다. 우리는 책상에 앉아 시간만 채우는 것이 근로자들의 효율성과 생산성 정도를 나타낼 수 없다는 사실을 알아야 합니다. 저는 긴 근무 시간이 곧 회사에 굉장히 열심히 전념하고 헌신하는 걸 뜻한다고 생각하는 고용주들의 사고 방식을 바꿔야만 한다고 생각합니다. 주 5일 근무제엔 좀 더 많은 이점이 있습니다. 여러분은 주말을 활용해 자기 계발을 할 수 있습니다. 주말에 여러분이 배우고 싶은 것들을 배우고 취미 생활을 즐길 수 있습니다. 저는 또한 주 5일 근무제가 우리 경제에도 좋다고 생각합니다. 저는 신문에서 긴 주말은 지출을 촉진시키고, 따라서 서비스 사업과 관광 산업이 발전할 것이라는 기사를 읽었는데, 그 이유는 바로 주말에 좀 더 많은 사람들이 여행을 가게 되기 때문입니다. 하지만, 저는 사람들이 여가 시간을 더 많이 갖게 되면 더 게을러지게 되고, 좀 더 많은 휴가를 바라게 될 수도 있다는 점이 우려됩니다. 추가로 덧붙이자면, 차를 마시기 위한 휴식 시간 및 긴 시간이 소요되는 회의라는 명목 하에 꽤 많은 시간이 낭비되곤 합니다. 또한 주 5일 근무제는 회사에서 제 때 마무리되는 일의 양이 줄어드는 것으로 연결될지 모릅니다. 저는 이로 인해 회사가 사람들에게 더 줄어든 업무시간 대비 같은 급여를 지급해야 되기 때문에, 회사의 입장에서는 더 많은 돈이 들 수밖에 없을 거라고 봅니다. 이것은 결국 수익의 감소를 야기하고 회사 전체적으로 부정적인 영향을 미치게 될 것입니다.

CHAPTER 09 문의 답변

01 (1-1) 현금 결제 시 할인에 대한 귀하의 문의에 답하고자, 각 물품별로 당사가 제공하는 할인율을 나타내는 스프레드시트를 첨부해 드립니다. (1-2) 귀하의 요청에 대한 답으로서, 반도체 산업 관련 소식지 9월호 한 부를 첨부해 드리겠습니다. 첨부해 드린 내용이 도움이 되길 바랍니다.

02 (2-1) 귀하의 문의에 감사드리며, 당사의 온라인 프로그램 디지털 샘플을 기꺼이 첨부해 드리도록 하겠습니다. 당사의 오프라인 프로그램 샘플 교재는 수일 내에 포장되어 배송될 예정입니다. (2-2) 첨부해 드린 것은 요청하신 상품 목록입니다. 상품은 내일 택배 회사를 통해 발송될 예정입니다. 개별 소포로 동봉된 것은 요청하신 카펫 샘플입니다.

03 귀하께서 상가 투자에 대한 제 의견을 물으신 걸로 압니다. 제게 보내주신 정보를 바탕으로 볼 때, 투자 수익률 수치가 현실적으로 보여지는 편입니다. 하지만, 귀하께서 자금을 굴리시기 전 재무 회계사와 함께 귀하의 사업 계획을 상세히 논하는 게 좋을 걸로 생각됩니다.

04 이 서신은 제안하신 계약서의 제반 조건들을 저희 측에서 수락하기로 결정했음을 알리는 서신입니다. 하오니 정식으로 서명하신 계약서 2부를 저희 측에 가급적 빨리 보내주셨으면 합니다. 계약서 2부를 수령하는 즉시, 여기에 서명하여 귀사 측에서 보관하실 계약서 1부를 보내드리도록 하겠습니다. 본 계약을 완료함에 있어 많이 참고 기다려 주신 점에 다시 한 번 감사드리는 바입니다.

05 저희는 K 잡지 2월호에서 귀사의 상품에 대한 광고를 보았으며, 이에 가격 목록 및 보증 정보와 함께 귀사의 전 제품이 수록된 브로셔를 요청 드리는 바입니다. 저희는 한국에서 화학 재료를 제조하는 업체이며 새로운 공장에서 쓸 발전기 몇 대를 구매할 계획을 갖고 있습니다. 3월 말까지 결정을 해야 하는 관계로, 혹 요청 드린 브로셔를 3월 2일까지 보내줄 수 있으신지요? 귀사의 협조를 기대하며 이에 감사드립니다.

06 귀하의 12월 2일자 이메일과 관련해 당사의 종합 상품 카탈로그를 보내드릴 수 있게 되어 기쁘게 생각하며, 이는 PDF 형식으로 첨부했습니다. 카탈로그엔 가격, 배송, 그리고 보증 관련 정보가 포함되어 있습니다. 만약 문의사항이 더 있으시다면, 이에 기꺼이 개인적으로 답변해 드리도록 하겠습니다. 이와 함께 귀사의 첫 주문을 기대하는 바입니다. 또한 귀하께선 저희 웹페이지를 통해 특정 모델에 대한 좀 더 많은 정보를 찾아보실 수 있습니다. 프로젝트에 대한 귀하의 문의에 답하게 되어 기쁘게 생각합니다. 부디 첨부해 드린 자료가 도움이 되기를 바랍니다.

07 고급 인쇄 용지에 대한 귀하의 1월 1일자 문의에 매우 감사드립니다. 저희 제품은 모두 가장 높은 수준을 자랑하는 친환경 생산 방식을 통해 제작된 재활용 용지로 만들어졌습니다. 동봉된 것은 요청하신 타입의 인쇄 용지 샘플입니다. 저희 제품 가격은 공장 인도 조건을 바탕으로 산출됩니다. 5,000달러 이상의 주문에 대해선 7%의 할인을 제공해 드리고 있습니다. 배송은 주문 수령 즉시 약 1주일이 소요됩니다. 동봉해드린 샘플이 귀하의 요구에 부합하길 바라며 귀하로부터 곧 연락을 받게 되길 기대합니다.

08 (8-1) 만약 가능하다면, 저희는 다른 전시 부스들 사이에 위치해 있으되 직접적인 경쟁 업체 근처에 있지 않은 전시 부스를 확보했으면 합니다. 이와 같은 요청 사항이 충족될 수 있는지, 그리고 전시 부스는 가격이 얼마나 하는지 알려주시기 바랍니다. 귀하로부터 곧 연락을 받게 되길 기대합니다. (8-2) 귀사의 전시 부스는 귀사의 공개 행사장이나 다름 없습니다. 사람들이 귀사의 전시 부스에서 반드시 환영 받는 기분을 느낄 수 있도록 하셔야 합니다. 사람들이 들어오고 싶은 기분이 들 수 있도록 매력적인 안내 공간을 마련해 두십시오. 박람회장을 걸어 다니는 건 피곤한 일이기 때문에 사람들이 쉴 수 있는 편안한 좌석을 마련하는 것은 언제나 좋은 아이디어입니다. 근처 진열용 선반에 회사 인쇄물을 배치해 두고 커피나 음료를 제공하여 방문객들이 편안함을 느낄 수 있도록 해주십시오. 친절한 직원이 운영하는 안내 데스크와 사람들이 가져갈 수 있는 매력적인 경품은 방문객들에게 좋은 인상을 남길 것입니다. 마지막이지만 정말 중요한 것은, 작은 사무 공간은 언제나 유용하다는 것입니다. 중요한 방문객과의 대화를 위해 활용하거나, 혹은 직원들이 박람회의 북적거리는 분위기를 피해 잠시 휴식을 취할 수 있는 공간으로서 활용하십시오.

09 김 선생님, 잘 지내고 계시는지요? 저희 측에서 귀하의 최종 제안을 수락하기로 결정했음을 알리게 되어 매우 기쁘게 생각하며, 이에 따라 어제 귀하 측으로 계약서를 보내드렸으며, 보안을 유지하고자 일반 우편을 통해 발송했습니다. 수령하시는 대로 확인 이메일을 보내주시기 바라며, 사인을 하신 후엔 저희 측에 계약서를 다시 보내주시길 부탁드립니다. 또한 저희 회사의 신형 기기를 모두 수록한 최신 카탈로그를 PDF 파일로 첨부해 동봉해 드립니다. 제가 1월 1일부터 5일까지 사무실을 비우게 되므로 이점 유의해 주십시오. 긴급 사항 및 미해결 사안은 미스터 김에게 바로 전달 부탁드립니다. 다른 이메일들은 제가 도착하는 대로 답변해 드리겠습니다. 모든 일정 관리는 미스터 김을 통해 검토할 수 있도록 해주십시오.

10 (10-1) 귀사의 최신 타자기 카탈로그 1부와 가격 목록을 제게 보내주셨으면 합니다. 저는 특히 메모리 기능이 있는 전자 타자기 구입에 관심이 있습니다. 그럼 안녕히 계십시오. (10-2) 귀하의 2월 8일자 요청에 감사드립니다. 귀하께서 요청하신 타자기 카탈로그를 동봉해 드리게 되어 기쁘게 생각합니다. 카탈로그엔 다양한 제조사의 전자 타자기들의 세부 사항들이 수록되어 있습니다. 귀하께서 메모리 기능이 있는 기기를 언급하셨는데, 혹 전용 워드 프로세서를 고려해본 적이 있으신지요? 이에 대한 세부 사항들은 15-25 페이지에서 확인하실 수 있으며, 가격 목록을 보시면 좀 더 작은 모델의 가격들을 전자

타자기 모델의 가격들과 합리적으로 비교해 놓은 걸 확인해보실 수 있습니다. 카탈로그에 있는 모델의 사용 시범을 보고자 하신다면, 편하실 때에 저희 직원이 귀하를 방문할 수 있도록 준비시키겠습니다. 그럼 안녕히 계십시오.

CHAPTER 10 홍보 및 광고

01 맹그로브 리조트. 맹그로브 리조트에서 깨끗한 해변의 바다를 즐기세요. 리조트의 고급 객실, 식당, 그리고 스포츠 시설에서 5성급 대우를 즐기시기 바랍니다! 여러분 누구나 맹그로브의 다양한 관광 일정, 다이빙 여행 및 여가 활동들에 참여하실 수 있습니다. 맹그로브 리조트는 여러분이 사랑하는 이와 가족과 함께 휴양을 즐길 수 있는 최적의 장소입니다. 특별 판촉 행사로서, 7월 15일부터 8월 15일까지 성수기 요금에서 10%를 할인한 금액으로 휴양 패키지를 제공해 드립니다. 이 깜짝 놀랄만한 할인가로 여러분의 가족 및 친구들과 함께 해변을 즐길 수 있는 이 기회를 꼭 활용하시기 바랍니다. 주간 여행 패키지: 40달러 / 숙박 패키지: 130달러 / 모든 패키지에는 봉사료 및 해당 정부 세금이 포함되어 있습니다. *48시간 이상 머무시는 손님들께만 유효합니다.

02 Derma House. 여러분의 피부 문제를 해결하지 못하는 일반의약품에 수천 달러를 쓰고 계시나요? 만약 깨끗하고 어려 보이는 빛나는 피부를 갖길 원하신다면, Derma House를 찾아주시기 바랍니다. 저희는 여러분의 피부 타입에 맞는 동시에 여러분의 요구 사항을 세심하게 반영한 고객 맞춤형 피부 치료를 전문으로 하고 있습니다. 저희 피부과 전문의들은 최신 기기를 활용해 여드름, 피부 미백, 그리고 노화 방지 치료에 근거한 처방을 해 드리고 있습니다. Derma House가 여러분을 위해 해드릴 수 있는 것에 무엇이 있는지 한번 알아보시기 바랍니다. 5월 6일부터 5월 10까지 저희 병원 중 아무 곳이나 방문하셔서 무료 상담을 받으시고 20%로 할인된 가격에 일반 피부 치료를 받아보시기 바랍니다.

03 57개 국가에서 320개가 넘는 호텔과 리조트를 소유하고 있는 쉐라톤 호텔&리조트는 전 세계 스타우드 호텔&리조트 브랜드 중 최대 규모를 자랑하는 호텔&리조트입니다. 쉐라톤 호텔&리조트는 전 세계에서 가장 인기 있는 도시 및 리조트 밀집 지역에 위치하고 있습니다. 비즈니스 여행객들을 대상으로, 저희는 인체 공학적으로 설계된 의자, 풍부한 작업 환경 조명, 추가 전기 콘센트, 개인 맞춤화된 음성 메일, 그리고 복합 프린터/복사기/팩스 기기를 보유하고 있는 객실을 제공해 드립니다. 다른 혁신적인 서비스로는 업계에서 가장 융통성 있는 체크인/체크아웃 시스템 및 시차를 방지할 수 있는 생체 리듬 맞춤형 요리 등이 있습니다. 휴양 여행객들을 대상으로는, 피서객들에게 내 집처럼 편안한 장소를 제공하는 쉐라톤 호텔 및 리조트가 운영되고 있습니다.

04 가든 필즈. 가든 필즈에서 삶의 특별한 순간을 기념하시기 바랍니다. 가든 필즈의 고혹적인 정원 및 유럽풍 뜰과 함께, 여러분께선 여러분의 고객 및 손님들께 분명 특별한 경험이 될 수 있는 행사를 기획하실 수 있습니다. 격식 있는 정원 결혼 및 생일 파티 등을 기획하고 싶으실 경우, 저희가 여러분을 도와드릴 수 있습니다. 가든 필즈는 기념일, 기업 행사 및 기타 행사들을 위한 다양한 연회 장소를 보유하고 있습니다. 덧붙여, 저희는 다양한 행사의 대형 연회를 소화할 준비가 되어 있는 출장 음식 제휴 업체를 확보하고 있습니다. 저희는 테이블, 좌석, 그릇 세트, 그리고 꽃꽂이 장식 등을 제공해 드립니다. 만약 장식과 관련해 더 필요한 것이나 추가 요청 사항이 있으실 경우, 저희 측 전문 행사 기획자가 여러분의 요구 사항에 맞춰 완벽히 준비할 수 있도록 최선을 다할 것입니다! 오늘 바로 연락주시면 여러분의 삶 속 기념일을 멋지게 만들어 드리도록 하겠습니다!

05 올 봄, 저희가 저희만의 요가 의상 시리즈를 출시하게 되었습니다! 모든 의상은 중국, 태국, 그리고 이집트에서 공수한 고품질 재료들로 만들어졌습니다. 옷들은 스타일과 안락함을 추구하도록 디자인되었으며, 따라서 최상급 품질의 면, 나일론, 그리고 폴리에스테르 천에 수놓은 눈길을 끄는 선명한 무늬들을 기대하셔도 좋습니다. 저희는 또한 여러분께서 요가 연습 시 함께 사용하시는 아름다운 보석류부터 명상용 쿠션 및 타월, 그리고 장식된 요가 매트에 이르는 인도에서 공수한 다양한 소도구 및 액세서리를 보유하고 있습니다. 그러니 뭘 기다리고만 계시나요? 저희 카탈로그에서 이 모든 환상적인 제품들을 확인해보시고, 지금 바로 주문하시기 바랍니다!

06 복잡한가요? 그렇습니다 아름다운가요? 별로 그렇진 않습니다. 서울의 스카이라인은 콘크리트 고층 건물로 촘촘히 수 놓여 있습니다. 길거리는 교통으로 꽉 막혀 있지요. 하지만 도시의 선들이 점점 부드러워지고 있습니다. 서울은 국제 디자인 중심지로 변모하고 있는 중입니다. 지난해, 서울은 싱가폴과 두바이를 포함한 20명의 라이벌을 제치고, 10만 명 이상의 디자이너들을 대표하는 한 산업 단체에 의해 2010년 세계 디자인 수도로 명명되었습니다. 서울은 서울 시민들과 관광객들에게 좀 더 좋은 인상을 주고자 길거리와 공원들을 멋지게 단장하고 있으며, 세계적인 인기 건축가 자하 하디드 씨에게 9,800만 달러 규모의 동대문 디자인 파크 건설을 의뢰하여 대형 기념물 건립의 길을 트고 있습니다. 한국이 새로운 디자인을 추구하고 있는 것은 바로 한국인들이 독창적이기 때문이며, 전자 제품, 직물, 그리고 산업 제품 디자인에 있어 그만의 독창성을 입증하고 있는 한국은 현재 승승장구하고 있는 중입니다. 한국은 지금 세계 무대에서 경쟁하고 있습니다.

07 직장에서 한 주간 스트레스를 받은 후, 휴식과 재충전을 위해 온천에 들르는 것은 언제나 좋은 일입니다. 현재 3년 이상 동안, 저는 온천 치료를 통해 피로를 이겨내고 있습니다. 그 동안, 저는 제가 이용할 수 있는 가장 좋은 온천 서비스를 즐겨왔다고 생각했었으나, Red Sea Spa를 방문하고 이 칼럼을 쓰게 되면서 그러한 생각은 바뀌게 되었습니다. 도심지에 있는 이 최신식 온천은 수 치료법을 결합한 마사지 서비스를 제공합니다. Red Sea Spa는 물놀이 공원과 유사하며, 오직 수압만을 이용해 부드럽고, 적당한 강도의 마사지를 제공하는 10개의 수영장을 보유하고 있습니다. 이 시설 중 제가 가장 좋아하는 곳은 바로 물을 이용한 침 치료 요법이 가능한 수영장입니다. 이곳은 실제 침술에서 경험할 수 있는 것과 유사한 따끔따끔한 느낌을 주는 따뜻한 물을 내뿜습니다. 이 수영장은 근육통을 진정시키는 데 아주 탁월합니다. 온천은 또한 사우나 및 얼굴 마사지실과 같은 기본적인 온천 시설을 구비하고 있습니다. 또한 어린이들을 위한 풀장 및 미국, 이탈리아 음식을 제공하는 식당들도 보유하고 있습니다. 서비스와 관련해, 저는 이 온천이 손님들이 시설 방문을 제대로 즐길 수 있도록 친절하고도 협조적인 직원 유지에 힘쓰고 있다는 점을 꼭 말하고 싶습니다. 친구 및 가족과 함께 색다른 휴식을 체험하고 싶으시다면, Red Sea Spa를 방문해보시기 바랍니다. 여름 판촉행사로서, 온천은 성인 입장권 4매를 구매하는 분들께 무료 입장권 1매를 제공하고 있습니다. Red Sea Spa는 매일 오전 8시부터 오후 11시까지 영업합니다.

08 건강해지는 길. 경치 좋은 해밀튼 시 10번 고속도로에서 떨어진 곳에 편리하게 위치해 있는 메트로 스포츠 센터는 모든 연령대의 사람들을 위한 건강 프로그램을 제공합니다. 저희는 최신식 시설 및 뛰어난 실력을 지닌 신체 단련 트레이너, 스포츠 코치, 그리고 전문적인 영양사들을 보유하고 있습니다. 저희는 또한 회원들이 삶에서 가장 최상의 몸매를 가질 수 있도록 지원해주는 프로그램을 제공합니다. 이 프로그램은 바로 "Body Shape Up"입니다. 개인 트레이너의 도움과 함께 올바른 방법으로 몸매를 가꾸도록 해보세요. Body Shape Up은 체중 감량을 원하는 회원 분들께 적극 추천됩니다. 프로그램에 등록하시면 여러분의 요구 사항과 체형에 적합한 운동 일정을 짜드리게 됩니다. 스포츠 및 신체 단련 프로그램 수강을 통해 여러분의 운동 실력을 향상시키고 스트레스를 해소하도록 하십시오. 저희는 최근 일주일에 3번 배드민턴 수업과 수영 수업을 진행하고 있습니다. 또한 주말엔 에어로빅과 요가 수업을 진행하고 있습니다. 고객 서비스 데스크에 본 광고를 제시하시면 연간 회원권 구매에 있어 30% 할인을 받으실 수 있습니다. 좀 더 많은 정보를 얻고자 하시면, 222-5555를 통해 저희에게 연락주시면 됩니다. 또는 문의사항을 이메일 주소 ask@msc.com으로 보내셔도 됩니다.

09 직장에서 바쁜 하루를 보낸 후 먼지 한 톨 없는 집에 왔을 때의 편안함을 상상해 보십시오. 여러분의 집이 원룸이든 2층집이든, MJA Cleaning Service는 여러분을 위해 집을 깔끔하게 정돈해 드릴 수 있습니다. 여러분은 중요한 다른 일들을 하며 시간을 보내시고, 집안일에 대한 걱정은 저희에게 맡겨두시기 바랍니다. MJA는 지난 15년간 솔트 레이크 시티 지역에서 서비스를 제공해 왔으며, 일 처리의 효율성, 전문성, 그리고 속도에 있어 그 명성이 자자합니다. 저희는 매주, 그리고 격주로 청소, 창문 닦기, 카펫 세탁, 바닥 벗기기, 그리고 왁스를 칠하는 서비스를 제공합니다. 저희는 또한 가구 이동 및 파티 후 뒷정리까지 해드립니다. 덧붙여, 저희는 친환경적인 살림 재료 및 장비를 사용합니다. 저희 웹사이트를 방문하셔서 비용을 확인해 보시고, 저희 서비스를 이용하셨을 경우 절약되는 비용을 곰곰이 따져보시기 바랍니다. 저희는 저렴한 비용에 전문적인 양질의 청소 서비스를 제공합니다. 특가 판매의 일환으로, 격주로 제공되는 청소 서비스에서 카펫 세탁 비용을 50% 할인해 드리고자 합니다. 지금 바로 222-5555로 저희에게 연락주시면 저희 직원이 바로 여러분의 문 앞에 대기하고 있을 것입니다.

CHAPTER 11 기업 제휴 및 마케팅

01 저희는 한국 시장에 수입 세차 용품을 공급하는 것을 전문으로 하는 대형 유통 업체입니다. 저희는 귀사가 낸 광고를 보았으며, 이곳에 귀사의 제품을 유통하는 걸 고려해보고자 합니다. 저희 측에 귀사의 세차 용품 브로셔와 더불어 저희에게 도움이 될 만한 다른 자료들을 보내주실 수 있으신지요?

02 당사의 이름이 귀사에게 다소 생소하실 수도 있겠으나, 저희 회사는 주방 장비 제조에 있어 선두를 달리고 있는 기업입니다. 새로운 공급 회사로 이전하게 되면, 이 새로운 공급사로부터 확실한 이익이 보장되기 전까지 회사가 불안감을 느끼는 것은 지극히 당연할 일일 것입니다. 귀사께서 참고해 보실 수 있도록 저희 회사 및 제품 관련 브로셔를 첨부해 드리며, 귀사와 함께 거래할 수 있게 되기를 기대합니다.

03 마케팅엔 두 가지가 있습니다. 첫째로, 마케팅은 조직의 제품이나 서비스를 팔기 위한 전략 및 일련의 기술이라고 볼 수 있습니다. 여기엔 이러한 제품과 서비스를 구매할 대상을 선택하는 것이 포함됩니다. 두 번째로, 훨씬 중요한 마케팅 개념은, 바로 판매되는 대상의 실체를 향상시키고자 하는 힘입니다. 이것은 고객의 수요를 이해하고 현재 운용되는 것보다 보다 나은 새로운 해결책을 개발하는 것에 기반을 둡니다.

04 마케팅 이론가들은 "제품"이라는 용어에 매우 광범위한 의미를 부여하는 경향이 있으며, 이 용어를 수요나 욕구를 만족시켜줄 수 있는 그 무언가를 지칭할 때 사용합니다. 따라서 소매상들이 판매하는 실체가 있는 물건(유형의 제품)뿐만 아니라 서비스, 활동, 사람(정치인, 운동선수, 영화배우), 조직(병원, 대학, 정당), 그리고 아이디어들까지 제품으로서 생각될 수 있습니다. 유형의 제품들은 주로 고객 서비스, 배송, 신용 거래, 품질 보증, 제품 수리, 애프터서비스 및 기타 등등의 혜택으로 증가될 수 있습니다.

05 마케팅 개념 뒤에 있는 기본적인 생각, 즉 "당신이 만든 것을 팔기보다는 당신이 팔 수 있는 것을 만든다"라는 생각은 우리의 제품이 모두 저절로 팔릴 것이라는 걸 의미하는 것은 아니다. 심지어 수요를 명확하게 만족시키는 가격이 괜찮고 매력적인 제품들조차 이것이 겨냥하고 있는 고객들에게 일단 알려져야 한다. 일반적인 제품 수명 주기의 시작 및 성장 단계에 걸쳐, 생산자(혹은 수입하는 자)는 고객들(그리고 유통업자, 판매자, 그리고 소매상들)에게 제품의 존재, 이것의 특징, 이것의 이점, 기타 등등에 대해 알려줘야 한다. 미국 마케팅 전문가인 고딘 씨의 말에 따르면, 효과적인 마케팅은 고객과의 장기적인 관계를 발전시키는 것이며, 이것은 모든 종류의 관계에 있어서와 마찬가지로, 엄청나게 많은 노력을 필요로 한다. 하지만 이러한 노력을 기울일 때에, 인터넷은 직접적인 마케팅을 위한 매개체로서 엄청난 기회를 제공해준다. 고딘 씨는 인터넷이 마케팅 도구로서 활용될 수 있는 고유한 방식을 찾아내는 일을 하는 것으로 유명해진 사람이다.

06 모두들 새로운 광고 전략이 긍정적인 반응을 불러올 것이라 예상했습니다. 하지만 사실상, 이것은 이전과 마찬가지로 효과가 없는 것으로 드러났습니다. 회사에 있는 모든 이들은 우리가 아직도 시장에서 1인자라 믿고 싶어합니다. 하지만 사실, 현재 우리는 그 자리 근처에도 못 가고 있습니다. 4년 전, 우리는 세계 정상이었습니다. 하지만 오늘날, 우리는 원래 우리가 있었던 그 자리 근처에도 머물지 못하고 있습니다. 우리는 지난해 비용을 낮추기 위해 여러 가지 내규를 시행했었습니다. 그러나 그와 반대로, 비용은 다소 증가했으며 이것은 직원들이 새로운 내규에 익숙하지 못했던 것이 원인이었습니다. 비용은 운영 5년 차 기간 동안 꾸준히 상승했습니다. 그에 따라 저희 수익도 떨어졌습니다. 하지만, 우리는 열심히 일했습니다. 우리는 항상 고객들의 소리를 들으려 노력했습니다. 그 결과 우리는 고객들을 만족시키는 상품을 개발할 수 있었습니다. 그리고 지난 몇 년간 서비스를 향상시키기 위한 지속적인 노력이 있었습니다. 그 결과 고객 만족도는 높아졌습니다. 따라서 우리는 시장의 선두주자로서의 평판을 유지할 수 있었습니다. 모두들 불가능하다고 말했지만, 어쨌든 우린 해냈습니다. 좋은 평판을 얻는 데엔 수년의 시간이 걸리지만, 이를 잃는 것은 한순간이라는 것을 명심해야 합니다.

07 아벨 어소시에이츠 사는 (고객 관련)대내 홍보 및 (매체 홍보)외부 홍보를 전문으로 하고 있는 업체입니다. 저희는 귀사의 고객이나 대중들을 귀사의 고용인, 잠정적 고객, 그리고 실제 고객이라고 생각합니다. 소비자가 귀사에 대해 하는 말들,

그리고 귀사에 대해 생각하는 것들은 귀사의 생산성, 수익성, 그리고 전반적인 근무 환경에 직접적인 영향을 미칩니다. 저희는 전자, 인쇄, 그리고 쌍방향 매체를 통한 매체 홍보가 귀사의 고객들을 향해 귀사의 이미지를 구축 강화할 수 있도록 해주는 도구라고 생각합니다. 저희 회사는 당사의 고객들로 하여금 고객 만족, 인지도, 신용도를 높이고 궁극적으로는 제품과 서비스의 판매 증대까지 꾀할 수 있도록 도와 드립니다. 저희 고객은 소규모 기업부터 국제적인 기업체까지 다양합니다. 저희는 상업 및 주택 부동산 산업, 건축 및 건설 서비스업, 자동차 산업, 소매업, 첨단 기술 및 상호 매체 산업, 건강 관리 및 제약 회사, 스쿠버 다이빙 및 여행, 광고와 마케팅, 은행 및 금융 서비스업, 그리고 비영리 단체에 이르는 다양한 고객들과 일하고 있습니다.

CHAPTER 12 가격 협상

01 상품과 서비스의 품질에 있어 최대한 저렴한 가격을 추구하려는 사람들이 있습니다. 하지만 저는 저희 대다수가 품질과 서비스에 좀 더 많은 비용을 기꺼이 투자할 것이라 확신합니다. 그리고 업계에서 귀사의 평판은 귀사가 가격보다 품질과 서비스를 더 우선시하는 회사 중 하나라는 사실을 입증해주었습니다.

02 지난 2년 동안 당사가 가격 기반을 두고 있는 한국 원화의 급격한 가치 하락 및 치솟는 인건비의 증가로 인해, 당사는 이사회를 거쳐 가격을 10%까지 올릴 수밖에 없게 되었으며 이는 7월 1일부터 유효하게 됩니다. 귀사께선 당사가 지금까지 비용 절감 및 생산성 향상을 위한 지속적인 노력을 통해 매출 감소 및 가파르게 증가하는 임금을 감내해 왔다는 사실을 분명 인정하시리라 봅니다.

03 당사는 귀사의 가격이 현재 시장에서 활동하는 다른 회사들의 가격보다 훨씬 더 비싼 것으로 드러난 것에 크나큰 놀라움과 실망감을 감출 수 없습니다. 귀사에서 참고해보신 뒤 적절한 조치를 취하실 수 있도록 시중 일반 가격들을 비교 대조한 자료를 첨부해 드립니다. 이 사안에 즉각적인 관심을 가져주신다면 매우 감사드리겠습니다.

04 귀사께서 주지하신 바와 같이, 지난 2년간 전 산업 분야에 걸친 임금의 가파른 상승은 저희로 하여금 가격 구조를 조정할 수밖에 없도록 만들었습니다. 당사는 제안한 5% 인상분이 최근 원유가 및 인건비 상승으로 인해 초래된 당사의 원가 상승폭의 절반 가량에 불과한 수치임을 확실히 알려드리고자 합니다.

05 당사가 모든 가격을 산출하는 화폐 기준인 한국 원화의 급격한 가치 하락에 대해 귀사께서도 분명 알고 계시리라 봅니다. 미국 달러 대비 한국 원화 가치가 50% 하락한 것은 당사의 전체 비용이 30% 증가하는 결과를 야기했으며, 이는 당사가 내부적으로 감당하기 힘든 인상폭입니다. 결과적으로, 당사는 2016년 9월 1일부로 당사의 모든 가격을 15% 인상하기로 한 결정을 귀사께서 수락해주십사 부탁할 수밖에 없습니다. 이 요청 사항에 대해 귀사께서 심사숙고 해주신다면 매우 감사드리겠습니다.

06 당사의 가격에 추가 할인을 요청하신 귀사의 9월 20일자 (가격) 조정 제안은 잘 받아 보았습니다. 하지만 당사의 최초 제안 가격은 가능한 한 가장 낮은 가격으로 고품질의 제품을 귀사께 제공하고자 하는 저희 측의 부단한 노력이 반영된 것임을 이해해주셨으면 합니다. 그리고 저희 제품이 그 무엇에도 비교할 수 없는 품질을 자랑하며 시장에서 우세한 위치를 점유하고 있다는 사실 또한 귀사께서 고려해주시길 강력히 요청 드리는 바입니다. 그럼에도 불구하고, 당사의 제품을 구매하는 데에 예산이 제한되어 있어 가격이 여전히 귀사의 주요 관심사가 될 수밖에 없다면, 저희 측에서 대체할 만한 다른 모델을 제시해 드릴 수 있습니다.

07 저희 측의 제안이 모든 면에 있어 꽤 경쟁력이 있다고 자부합니다만, 귀사의 추가 할인 요청이 우선적으로 저희의 관심을 끌었습니다. 당사의 가격 구조를 최종적으로 살펴본 결과, 다행히도 서비스의 질을 조정할 필요 없이 귀사의 요청대로 3% 추가 할인을 해드릴 수 있는 여지를 찾았습니다만, 이는 이전에 합의된 2년 계약 대신 3년의 장기 계약을 근거로 했을 때 가능합니다. 당사는 이 기회를 통해 당사가 가장 좋은 가격에 최상의 품질을 소중한 고객들에게 제공하기 위해 끊임없는 노력을 기울이고 있음을 귀사께서 인지하고 이에 안심하셨으면 합니다.

08 불행히도, 당사는 제안하신 가격 인상을 받아들일 수가 없습니다. 물론 현재 가격이 미화 1달러당 원화 900원의 환율을 기준으로 산출되었으며, 현재는 환율이 1,500원 선에 머물고 있다는 사실을 알고 있습니다만, 귀사의 전체 비용에서 20퍼센트 미만을 차지하는 수입 원자재를 제외한 원가 구조의 대부분이 원화에 기반을 두고 있다는 점을 지적하고자 합니다. 따라서 가격 조정은 귀사의 전체 비용에서 달러 기준의 원가가 차지하는 비율에 따라 진행되어야 할 것입니다.

09 귀사의 요청 사항 및 음식 제품 카탈로그를 동봉한 4월 26일자 서신은 잘 받아 보았습니다. 또한 저희가 요청 드렸던 6개 인스턴트 수프 제품 샘플들을 보내주신 것에 감사드립니다. 보내주신 샘플을 테스트해본 결과, 제품들이 조리하기 쉽고 상당히 맛이 좋다는 것을 알게 되었습니다. 당사는 이 제품이 한국에서 굉장히 넓은 판로를 확보할 수 있으리라 자신합니다. 따라서 당사가 정기적으로 귀사에 주문을 넣고자 하니, 혹 저희가 주문할 시 15% 할인을 제공해주시는 걸 고려해볼 순 없으신지요? 할인을 고려해주신다는 서신을 받는 즉시 첫 주문을 넣도록 하겠습니다. 양사가 거래에 있어 합의점에 이르게 될 시, 저희 측에 주문 서식을 보내주신다면 매우 감사드리겠습니다. 조속한 시일 내에 귀사로부터 답장을 받게 되길 바랍니다.

10 11월 17일자로 보내드린 당사의 견적 서신에 대한 귀사의 회신에 감사드립니다. 귀사께서 명세서, 공급량 및 출하와 관련해 요청하신 내용들은 저희 측 입장에서 봤을 때 아무런 문제가 없습니다. 이 점에 대해서는 저희 측에서 언제라도 진행할 용의가 있습니다. 하지만 저희가 제시한 견적 가격은 고정적인 것으로서, 어느 시장에서나 균일하게 책정되는 가격임을 이해해주셨으면 합니다. 따라서 귀사가 요청하신 특별 가격 인하를 저희 입장으로서는 수용하는 것이 불가할 듯합니다. 빠른 시일 내에 정식 주문을 받고 귀하와 거래할 수 있게 되기를 기대합니다.

CHAPTER 13 대금 결제

01 귀하께 체불 금액 결제에 대한 요청을 이전에 2번이나 드렸음에도 불구하고, 송금이 이루어지지 않았습니다. 금일까지 대금 결제를 받지 못할 시, 당사는 법적 조치를 취할 수밖에 없는 상황입니다. 만일 이 서신의 내용과 다르게 이미 청구서 결제가 이루어졌을 경우, 본 독촉장을 무시해주시기 바랍니다.

02 귀하의 신용 거래 기록을 면밀히 검토한 결과 23,500달러가 25일간이나 입금 지연된 것으로 드러났습니다. 오늘 아침까지도 결제가 이루어지지 않은 것을 확인했으며, 이에 저희로서는 심히 염려스럽습니다. 귀사께 전액을 즉시 지불해주실 것을 강력히 요청 드리는 바입니다. 당사의 계산에 착오가 있다고 생각될 시, 저희 측에 알려주시기 바랍니다. 처음부터 끝까지 신용이 우선시되어야 합니다.

03 (3-1) 송장 원본은 2월 3일에 발송되었고, 지불 기한은 그로부터 30일 후 3월 3일에 만료되었습니다. 1차 독촉장은 4월 1일에 발송되었으며, 현재 청구서를 결제하기까지 열흘의 추가 기한이 남아 있는 상태입니다. 결제 일자는 현재 늦어도 5월 1일입니다. (3-2) 오늘 아침 귀사로 돈이 송금되었으며 그에 따라 대금이 최종 결제되었습니다. 다시 한 번 이 같은 어려운 상황으로 인해 지불이 연기된 점 진심으로 사과드립니다.

04 상기 송장 결제가 지연된 점에 진심으로 사과드립니다. 당사의 컴퓨터 시스템에 문제가 생겨 데이터에 접근할 수 없었으며, 그에 따라 결제를 해드릴 수 없었습니다. 그러니 지불 기간을 5일 더 연장해주실 것을 부탁드리는 바입니다. 향후에는 어떠한 문제도 발생하지 않도록 모든 노력을 기울이겠습니다.

05 상기 송장과 관련해 미리 회신 드리지 못한 점 대단히 죄송하게 생각하며, 저희 주요 고객 중 한 분이 저희 측 채무를 아직까지 변제하지 못한 관계로 현재 일시적인 현금 유동성 문제가 있는 상태입니다. 이 같은 이유로, 당사는 귀사께 송장 전액을 즉각적으로 지불하기 힘들 것으로 보입니다. 따라서, 대금을 3개월로 나눠 매달 5,000달러씩 분납 결제하는 것을 귀사께서 승인해주셨으면 합니다.

06 귀사께서 상기 송장을 제대로 확인하지 못하고 넘어간 것이 분명한 걸로 보입니다. 지불 조건에 명시된 바와 같이, 모든 송장은 물품 수령 즉시 28일 이내에 결제되어야 합니다. 현재 결제가 2주 이상 지연된 상태이며, 따라서 향후 며칠 이내로 미납된 요금을 지불해주신다면 매우 감사드리겠습니다. 또다시 이 같은 미지불 송장과 관련해 귀사께 연락을 드리게 되어 매우 유감입니다. 이번 주까지 귀사께 두 차례나 회신을 드린 상태고 저희는 이 문제를 해결해야 하며, 그 외엔 저희 측에서 추가 조치를 취할 수밖에 없을지도 모릅니다.

07 현재 비즈니스 용어에서, 고객 만족은 아무리 강조해도 지나치지 않습니다. 그리고 비즈니스 조직에서 고객 불만족을 처리하는 방식은 그 회사가 지속적으로 비즈니스를 할 자격이 있는지 여부를 결정하는 지표라 볼 수 있습니다. 저는 귀 항공사에 이번 여행 경비로 지불한 2,000달러를 즉각적으로 환불해주시길 강력히 요청 드리는 바입니다. 저는 귀사께 드린 제 환불 요청이 진지하고 시급한 사안으로서 다뤄지길 기대합니다. 이것은 협상 가능하지 않은, 타협의 여지가 없는 사안입니다.

08 최근 이곳의 경기 침체로 인해 당사의 시장 매출이 급격히 저하되고 있다는 것을 귀사께서도 분명 잘 아시리라 봅니다. 이러한 매출 감소는 대량의 재고를 발생시켰으며, 현재 이러한 재고 유지 비용은 당사의 재정에 매우 큰 짐이 되고 있습니다. 따라서 당사는 이 문제를 처리하는 것과 관련해 귀사께 협조를 요청 드리고자 이 서신을 씁니다. 구체적으로 말씀 드리면, 재고가 평상시 수준으로 조정될 수 있을 때까지 모든 결제의 어음 기간을 60일 더 연장해주실 것을 요청 드리고자 합니다. 재고 조정엔 그 사이 발생하는 매출에 따라 4개월에서 5개월 가량 소요될 것으로 보입니다. 이번 요청 사항에 대해 여느 때와 같이 신속하게, 그리고 긍정적으로 검토해주신다면 지금과 같은 시기에 큰 도움이 될 것입니다.

09 저희 측 기록상 파악된 귀사의 미지불 대금 8,950달러와 관련해 문의를 드렸었는데, 이에 즉각적인 조치를 취해주셔서 매우 감사드리는 바입니다. 이후 귀사께서 전해주신 정보에 근거해 한일 은행에 확인해본 결과, 대금이 약속된 일자인 7월 4일에 제대로 들어온 것을 확인했습니다. 은행 측의 실수로 인해 대금 결제 건이 당사에 보고되지 않았던 것으로 보입니다. 이번 일로 귀사께서 큰 불편함을 겪으셨겠지만, 상기 언급된 상황으로 인해 벌어진 실수임을 이해해주셨으면 합니다. 다시 한 번 귀사의 긍정적인 협조에 감사드립니다.

10 2016년 8월경 납부 예정이었던 당사의 구독료 8,500달러가 미지불 되었다는 귀사의 문의를 받고, 바로 즉시 저희 측 기록과 대조 확인해보았습니다. 저희 측 기록을 살펴본 결과, 8,500달러가 2016년 9월 1일경 은행 송금환으로 귀사의 뉴욕 케미컬 은행 계좌 #066011로 결제된 것을 확인했습니다. 이에 따라, 몇 주 전 저희는 귀사께서 보내신 두 번째 청구서를 이 같은 사실을 담은 서신과 함께 반송했습니다. 케미컬 은행에 좀 더 자세한 사항을 문의하시면, 귀사로 대금이 결제됐다는 사실을 확인하실 수 있을 겁니다. 이 사안과 관련해, 귀사께서 즉각적인 조치를 취해주시면 감사하겠습니다.

CHAPTER 14 선적 및 배송

01 귀하의 9월 25일자 주문에 매우 감사드립니다. 요청하신 대로 물품을 발송해 드렸습니다. 물품이 귀하께 무사하게 도착하길 바라며, 받아보신 물품에 만족하셨으면 합니다. 문의하실 사항이 있으실 경우 저희에게 알려주시기 바랍니다. 귀하께 바로 연락드리겠습니다. 하시는 일마다 번창하시길 바랍니다. 안녕히 계십시오.

02 (2-1) 귀하의 3월 20일자 주문이 일주일 지연될 예정임을 알려드리게 되어 매우 유감으로 생각합니다. 늦은 배송에 대한 저희의 진심 어린 사과를 부디 받아주셨으면 합니다. 화물 연대 소속 트럭 운전 기사들의 파업으로 인해, 최근 배송이 지연되고 있습니다. (2-2) 귀하께서 2월 2일자에 주문하신 물품을 요청하신 배송 일자에 맞춰 보내드리지 못하게 된 걸 알려드리게 되어 매우 유감으로 생각합니다. 늦어도 5월 15일까지는 귀사의 창고로 물품이 도착할 예정이니 안심하시기 바랍니다.

03 귀하로부터 반송된 화물을 추적하기 위해 많은 시간과 노력을 투자했으나, 현재까지 나온 것은 아무것도 없습니다. 반송된 화물을 저희 측에서 수령한 흔적이 없으므로, 분실된 물품이 다른 곳에서 나타날 가능성에 기대를 걸고 물품 추적을 다시 한 번 해보시길 귀하께 권하는 것 외엔 대안이 없습니다. 귀하께서도 잘 아시다시피, 전 세계에 걸쳐 저희가 발송하는 모든 화물엔 언제, 그리고 어디로 그 화물이 선적되었는지를 알려주는 전자 바코드가 부착되어 있습니다. 이 사안에 대한 귀하의 깊은 관심에 미리 앞서 감사드립니다.

04 귀하의 6월 6일자 팩스와 관련해, 상기 주문품이 아직 도착하지 않았다는 사실을 알게 됐으며 이에 매우 유감으로 생각합니다. 상자는 금일, 혹은 늦어도 내일 아침까지 배송될 것입니다. 배송 지연에 대한 저희의 진심 어린 사과를 부디 받아주시기 바랍니다. 이 같은 문제를 차치하고, 귀사와 앞으로도 성공적인 거래 관계를 유지해나갈 수 있게 되길 바랍니다.

05 귀사께서 배송 지연에 실망하신 것은 지극히 당연한 일입니다. 귀사에 이 같은 예기치 못한 불편함을 안겨드리게 되어 매우 죄송하게 생각합니다. 최근 트럭 운전사들의 파업으로 인해 저희 배송 업무 대부분에 지연이 발생하게 되었습니다. 저희는 현재 귀사의 주문품을 신속하게 배송할 수 있도록 조치 중이며 이번 주 말까진 컨테이너가 선적될 것으로 내다보고 있습니다. 당사는 귀하와의 거래를 매우 소중하게 생각하며 향후에도 귀사를 모실 수 있게 되길 진심으로 바랍니다.

06 물품 배송 지연에 대해 매우 죄송하게 생각합니다. 오늘 아침 전화로 설명 드린 바와 같이, 저희 사업 파트너 중 한 곳으로부터 자재가 늦게 배송되어 지연이 발생하였습니다. 확인해본 결과 귀사의 주문품이 이틀 전 발송되었다는 사실을 알려드리게 되어 매우 기쁩니다. 물류 업체에서 금일 이메일로 배송 통지서를 보내드릴 예정입니다. 이번에는 배송이 주말에 방해받지 않도록 철도편으로 탁송물을 보내드렸습니다. 컨테이너는 1월 1일 수요일에 그곳에 도착할 것입니다. 물품이 무사히 도착하길 바라며 다시 한 번 배송 지연에 사과드립니다.

07 당사는 저희 측이 잘못된 모델을 수령했다는 사실을 발견하게 되었습니다. 다음 달부터 한국 전역에 위치한 당사의 점포에서 펜을 판매할 계획 중이기 때문에, 본 사안은 저희에게 매우 심각한 문제라 볼 수 있습니다. 따라서 2월 1일까지 당사의 점포에서 펜을 판매할 수 있도록 항공 화물을 통해 펜을 보내주실 것을 요청 드리는 바입니다. 이것이 수용 가능한 해결책인지 여부를 부디 저희 측에 알려주시기 바랍니다.

08 주문 번호 333번 컨테이너가 아직 도착하지 못했다는 사실을 알려드리게 되어 매우 유감입니다. 주문한 컨테이너는 거의 2달 전쯤인 1월 1일에 발송되었고, 2월 1일까지 배송이 완료되기로 약속돼 있었습니다. 제품에 무슨 일이 발생한 건지, 그리고 저희가 언제쯤 배송물을 받아볼 수 있을지 가능한 한 빨리 알려줄 수 있으신지요? 아시다시피, 저희는 컨테이너를 수령하기 전까지 당사의 주문 사항들을 처리할 수가 없습니다. 저는 영업부가 1월 이후로 저희 측 배송을 기다리고 있는 신규 고객으로부터 항의를 받아오고 있다는 사실을 알게 되었습니다. 당사는 귀사와 6년이 넘는 기간 동안 거래를 해오고 있으며, 현재까지 불만을 제기할 그 어떤 이유도 없었습니다. 하지만, 현재의 배송 지연이 저희 측에 문제를 일으키고 있다는

점을 귀사께서도 인지하실 거라 봅니다. 부디 이 사안을 즉각적으로 파악하여 저희가 언제쯤 배송물을 받아볼 수 있을지 알려주시기 바랍니다. 저희는 해당 장비가 급하게 필요하기 때문에 만일 귀사께서 다음 주 안에 이를 배송하지 못하실 경우 저희로서는 다른 공급처를 찾아볼 수밖에 없습니다. 아시다시피, 이번 건은 시험 주문입니다. 따라서 이번 사안에 대한 귀사의 처리 과정이 향후 저희 측이 귀사에 추가 주문을 하게 될지 여부를 결정하는 요인이 된다는 것을 귀사께서도 아시리라 확신합니다.

09 귀사의 주문을 잘 접수했으며, 요구하신 모든 제품의 재고가 비축되어 있음을 확인해 드립니다. 귀사께 당사의 제품을 제공해 드릴 수 있게 되어 기쁘게 생각하며, 귀사께서 당사의 제품 품질에 만족하시리라 확실히 보장합니다. 신용장을 근거로 한 일람불 어음에 따른 귀사의 결제 방식은 저희 측에서 충분히 수용 가능합니다. 은행으로부터 귀사의 신용장을 수령하는 대로, 귀사의 주문을 이행하고 선적이 완료되는 즉시 선적 통지를 해드리도록 하겠습니다. 귀사의 금번 주문뿐만 아니라 향후 주문까지도 신속하게 처리할 것을 약속드립니다.

10 2016년 11월 15일경 접수한 귀하의 CNC 제어 다이싱 머신 2대의 주문에 매우 감사드립니다. 그러나 유감스럽게도, 저희가 제공하는 장비는 아직 귀하께서 요구하시는 사양 및 내성을 갖추고 있지 못합니다. 현재, 저희가 알기로는 귀하의 요구를 충족시켜 줄 수 있는 "수준"의 장비를 제조하고 있는 업체는 없습니다. 귀하께서 방문하고자 하시면 저희는 기꺼이 환영하며, 귀하께 도움이 되지 못하는 저희의 부족함에 매우 유감스러울 따름입니다. 만약 다른 방향으로 이 사안과 관련해 이야기를 진행하고자 하시면, 저희에게 연락주시기 바랍니다.

CHAPTER 15 제품 결함, 반품, 취소

01 유감스럽게도, 당사의 전자 제품 부서 내의 결정으로 인해 어쩔 수 없이 주문을 취소하게 되었습니다. 저희 이사님께서 추가 공지 전까지 노트북 컴퓨터 주문을 연기하라고 요청하셨는데, 제가 이미 주문을 넣어 버린 후에야 그 요청 사항을 인지하게 되었습니다. 혹 지금 바로 주문을 취소하는 게 가능한지 여부를 알려주셨으면 합니다. 최근의 경기 침체로 인해 당사의 주요 고객 대부분이 신규 구매를 미루기로 결정한 이상, 주문 취소는 불가피한 상황이 되었습니다.

02 제가 9월 3일 귀하의 가게에서 응용 소프트웨어를 구매했는데, 현재 이를 사용하는 데 문제가 좀 있습니다. 이 프로그램을 제 데스크 탑 컴퓨터엔 성공적으로 설치를 했는데, 제가 이 프로그램을 5분 이상 사용할 때마다 운영 시스템이 저절로 종료되고 다시 시작됩니다. 이 응용 프로그램을 2번째로 사용하려 시도했을 때에도 같은 문제가 발생했으며, 그 이후로 계속해서 이런 증상이 일어나고 있습니다. 그러니 보증 기간 90일 이전에 귀하께서 이 문제를 해결할 수 있도록 도와주신다면 매우 좋을 듯합니다. 감사 드리며, 귀하로부터 곧 연락이 오길 기대합니다.

03 답변에 감사드립니다. 터미널 항만 직원들이 손상 사실과 관련해 본인들이 이에 책임이 있음을 인정했으며, 원만한 해결을 바라고 있습니다. 혹 항만 직원들이 화물 인수자에게 직접 보상 금액을 지불할 의사가 있는지 여부를 확인해줄 수 있으신지요? 그들로부터 이에 대한 답을 듣게 되면 저희 측에서 인수 은행 계좌를 보내드리도록 하겠습니다. 귀하의 답변을 기다립니다.

04 당사가 귀사의 공장에 설치해드린 발전기가 제대로 작동하지 않는다는 내용의 6월 21일자 서신을 받아본 뒤 적잖이 당황스러웠습니다. 현재로서는 명확한 설명을 해드릴 수가 없으나, 저희 측에서 이 사안을 심각하게 조사 중이며 현장 조사 보고서가 준비되는 대로 귀사께 보고해 드리도록 하겠습니다. 그 사이, 저희는 저희 측 정비공을 통해 귀사께서 즉시 교체하실 수 있도록 새로운 발전기를 금일 발송해 드렸습니다.

05 귀사께 좀 더 일찍 회신해 드리지 못한 것에 진심으로 사과를 드리오니 부디 헤아려 주시기 바랍니다. 귀사의 공장 자동화 시스템의 문제 원인을 조사하는 데에 많은 시간이 소요되었습니다. 모든 시스템이 이제 완전히 정상화되었으며, 이젠 시스템이 완벽한 상태로 작동 가능하다는 사실을 귀사께 보장합니다. 이 사안과 관련해 인내심을 갖고 기다려 주셔서 감사드리오며, 저희가 도와드릴 사안이 더 있을 경우 서슴지 말고 언제든 저희에게 연락주시기 바랍니다.

06 첨부해주신 인천에서 옮겨 실은 차량 관련 피해 보고 통지서를 받아 보았습니다. 저희는 적재/해상 수송/하역 과정에서의 피해 사실을 보고받지 못했으며, 이에 저희는 하역 이후 화물 인수자에게 물건이 전달되기를 기다리는 시간 동안 피해 사실이 발행하지 않았을까 의심해봅니다. 부디 관련 기록을 확인해 보신 뒤 저희 측에 터미널에서 피해가 발생했을 가능성에 대해 알려주시기 바랍니다.

07 이 서신을 통해 한국에서 건너오던 차량 등록 번호 XXXXX번 트럭이 범퍼를 포함한 차량 앞부분, 그리고 객실 쪽이 문을 여는 데 문제가 있는 등의 손상을 입었음을 알려드리는 바입니다. 서신과 함께 인천항에서 발행한 항만 문서 및 물류 운송 직원이 촬영한 트럭의 상태를 담은 사진들을 첨부합니다. 제 피해 보고에 대한 신속한 답변을 기다리며, 가능한 가장 좋은 방법으로 이 문제가 해결되기를 바랍니다.

08 유감스럽게도 어쩔 수 없는 상황으로 인해 관광 버스 2대의 주문을 즉시 취소하고자 합니다. 이번 취소로 인해 귀하 및 귀사께서 겪게 될 불편함에 진심으로 사과드리오나, 이는 계약서 12조 (a)항에 명시된 대로, 이번 주문과 관련된 계약서 최소 규정에 준하는 것이라 확신합니다. 귀사께서 본 취소 통지를 받으셨다는 사실을 확인해주신다면 매우 감사하겠습니다.

09 상호 존중과 신뢰는 개인적으로나 공적으로 모든 관계에 있어 전제 조건이라 볼 수 있습니다. 당사가 귀사와 가진 1년여의 협상 기간은 양사가 신뢰와 존중을 바탕으로 한 탄탄한 사업 관계를 맺어 나갈 수 있는 가능성이 매우 희박하다는 것을 입증해 주었습니다. 따라서 유감스럽게도, 당사는 양사가 더 이상 시간과 돈을 낭비하지 않도록 협상 논의를 중단하고자 합니다.

10 이메일을 보내주셔서 감사드립니다. 저희 제품을 사용하는 데 있어 불편함을 겪으셨다니 이에 진심으로 사과드립니다. 지난 3개월 동안, 저희는 본 제품과 관련해 문제가 있다고 한 다른 고객들로부터도 문의를 받아왔으며, 이에 따라 저희는 일련의 테스트를 시행하기로 결정했습니다. 테스트 결과는 웹 브라우저가 페이지를 완벽하게 불러오지 못하는 것, 데이터베이스 관리자 실행 시 에러 메시지가 뜨는 것, 특정 파일들을 문서 관리자를 이용해 열지 못하는 것, 그리고 이미지 편집기가 약 5분간 작동된 뒤에 컴퓨터 시스템을 정지시키는 것 등등, 다양한 프로그램들에 있어 작동 불능을 야기한 결함이 있는 소스 코드를 보여주고 있습니다. 저희가 문제점을 해결했으니 안심하시길 바라며, 또한 귀하의 응용 프로그램을 교체해드릴 수 있게 되어 매우 기쁩니다. 저희 가게에 제품을 반품하실 때 공식 영수증을 가져오셔야 함을 잊지 마시기 바랍니다. 그리고 이번 일이 야기한 문제점들에 대한 보상 차원에서, 귀하께서 다음 번 구매 시에 사용하실 수 있는 출력 가능한 쿠폰을 첨부해 드립니다. (고객 서비스 팀)

CHAPTER 16 컴플레인 및 사과

01 시간을 내어 저희 항공편 KE017의 기내 서비스에 대한 귀하의 불만족 사항을 일러주셔서 감사하게 생각합니다. 2016년 4월 27일발 항공편 KE017에서 저희 승무원의 비난 받아 마땅한 실수로 빚어진 불쾌한 사건을 알게 되었으며, 이에 매우 부끄럽게 생각합니다. 비행 중 귀하께서 겪으신 불편함에 대해 진심 어린 사과를 드리오니, 부디 이를 받아주시기 바랍니다. 서신과 함께 동봉한 것은 저희의 사과 표시이자, 귀사가 승객 분들을 더욱 잘 모실 수 있도록 시간을 내어 저희를 도와주신 것에 대한 감사 표시입니다.

02 이 서신은 귀하께서 이중 청구 문제를 제기하신 2월 11일자 서신에 대한 답변입니다. 귀하께서 지적하셨다시피, 송장 #01807은 송장 #10732로 청구된 물품과 중복된 것이 맞습니다. 부디 송장 #01807은 무시해 주시옵고, 송장 #10732에 대한 대금만 결제해 주시기 바랍니다. 이 같은 사무 착오로 인해 발생한 불편에 깊은 사과를 드리오며, 이러한 실수가 다시는 발생하지 않도록 최선을 다하도록 하겠습니다. 귀하의 인내심과 협조에 감사의 말씀드립니다.

03 귀하께서 제공받으신 서비스에 실망하셨다는 점 충분히 이해합니다. 고객의 요구를 충족시키는 것이 당사의 최우선 사항이니 만큼, 해당 직원이 귀하를 돕는 것에 무관심해 보였다는 것은 사실상 용납할 수 없는 일입니다. 저희 측 예약 시스템으로 인해 야기된 불편함에 머리 숙여 사과드립니다. 배송과 관련된 문제점을 지적해 주신 것에도 감사함을 표합니다. 이 사안을 다음 운영 회의 때 상정해 관리자들과 이야기할 수 있도록 할 것이며, 이러한 행동이 다시금 발생하지 않도록 할 수 있는 확실한 방법을 논의할 것입니다. 다시 한 번 귀하의 피드백에 감사드립니다. 귀하께 벌어진 불편함에 대해 진심으로 유감스럽게 생각합니다.

04 저희 지점에서 받으신 서비스와 관련해 생긴 문제점에 대해 보내주신 귀하의 서신에 감사함을 표합니다. 귀하께서 겪으신 불편함에 대해 진심 어린 사과를 드리오니 부디 이를 받아주시길 바라며, 저희가 현재 이 사안을 심각하게 살피고 있음을 확실히 알아두셨으면 합니다. 귀하께서 말씀하신 유형의 무례한 행동은 드물긴 하나, 이는 저희 지점 내부적으로 더 나은 서비스 윤리 의식을 지닐 필요가 있음을 여실히 보여줍니다. 저희는 귀하와의 거래를 소중히 여기고 있으며, 그러한 귀하의 이메일에 감사함을 표하고자 귀하께서 선택 구매하실 수 있는 무료 커피 쿠폰을 첨부해 드립니다.

05 당사의 최근 실수에 대해 사과를 드리오며, 더 이상 문제가 발생하지 않도록 총력을 기울일 것을 약속드립니다. 다른 문제 사항들이 발생하게 될 경우, 제게 언제든 전화나 팩스로 연락주시기 바랍니다. 현재 저희의 관계 및 귀사와 앞으로도 오랫동안 함께 일을 하게 될 것을 비추어 봤을 때, 귀사와의 거래는 저희에게 매우 중요합니다. 그 무엇도 완벽한 것은 없으며 가장 진보된 기술조차 그저 완벽에 가깝기만 할 뿐입니다. 비록 그렇다 할지라도, 저희는 이 같은 실낱 같은 실패의 가능성마저 제거할 수 있도록 더욱 열심히 일할 것을 약속드리겠습니다.

06 (6-1) 세탁기 교체 요청을 지속적으로 했음에도 불구하고, 귀사는 당사의 서신에 회신을 하는 공손함조차 보이지 않고 현재까지 그 어떤 조치도 취하지 않고 있습니다. 오롯이 귀사로 인해 야기된 이러한 불편함 및 제 시간 낭비에 대한 보상으로서, 2,000달러를 환불해주실 것을 귀사께 강력히 요청 드리는 바입니다. 귀사께서 이 문제를 어떻게 해결하는가가 저희의 향후 관계에 지속적인 영향을 미칠 것이란 사실을 염두에 두시길 바랍니다. (6-2) 최근 귀사로부터 구매한 식기 세척기가 귀사의 정비공이 시운전을 마친 직후부터 제대로 작동하고 있지 않음을 귀사에게 다시금 알리게 되어 매우 유감으로 생각합니다. 저희는 해당 세척기를 귀사께서 즉시 새것으로 교체해주셨으면 하는 바램입니다.

07 귀하께서 저희로부터 구매하신 세탁기가 제대로 작동하고 있지 않다는 사실을 알게 되어 매우 놀랍고 당혹스러울 따름입니다. 저희 입장에서는 이 같은 일이 굉장히 드문 경우이며, 귀사께 이 같은 불편함과 손실을 야기시켜드린 것에 대해 진심 어린 사과를 표합니다. 말씀하신 세탁기를 즉시 새것으로 교체해 드리고, 귀하의 세부 명세서를 수령하는 즉시 적합한 보상을 제공해 드릴 것을 확실히 약속드립니다. 당사의 품질 보증 및 고객 서비스에 있어 발전할 수 있는 기회를 제공해주신 것에 다시 한 번 감사의 말씀 전합니다.

08 당사의 황금률은 모든 고객 분들을 모시는 것에 있어 동등한 존엄성과 존경심을 가지는 것을 철칙으로 합니다. 하지만, 귀하께서 저희 항공편 PA123의 기내 서비스에 실망하셨다는 사실을 접하게 되어 적잖이 당황한 상태입니다. 품질 보증을 통한 고객 만족은 저희 항공사의 최우선시되는 목표이자, 저희 모두 지금까지 이 같은 목표를 달성해온 것을 자랑스럽게 생각하고 있습니다. 하지만 유감스럽게도, 귀하께서 주장하신 식중독 관련 항의에 저희 모두 당황한 상태입니다. 이번 사안에 대한 저희 측의 꼼꼼한 조사 결과, 말씀하신 항공편에서 비행 중 귀하께서 드신 음식엔 식중독 가능성이 존재하지 않는 것으로 나타났습니다.

CHAPTER 17 감사 메세지

01 지난번 한국을 방문하는 동안 귀하께서 보여주셨던 따뜻한 환대에 제 감사한 마음을 표할 수 있게 되어 매우 기쁘게 생각합니다. 특히 귀하와 오찬을 갖는 동안 나눌 수 있었던 즐겁고 유익했던 대화는 정말이지 좋았습니다. 가까운 시일 내에 서울에서 귀하께 신세를 갚을 기회를 갖게 되길 바랍니다. 다시 한 번, 서울에서의 제 여정을 이렇듯 편안하고 즐겁게 만들고자 해주신 모든 것에 감사의 말씀드립니다. 귀하를 곧 다시 볼 수 있게 되길 기대합니다.

02 서울에서 돌아온 후 이 첫 기회를 빌어, 최근 귀사의 시설을 방문했을 때 저희에게 베풀어주셨던 공손한 대접과 도움에 진심 어린 감사를 표하고자 합니다. 저는 귀사께서 고객들의 피드백을 처리하는 방식에 매우 깊은 감명을 받았습니다. 다른 어떤 것보다 고객 만족을 우선 순위로 두는 귀사와 같은 회사들이 존재한다는 사실에 안도감을 느낍니다. 다시 한 번, 저희가 즐겁고 생산적인 보스턴 여행을 즐길 수 있도록 사려 깊게 준비해주신 것에 감사의 말씀을 전합니다.

03 오늘밤 집으로 떠나기에 앞서 저와 제 부인이 서울에서 기분 좋은 관광 일정을 누릴 수 있도록 귀하께서 시간과 노력을 들여 준비해주신 것에 대한 감사의 말씀을 다시 한 번 전달하고자 합니다. 조속한 시일 내에 한국에서 귀하의 공손한 대접에 화답할 수 있게 된다면 정말이지 크나큰 영광이 될 것입니다.

04 제가 최근에 떠난 아시아 크루즈 여행에서 매우 즐거운 시간을 보냈다는 사실을 귀하께서 아셨으면 합니다. 저는 빅토리아 크루즈 라인의 협조적이고도 사려 깊은 직원들에 매우 깊은 감명을 받았습니다. 특히, 저는 여행 두 번째 날 제가 잃어버렸던 지갑을 찾는 걸 도와주셨던 관광 가이드 중 한 분인 앤드류 허드슨 씨를 절대 잊을 수 없을 것입니다. 늦은 오후 배에서 산책을 끝마친 후, 저는 저녁 식사를 하러 플래버스 식당에 갔습니다. 식당에서 막 떠나려고 할 때, 저는 제 지갑이 없어진 걸 알게 되었습니다. 저는 제가 앉았던 테이블, 식당, 그리고 제가 갔었던 장소들을 모두 뒤졌지만, 결국 지갑을 찾을 수 없었습니다. 이때 허드슨 씨가 제가 무언가를 찾고 있는 걸 목격하곤 제게 다가와 저를 도와주었습니다. 그는 웨이터에게 이야기를 했고, 시설관리과 사람들에게 혹 제 지갑을 봤는지 물어보았습니다. 또한 그는 저와 함께 경비과로 가서 문제를 보고해주었습니다. 지갑은 그날 밤 발견되지 않았지만, 다음 날 허드슨 씨가 방에 있는 제게 전화해 객실 청소 매니저가 선박 내 화장실 중 한 곳에서 제 지갑을 발견했다는 사실을 말해주었습니다. 허드슨 씨의 끈질긴 노력이 없었다면, 저는 제 지갑을 결코 찾을 수 없었을 것입니다. 그는 진정 귀사의 자산이라고 볼 수 있습니다. 저는 귀하께서 직업에 대한 그의 헌신을 알아주시고, 그에게 이에 합당한 보상을 해주셨으면 하는 바램입니다. 이 같은 직원들과 서비스 덕분에, 저는 지금까지 귀사의 라인을 자주 이용해오고 있으며, 앞으로도 계속해서 이용할 생각입니다. 감사합니다.

CHAPTER 18 축하, 칭찬, 추천, 위로

01 귀사께서 어려움에 직면해 곧 문을 닫을 예정이라는 이야기를 들었습니다. 이렇듯 가장 힘든 시기에 있는 귀사의 옆에 저희의 마음과 기도가 함께하고 있음을 알아주셨으면 합니다. 시간을 두고 지켜보신다면 분명 모든 일이 잘 풀리게 될 것이라 확신합니다.

02 저희 회사에서 12년간 근무하는 동안, 그는 업무에 있어 최상의 능력을 보여주었습니다. 그는 창의적이었고, 매우 의욕적이었으며, 자신의 일에 매우 헌신적이었습니다. 저는 한치의 망설임도 없이 귀사에 그를 강력히 추천하고자 합니다. 그의 업무 실적은 모든 면에 있어 매우 뛰어났습니다. 그는 성실성과 강한 책임감으로, 회사 내 모든 직원들로부터 많이 존경 받았습니다. 저는 그가 분명 귀사의 자산이 될 것이라 확신합니다.

03   저희는 귀사께서 관심을 두고 있는 회사와 이들이 20년 전 창립된 이래로 지금까지 쭉 거래를 지속해오고 있습니다. 저희는 지금까지 수백 건에 달하는 이 회사의 주문을 처리해 왔으며 이들은 항상 정확히 자신들의 책무를 이행해 왔습니다. 세 협력 업체 모두 거래에 있어 매우 훌륭한 평가를 받고 있습니다. 저희는 주저 없이 이들을 유망 고객으로서 적극 추천 드리는 바입니다. 본 정보는 극비로 다뤄주시길 부탁드립니다. 본 내용이 발신됨에 있어 저희 측엔 어떠한 법적 책임도 없습니다.

04   많은 심사숙고 끝에, 저는 조기 퇴직을 하기로 결정을 내렸습니다. 대한 항공에서의 제 마지막 근무일은 2016년 3월 1일입니다. (= 제 퇴직은 3월 1일부터 유효합니다.) 귀사 및 이곳 직장 동료들과 함께했던 수년의 시간들은 많은 것을 배울 수 있는 유익한 시간이었으며, 제 향후 경력에 있어 매우 소중한 기억이 될 것입니다. 지난 20년간 기쁨과 아픔을 함께 나눴던 친구들을 남겨두고 떠난다는 사실이 제 결정을 더욱 가슴 아프게 만듭니다. 서로 연락하고 지내자는 약속들이 시간이 흘러감에 따라 퇴색될 거란 사실을 알기에 마음이 슬픕니다.

05   저는 귀하의 미래 사업 파트너로서 서울을 강력히 추천하는 바입니다. 귀하께서 한반도 중에서도 왜 이곳을 선택하셔야 하는지 제가 그 이유를 설명해 드리도록 하겠습니다. 귀하의 공장 부지를 선택함에 있어 이곳, 서울이 얼마나 중요한지는 아무리 강조해도 지나치지 않을 것입니다. 우선 지리적인 요소에 대해 말씀드리겠습니다. 서울은 경부 고속도로에 인접해 있으며, 이 도로를 이용하면 차를 타고 대전까지 1시간 내에 갈 수 있고, 용인에서 서울까지는 운전해서 고작 20분밖에 걸리지 않습니다. 덧붙여, 서울은 통신 및 교통 기반 시설이 잘 구축되어 있습니다. 그리고 귀하께서는 노동력 없이 사업을 꾸려나가실 수 없습니다. 여기 서울엔, 경험이 있고 제대로 교육 받은, 자격이 충분한 일꾼들이 많이 갖춰져 있습니다. 마지막으로, 세금 정책입니다. 무엇보다도 가장 중요한 것은 귀하께서 서울에서 사업을 시작하실 때 세금을 얼마나 절약할 수 있는지 여부입니다. 서울시의회는 이미 외국계 투자자들을 지원해줄 수 있는 다양한 법안들을 통과시켜 놓은 상태입니다.

CHAPTER 19 기업, 생산, 경영

01   제조업체들은 이들이 사용하는 모든 물품이나 부품, 그리고 모든 과정 및 서비스에 대해 "자가제조와 구입 의사결정"을 내려야 하는 상황에 직면한다. 이들은 이걸 스스로 만드는가? 아니면 외부 위탁을 주고 하청 업체로부터 구입하는가? 만약 회사가 다수의 하청 업체로부터 공급받은 제품을 조립하게 될 경우, 이들은 그들 스스로 얼마나 많은 물건들을 필요로 하는가라는 문제에 직면하게 된다.

02   절약 생산, 재고 없는 생산, 그리고 연속적 흐름의 생산이라 불리는 적시 생산의 경우, 생산이 필요하기 전까진 그 무엇도 구매하거나 생산하지 않는다. 생산 과정의 각 부서는 필요한 시기에 필요한 단위의 필요한 양만큼만 제품을 생산하며, 필요한 시기라 함은 생산 과정의 다음 단계에서, 혹은 유통업자나 고객에 의해 수요가 발생하는 경우를 말한다.

03   한 조직 내에서 일부 사람들은 그들을 도와주는 동료들이 있다. 예를 들어, 마케팅 부장의 보조 직원과 같은 것을 꼽을 수 있다. 이것은 직원이라는 직책으로 볼 수 있다. 이 같은 직책의 소유자는 지휘 권한이 없으며, 마케팅 부서의 2인자인 마케팅 대리가 지휘 계통으로 통합되는 것과 다르게 이들은 지휘 계통에 통합되지 못한다.

04   발표에 있어 정말 중요한 것은, 바로 발표가 대체적으로 짧고 간단명료해질 필요가 있다는 것입니다. 좋은 구성의 발표는 따라가기가 훨씬 수월합니다. 따라서 우리는 직원들에게 기본적인 발표 기술을 가르쳤으며, "제가 첫 번째로 말하고자 하는 것은 이것이며, 마지막으로는 …"과 같은 중요한 발표 문구를 일러주었습니다. 이것은 확실히 직원들로 하여금 좀 더 명확하게 자신의 메시지를 전달할 수 있도록 도와주었습니다.

05 육체 노동 및 서비스 산업 종사자들은 보통 이들을 위한 정당한 임금 및 합리적인 근무 조건을 보장하고자 하는 의도와 함께 노동조합을 결성합니다. 영국 노동조합은 직업별 조합으로 알려져 있는데, 이는 바로 독일에서와 같이 이들이 대체적으로 직업과 기술에 따라 조합을 결성하기 때문이며, 여기엔 기술자 노동조합, 전기기술자 노동조합, 철도기사 노동조합 등과 같은 것들이 있습니다. 프랑스와 이탈리아를 포함한 다른 나라에선, 노동조합은 대체로 정치적이며 각기 다른 산업 분야의 근로자들은 특정한 정치적 입장을 바탕으로 노동조합에 가입합니다.

06 대부분의 조직들은 위계 구조, 혹은 피라미드 구조를 띠고 있으며, 이 구조에선 최상위에 한 사람이나 한 그룹이 위치해 있고, 그 밑으로는 연속적인 지위를 따라 점차 증가하는 숫자의 사람들이 존재합니다. 여기엔 이 피라미드 구조가 운영되는 명확한 명령 노선, 혹은 명령 계통이 존재합니다. 조직 내의 모든 사람들은 이들이 어떠한 결정을 내릴 수 있는지, 이들의 (보고를 드려야만 하는) 상급자(혹은 상사)가 누구인지, 그리고 이들의 (지시를 내릴 수 있는) 직속 부하가 누구인지 모두 인지하고 있습니다.

07 오늘날 성공적으로 잘 운영되고 있는 기업을 보면 여러분 모두 혁신과 비용 관리에서 그 핵심을 찾게 될 것입니다. 투자가 이루어지는 프로젝트는 바로 새로운 고객들을 끌어모으거나 새로운 시장에 진입할 수 있는 사업, 혹은 수입 및 수익 성장에 있어 고효율을 기대해볼 수 있는 사업에 기회를 제공하는 프로젝트입니다. 정보 통신 기술(IT)은 이러한 사업 및 프로젝트에 있어 점점 더 중요한 기능 및 핵심적인 역할을 수행하고 있습니다. 따라서, 효과 및 효율성을 보다 높이기 위해 IT 조직에 비용 절감 조치라는 압박이 점점 더 많이 가해지는 것은 결코 놀랄 만한 일이 아닙니다. 많은 조직들에 있어, 이러한 조치는 혁신 및 대부분의 IT 민첩성이 예산 제약 및 비용 관리라는 측면과 대치 상태를 이루게 하는 역설을 낳습니다. 가트너 연구는 IT 예산에 있어 성장이나 변화가 필요함에도 불구하고 반영되지 않고 있는 현 상황이 사업이 제대로 계획되어 이루어지지 않고 있는 현실, 또는 IT 조직들이 관리하지 않는 다른 기관, 즉 외주 업체와 같은 곳으로부터 IT 지원을 받는 방법을 찾고 있는 현실을 그대로 보여준다고 말합니다. 이 같은 상황은 IT 조직이 전략적 기능 단체라기보다 비용 관리 중점 센터로 여겨지고 있다는 사실을 보여주며, 또한 이들이 경쟁적 열외에 놓여 있음을 확연히 드러내고 있습니다. 가트너는 또한, 조직들이 자신들이 생각하기에 정말로 사업적 가치가 있다고 여겨지는 분야의 활동을 성장시키고 변모시키는 데에 돈을 투자하고자 IT 예산을 더 많이 풀어놓고 있으며, 이를 통해 사업 운영 비용을 절감할 방법을 끊임없이 모색하고 있다고 말합니다.

08 혁신의 영향력에 대한 관점을 키우고자, 고객 중심, 효율성 중심, 기계 공학 기반, 그리고 과학 기반의 4가지 혁신 유형을 알아보도록 하겠습니다. 우리는 이러한 유형 기반 분석이 국가적 차원의 지표보다 좀 더 미묘한 차이로 혁신의 모습을 그려낼 수 있다고 생각하며, 기업의 전략 및 공공 정책을 확립하는 데 있어 좀 더 유용한 통찰력을 제공한다고 확신합니다. 우리는 이러한 유형들을 통해 산업 분야에서의 혁신 성공 모형을 알아낼 수 있으며, 이는 기업들이 달성한 국제 매출 및 수익, 그리고 국제 수출 점유율과 같은 지표들을 통해 측정됩니다. 이 같은 4가지 유형으로 나뉘어지는 산업들을 각기 매우 다른 방법으로 혁신됩니다. 가전제품 및 스마트폰 제조, 그리고 인터넷 서비스는 고객 중심 유형으로 분류됩니다. 이러한 사업에 있어, 혁신은 고객의 수요를 파악하고 처리하는 것을 통해 신규 상품과 서비스 및 사업 모델을 개발하고, 그 후엔 시장 피드백을 활용하여 지속적인 변경 및 업데이트를 실행하는 것을 수반합니다. 효율성 중심 혁신은 생산 및 제품 디자인, 그리고 공급망 관리 과정을 향상시켜 비용을 절감하고 시장 출시 기간을 단축하는 것을 수반합니다. 자동차, 항공우주 산업과 같은 기계 공학 기반 산업과 같은 경우, 기업은 축적된 노하우를 활용하고 공급업체 및 협력업체로부터 나온 기술들을 기술자에게 통합시킴으로써 기계 공학적 문제점들을 해결하고 이를 통해 혁신을 이루며, 자동차 연비 절약과 같은 것이 그 예라고 볼 수 있습니다. 과학 기반 혁신은 새로운 것을 발견해내고, 이를 신약 및 반도체 디자인과 같은 제품으로서 변모시키는 것을 말합니다.

09 어떻게 하면 멋진 발표를 진행할 수 있을까요? 왜 사람들은 발표에 참석하는 것일까요? 그리고 무엇이 성공적인 발표를 만들 수 있을까요? 발표에서 가장 중요한 부분은 도입부이기 때문에, 흥미로운 내용으로 발표를 시작해야 합니다. 청중들은 여러분의 의상, 그리고 여러분이 방으로 걸어 들어오는 모양새만 보고도 여러분이 입을 열기도 전에 여러분에 대한 판단을 내려 버립니다. 긴장이 되는 것은 당연합니다. 심지어 경험 있는 발표자들도 시작하기 전까지 다소 긴장감을 느낍니다. 가능하다면, 청중들이 도착했을 때 그들을 반갑게 맞이하고 이야기를 나누시기 바랍니다. 모르는 사람에게 말하는 것보다 여러분이 "아는" 사람에게 발표를 진행하는 것이 훨씬 수월합니다. 발표를 시작하자마자 청중과 친분을 형성하시기 바랍니다.

청중 한 명 한 명과 눈을 마주치는 것이 좋습니다. 차례대로 돌아가며 모두를 쳐다보게 되면, 청중들은 여러분이 자신에게 직접 이야기하고 있다고 느낄 것입니다. 청중에게 질문에 대한 답을 즉각적으로 요구함으로써, 여러분이 이야기하고 있는 사람과 관계를 형성하시기 바랍니다. 여러분의 청중은 여러분이 무엇에 대해 말하지, 혹은 발표의 목적이 무엇인지 알고 싶어 한다는 사실을 잊지 마십시오. 여러분의 발표가 어떤 구성으로 진행될지 청중에게 말씀해 주십시오. 한 번 발표를 시작하게 되면, 청중들이 논리적인 흐름으로 발표를 따라올 수 있도록 이끌어 주십시오. 다음 요점으로 넘어갈 때엔 항상 명확한 사인을 활용하십시오. 구두로 하는 설명보다 사진이 훨씬 효과적임을 기억해두시고, 적절한 때에 사진이나 그림을 활용하십시오. 가르치려는 듯한 어투를 배제하고, 가능한 한 간단명료한 문장을 사용하도록 하십시오. 발표 마지막 즈음엔, 여러분이 했던 말을 청중들이 기억할 수 있도록 메시지를 간단히 요약하는 것이 매우 중요합니다. 만약 삽화를 이용했을 경우, 이를 유인물로 나눠주시기 바랍니다. 그리고 청중들로 하여금, 이들이 바로 활용해볼 수 있는 유용한 정보를 들었다고 생각할 수 있도록 확신을 주셔야 합니다.

10 당신이 고용주이든 회사에 고용이 된 사람이든, 무력감, 그리고 마감일이 지나가고 일이 쌓였을 때의 스트레스와 같은 감정들을 전에 경험해봤을 것입니다. 여러 가지 이유로, 이것은 희망이 없는 전투처럼 여겨지곤 합니다. 어찌됐든, 하루에 많은 시간들이 존재합니다. 다행히도, 여기 여러분의 시간을 최대한 많이 활용할 수 있는 방법이 있습니다. 시간을 잘 관리하고 좀 더 효율적이 될 수 있는 방법을 습득한 성공적인 경영자들의 팁을 알려드리겠습니다. 1. 미리 계획하라. 시간 관리는 시간을 관리하는 것이라기보다 활동을 관리하는 것입니다. "해야 할 일들"을 하루의 특정한 시간대, 한 주의 특정한 날짜, 한 해의 특정한 달에 배정하도록 하십시오. 덧붙여, 각각의 업무나 프로젝트에 마감기한을 배정하고, 이를 항상 제 때에 마무리할 수 있도록 마감기한을 실질적인 마감 일자보다 최소 이틀 정도 앞당겨 배정하도록 하십시오. / 2. 일의 우선 순위를 정하라. 가장 중요한 업무와 프로젝트를 아침 일찍 마무리하여 나중에 일에 치이지 않을 수 있도록 하십시오. 그렇지 않으면 다른 책무 및 책임을 져야 할 일들이 하루 중 너무 자주 발생해 여러분의 귀중한 시간을 빼앗아 가게 됩니다. / 3. 창의적이 되어라. 여러분이 일정에 제대로 포함시키지 못했던 일들을 기록하거나 아이디어를 적어 놓을 수 있도록 항상 여러분 가까이 노트를 두도록 하십시오. 그렇지 않으면, 여러분이 직면하고 있는 업무에 집중하는 것이 매우 어려워지게 됩니다. / 4. 모든 것을 제자리에 두도록 하라. 집에서, 차에서, 특히 직장에서, 정리정돈된 환경을 유지하여 집중에 방해가 되는 것들을 최소화하도록 하십시오. 자주 사용하는 물건은 손이 잘 닿는 곳에 두고, 그 외 나머지 것들은 서랍이나 수납장에 보관하시기 바랍니다. / 5. 자신에게 보상하라. 스스로에게 업무를 완료할 수 있는 동기부여를 제공하고자 자신이 이룬 주요 업적에 대해 보상하도록 하십시오. 완료된 업무의 성격에 따라, 나에 대한 보상은 스스로에게 여가 활동을 즐길 수 있는 시간을 내주는 것과 같이 간단한 보상이 될 수도 있습니다.

CHAPTER 20 기업가 및 근로자

01 생산성 하락은 근로자들이 일자리를 잃게 만들고, 돈의 가치나 구매력 하락을 야기합니다. 기업들은 경쟁이 더 어려워지고, 일부 기업들은 문을 닫을 수밖에 없을지 모릅니다. 많은 근로자들이 일자리를 잃게 되어 사회는 고통 받습니다. 또한, 재화와 서비스의 생산량이 줄어듭니다. 바로 여기, 근로자로서 생산성을 신장시킬 수 있는 몇 가지 팁이 있습니다. 보다 창의적으로 일을 하시기 바랍니다. 업무를 수행할 수 있는 더 나은 방법을 찾으십시오. 만약 이러한 새로운 방식이 시간과 자원을 절약해주는 것으로 판단되면, 당신의 고용주에게 이를 말해주시기 바랍니다. 새로운 기술에 적응하십시오. 여러분은 새로운 기술을 습득해 오래된 기술을 활용할 새로운 방식을 찾아낼 수 있습니다. 많은 기업들이 새로운 방식을 개발하고 새로운 기술을 습득하는 근로자들에게 보너스를 지급하고 있습니다. 생산성 유지엔 돈이 듭니다. 특히 이것이 새로운 기술에 기반을 두고 있을 경우 더 그러합니다. 장기적으로 볼 때, 새로운 장비는 작업 효율성을 상승시켜 장비 마련에 든 비용을 회수할 수 있긴 하지만, 결국 새로운 장비엔 돈이 들기 마련입니다. 일부 근로자들은 새로운 기술엔 인간의 희생이 따른다고 믿습니다. 이들은 한 때 근로자들이 하던 일을 기계들이 수행한다고 보지만, 새로운 기계는 일자리를 창출하기도 합니다. 기계를 설치하고, 이를 조작하며 고치기 위해선 근로자들이 필요합니다. 새로운 기술은 근로자들에게 또 하나의 기회가 될 수 있습니다. 이들은 새로운 기술을 배워 새로운 방식으로 이들의 오래된 기술을 활용할 수 있습니다.

02 숨가쁜 변화와 인터넷 사업으로 벼락부자가 된 많은 기업가들이, 현재 오랫동안 성공적으로 유지되어 오던 기술 및 사업 모델을 전복시키려는 위협을 가하고 있습니다. 여기엔 두 가지 선택 방안이 있습니다. 하나는 직감에 따라 아직까지는 수익 창출이 가능한 이러한 기술과 사업 모델을 지키는 것입니다. 또 다른 하나는 귀사가 설립 기반을 두고 있는 매출원을 약화시킨다 할지라도, 우선적으로 이러한 기술과 사업 모델을 귀사 스스로 전복시키는 것입니다. 이것은 아주 골치 아픈 딜레마입니다만, 미국 경제계의 결론은 꽤나 단순합니다. 오늘날 스스로 매출 감소를 감내하는 방법을 배운 기업들이, 바로 내일의 비즈니스 밀림 지대를 지배하게 될 거란 사실입니다.

03 (3-1) 당신은 성공적인 매니저가 어떠한 자질을 갖추고 있어야 된다고 보나요? 매니저는 일을 처리하는 방법을 알아야 하며, 매니저는 사람을 다루는 기술을 갖추고 있어야 합니다. 핵심적인 자질은 바로 리더십입니다. 또한, 매니저는 다른 이들이 따를 수 있는 긍정적인 역할 모델이 되어야 합니다. 진정한 리더에게 있어 가장 많이 요구되는 자질은 바로 다른 이들을 고무시켜 그들의 능력을 최고치로 이끌어 낼 수 있도록 해주는 것입니다. (3-2) 저의 최대 강점은 사람을 다루는 능력 및 사람들을 이해하고 그들과 함께 일하는 능력, 그리고 뛰어난 영어 실력이라고 볼 수 있습니다. 저는 관리자, 혹은 팀장의 직책을 맡아 누군가를 징계해본 경험이 없습니다. 대신, 저는 팀원을 다른 곳으로 데려가, 팀의 목표 달성에 있어 그녀의 업무가 맡고 있는 역할의 중요성을 강조하고, 이를 통해 그녀가 자신이 맡은 역할을 제대로 수행할 필요가 있음을 함께 논의했습니다.

04 영어 및 기타 외국어의 유창한 실력은, 경력 신장을 지향하는 중국인 전문직 종사자들에게 있어 핵심적 필요조건이 되었다. 국내에서 운영되고 있는 외국계 기업의 증가 및 구직 시장에서의 가혹한 경쟁을 놓고 봤을 때, 다국어를 구사하는 사람들은 눈에 띄는 이점을 가진 것으로 파악된다. 이러한 경향은 언어학자인 케니 메이어 씨로 하여금 시민들의 능력 향상을 돕기 위해 어학원이 설립될 필요가 있음을 깨닫게 해주었다. 메이어 씨는 인터뷰에서 "인상적인 외국어 실력이 기업 세계에서 매우 중요해진 관계로, 저는 언어 능력을 향상시키고자 하는 이들을 위한 교육기관을 설립하기로 결정했습니다."라고 말했다. 메이어 씨는 금요일 콜린스 타워에 Fluency Masters Academy를 개원하였다. 학원에서 제공되는 모든 프로그램은 초급자와 외국어를 공부해본 적이 없는 학생들에게 맞춰 고안되었다. 현재 이용 가능한 과정으로는 영어, 일본어, 그리고 프랑스어 과정이 있다. 각 언어별로 원어민들이 평일 밤 수업을 진행할 예정이다. 메이어 씨는 본 어학원이 전문직 종사자들로 하여금 해외로 나갈 필요 없이 공부할 수 있도록 도와줄 것이라 믿고 있다. 메이어 씨는 "이 학원을 통해, 많은 전문직 종사자들이 더 이상 다른 나라에서 공부할 필요가 없게 될 것이며, 만약 올해 모든 일이 순조롭게 진행될 경우, 저는 스페인어 및 기타 유럽권 국가 언어 과정을 제공하는 걸 고려해보려고 합니다."라고 말했다.

05 근로자들에게 좋은 대우를 해준다는 것은 특별히 새로울 것 없는 사실이다. 이윤에 앞서 사람을 먼저 생각하자는 사고는 현재 널리 퍼져 있는 개념이다. 비즈니스 잡지인 포춘은 미국 대기업의 절반 가량이 자율 관리 팀을 시험 운영 중인 것으로 추정하고 있다. 첨단 기술 관련 신생 기업들조차 보기 드문 재능을 가진 사람들을 채용하고 확보하기 위해 근로자들에게 직업 안정성을 보장하고 있다. 만약 사람들에게 좋은 대우를 해주는 것이 성공의 비결이라면, 왜 모두들 이 같이 하고 있지 않은 것인가? 어찌됐든, 대부분의 상관들은 다른 조건들이 동등할 경우, 이들은 자신들의 근로자들을 위해 급여, 비금전적 혜택, 그리고 교육과 같은 것에 돈을 집중 투자하여 동지를 얻는 것을 선호한다. 한 가지 문제는 바로 기득권을 가진 많은 사람들이 이러한 변화를 거부한다는 것이다. 더 심각한 문제는 좋은 대우를 해준다는 것이 생각보다 훨씬 힘들다는 것이다. 유연한 생산 방식은 관리하기가 매우 힘들고 성가실 정도로 뒤엎어지기 쉬운데, 그 이유인즉슨 이 방식에선 모든 사람들이 진취성을 가지고 자기 임무를 수행해야 하기 때문이다. 새로운 기업 온정주의에 눈이 반짝반짝 돌아가는 것은 당연한 일이다. 관대한 고용 정책이 형편없는 상품 전략을 메워줄 순 없다. 심지어 가장 이타적인 기업들조차 안정성과 유연성, 오래된 충실한 직원들을 유지하는 것과 다른 직원들을 위한 혜택을 창출하는 것 사이에서 선택을 해야 한다. 시장 변화에 대응하기 위해, 이들은 다른 모든 것들에 그러하듯, 직원들에게 접근함에 있어 유연해질 필요가 있다.

CHAPTER 21 각종 사회 이슈

01 당신의 운동 과정에 근력 운동을 통합시키도록 하십시오! 만약 당신이 하루에 1시간, 일주일에 6일씩 걷고 있다면, 당신의 걷는 시간 중 일부를 근력 운동으로 대체해 운동에서 최대의 효과를 얻을 수 있도록 하십시오. 예를 들어, 6일 중 3일은, 걷는 시간을 30분으로 줄이고 나머지 30분은 근력 강화 운동을 위해 투자하십시오. 나머지 3일은, 한 시간 동안 쭉 걷기 운동을 지속하십시오. 근력 운동을 진행하는 중간 하루 정도 휴식 기간을 가지는 것이 중요합니다. 근력 운동을 하지 않더라도, 매일 걷기 운동을 하는 것은 좋습니다.

02 우리는 영어가 세계 각지의 사람들과 의사소통을 하는 데에 매우 유용하기 때문에 이것이 국제적인 언어로 통용된다는 사실을 잘 알고 있습니다. 따라서, 우리는 이 같은 경쟁적인 세상에서 살아남기 위해 영어를 배울 필요가 있습니다. 이것이 바로 우리가 영어에 깊은 관심을 갖고 이를 배우는 데에 막대한 비용을 지불하는 이유입니다. 따라서 우리는 학생들이 영어를 좀 더 많이 말해볼 수 있는 새로운 영어 환경을 조성해야 하며, 이를 통해 학생들은 영어를 더 잘 배울 수 있는 기회를 거머쥐게 됩니다. 다른 한편, 이 같은 영어 몰입 교육은 확실히 사교육비를 증가시킬 수 있습니다. 무엇보다도, 저는 지금 당장 모든 수업을 영어로 진행하는 것은 불가능하다고 봅니다. 정부가 무슨 수로 영어를 가르칠 원어민을 그렇게 많이 고용할 수 있겠습니까? 이들은 단지 책상머리에서 쓸모없는 정책만 양산해낼 뿐입니다. 이것은 터무니없는 발상입니다.

03 중국의 가파른 고령 인구 증가를 위한 새로운 대책. 상하이 시 가족 계획 담당자들은 외동으로 자란 부부들에게 둘째 아이를 갖는 것을 장려하고 있다. 도시 당국은 이들 인구의 22%가 60살, 혹은 그보다 연령이 더 높으며, 97%의 상하이 가구들이 1명의 자녀만을 키우고 있다고 밝혔다. 하지만 시 공무원들은 이 같은 정책이 1979년 이후로 시행되어 온 중국의 전반적인 1가구 1자녀 정책을 변화시키진 못할 것이라 말한다.

04 이렇게 말하긴 유감스럽지만, 요즘 부모들은 자녀들이 건강한 유년 시절을 보내는 데에 화목한 가족 환경이 중요하다는 사실을 간과하고 있는 것으로 보입니다. 물론 학생들이 해외로 나가면 영어를 습득하고 다른 문화권을 경험할 더 나은 기회를 가질 수 있다는 걸 부인하진 않겠습니다만, 여러분은 아이들이 가족의 중요성을 망각할 수도 있다는 사실을 인지해야만 합니다. 만약 아이들이 부모를 사랑하지 않고 존경하지 않는다면 어떻게 될까요? 제가 말하고자 하는 것은 바로, 아이들이 건강하게 성장하기 위해서는 애정 어린 가족의 뒷받침이 따라줘야 한다는 것입니다.

05 아일랜드 당국은 지난 1월 섀넌 공항에서 비상 착륙을 한 에어 캐나다 항공기에 대한 조사를 끝마쳤다. 수사 기관에 따르면 부기장이 비행 도중 신경 쇠약을 일으켜 그를 조종석에서 강제로 끌어내 진정제를 투여하고 진정시켜야만 했다고 밝혔다. 그리고 주목할 만한 것은, 비행 조종 기술을 보유한 한 승무원이 조종사를 돕기 위해 조종실로 들어가 항공기를 안전하게 착륙시켰다는 사실이다. 토론토 발 런던 행 항공기를 타고 있던 거의 150명에 달하는 승객들은 전원 무사한 것으로 나타났다.

06 인터넷 기본 상식. 1. 여러분이 잘 알고 신뢰할 수 있는 기업들과 거래를 하도록 하십시오. 그 회사가 어떤 회사인지, 그리고 이 회사가 실제 어디에 위치해 있는지 확실히 알고 계셔야 합니다. 가상 공간에서 운영되고 있는 사업체들은 국내의 다른 지역, 혹은 세계 다른 지역에 존재할 수도 있습니다. 잘 알지 못하는 회사와 문제를 해결하는 것은 장거리, 혹은 국가간 거래일 경우 더욱 복잡해질 수 있습니다. 2. 여러분이 잘 알지 못하는 웹사이트에서 사진을 보거나 음악을 듣고, 기타 정보를 얻고자 하는 목적으로 프로그램을 다운로드 받지 마십시오. 여러분은 자신도 모르는 새에 여러분의 컴퓨터 파일을 파괴하고, 혹은 여러분의 인터넷 서비스를 가로챈 뒤 국제 전화 번호를 통해 인터넷에 재 접속시켜 막대한 전화 요금을 지불하게 만드는 바이러스를 다운로드 받게 될 가능성이 있습니다.

07 유기농 식품 : 소비자들은 진정 자신들이 돈을 지불한 상품을 가져가게 되는 것일까요? 유기농 식품은 비주류에서 많은 이들의 냉장고로 그 자리를 옮겨왔지만, 아직도 50억 달러에 이르는 이 산업은 대부분 믿음에 의존하고 있습니다. 소비자들은 살충제로부터 자유롭고 환경을 보호하는 방식으로 재배되었다고 믿을 수 있는 식품에 더 많은 돈을 지불하게 될 텐데,

과연 이걸 항상 믿을 수 있는 걸까요? 시 공무원부터 농부, 검사관, 가공업자, 도매업자, 그리고 소매업자에 이르기까지 유기농 산업에 종사하는 12명이 넘는 사람들과의 인터뷰에 따르면, 꼭 그렇지만은 않다는 사실을 알 수 있습니다. 라벨에 "1990년 캘리포니아 유기농산물 법령에 따라 재배되고 가공된 것"이라 나와있어도, 이것이 꼭 이 식품이 정말로 유기농인 것은 아니라고 산업 관계자는 말합니다. 또한 식품이 개별적으로 검증되지 않는 이상, 그 누구도 이 식품이 시의 최소 기준에 부합하는지 여부를 확실히 파악하지 못한다고 말합니다.

08 현명한 식품. 누군가의 전화번호를 잊어버린다거나, 혹 열쇠를 어디에 놔뒀는지 기억하지 못하시나요? 여러분의 줄어드는 기억력을 유전, 나이, 그리고 바쁜 삶 탓으로 돌리지 말고, 그보단 여러분의 식습관을 들여다보도록 하십시오. 여러분이 먹는 것이 바로 여러분의 명확한 사고 및 집중력 정도, 그리고 여러분의 지능 지수와 기억력, 반응 속도, 심지어 여러분의 뇌가 나이 드는 속도에까지 영향을 미칩니다. 뇌를 활성화시키는 식생활 전략이란? 매일 아침 균형 잡힌 식사를 하십시오. 카페인은 되도록 삼가시기 바랍니다. 여러분의 식단에 기름기가 적은 붉은 살코기, 조리된 말린 콩 및 완두콩, 암녹색 잎줄기 채소, 말린 살구, 무지방 우유, 무지방 요거트, 맥아, 바나나, 해산물, 통곡물 및 녹색 콩, 오렌지 주스, 딸기, 당근, 시금치, 칸탈루프, 그리고 짙은 색의 신선한 과일 및 채소와 같은 "현명한 식품"이 들어가게끔 하십시오.

09 환경 전문가들은 전자 기기가 고형 폐기물의 약 5%를 차지하는 것으로 추정한다. 이것은 언뜻 많은 수치로 여겨지지 않지만, 전자 폐기물은 유독성 물질로 가득 차있으며, 이것이 땅에 스며들어 물, 그리고 종국적으로는 음식까지 오염시킨다. 지구 전체에 걸쳐 존재하는 위험 폐기물량의 증가 속도를 늦추고자 한다면, 오래된 전자 기기의 재활용이 필수적이다. 컴퓨터, 모니터, 단말기, 프린터, 팩스 기기, 모뎀, 복사기, 시계, 계산기, 전화기, 휴대폰, 부품, 배터리, 그리고 플라스틱이나 금속으로 된 기타 다양한 설비 기기와 같은 전자 기기 및 재료들은 모두 재활용이 가능하다. 배터리의 경우 적합하고 안전한 방식으로 제거하는 것이 중요하다. 배터리를 불 속이나 소각로 안에 넣어서는 절대 안 된다. 배터리 소각은 폭발을 야기할 수 있다. 중고 기기를 현명하게 재활용하는 것은 우리 모두에게 있어 필수적이라 볼 수 있다.

CHAPTER 22 여행 및 항공

01 안녕하십니까, 보스턴 행 유나이티드 항공 여객기 357에 탑승하신 승객 여러분을 진심으로 환영합니다. (쿠퍼 기장과 승무원들을 대신해, 보스턴 행 유나이티드 항공 여객기 357에 탑승하신 여러분을 진심으로 환영합니다.) 저희 항공기는 보스턴까지 10시간이 소요될 예정이며, 비행 고도는 35,000피트입니다. 비행 중 날씨는 다소 흐리겠으며, 보스턴의 날씨는 맑을 것으로 예상됩니다. 현지 시각은 오전 11시입니다. 보스턴의 날씨는 쾌청하며 현재 기온은 화씨 77도, 섭씨 24도입니다. 승객 여러분께서는 좌석 벨트를 매신 뒤 등받이를 똑바로 세워주시고, "금연" 사인을 확인해주시길 바랍니다. 화장실에서의 흡연은 항시 금지되어 있음을 꼭 숙지해 두시기 바랍니다. 비행 중엔 좌석 벨트를 꼭 착용하고 계셔야 합니다. 또한, 이착륙 시엔 휴대용 전자 기기의 사용이 금지되어 있습니다. 승객 여러분의 편의와 안전을 위해, 가지고 오신 수하물은 머리 위쪽 사물함, 혹은 앞쪽에 있는 좌석 하단에 넣어두시기 바랍니다. 위쪽 사물함을 여실 때, 물건이 떨어질 수 있으니 조심하셔야 합니다. 또한, 비행 중 휴대폰 및 라디오 사용은 항시 금지되어 있습니다. 더 자세히 알고자 하시면, 승객 여러분의 좌석 주머니에 비치되어 있는 XXXX 잡지를 참고하시기 바랍니다. 승객 여러분의 좀 더 편안한 비행을 위해 저희가 할 수 있는 것이 있다면, 저희 승무원들은 기꺼이 여러분을 모실 준비가 되어 있습니다. 쿠퍼 기장과 승무원들을 대신해, 승객 여러분 모두 기분 좋은 비행이 되시고 즐거운 비행을 즐기시길 바라겠습니다. 감사합니다.

02 승객 여러분. 보스턴에 오신 것을 진심으로 환영합니다. 비행 중 갑작스런 난기류로 인해 겪으셨던 불편함에 진심으로 사과 드립니다. 짙은 안개로 인해, 저희는 XXXX 공항으로 우회할 수밖에 없었습니다. 도착에 있어 지연이 발생한 것에 대단히 죄송하며, 부디 넓은 아량으로 이해해주시기 바랍니다. 현지 시각은 오전 11시입니다. 여러분의 안전을 위해, 기장이 안전벨트 사인을 끌 때까지 자리에 앉아계시기 바랍니다. 머리 위쪽 사물함을 여실 땐, 물건들이 비행 중 흔들려 이동했을 수 있으니 조심하셔야 합니다. 항공기에서 자리를 뜨시기 전, 두고 가는 물건은 없으신지 반드시 확인하셔야 합니다. 유나이티드 항공을

이용해주신 것에 감사의 말씀 전하며, 이곳 보스턴에서 즐거운 시간 보내시길 바랍니다. 승객 여러분 모두 즐거운 비행이 되셨기를 바라며, 다시 한 번 유나이티드 항공을 이용해주신 것에 감사의 말씀 전합니다.

03 승객 여러분. 주목해 주시기 바랍니다. 저희 비행기는 잠시 후 몇 분간 난기류를 통과할 예정입니다. 저희 승무원들이 곧 모든 음료를 수거하러 갈 예정입니다. 승무원들이 승객 여러분의 좌석 줄로 가면, 식판 및 기타 모든 서비스된 물품들을 수거해갈 수 있도록 통로 쪽에 내놔주시기 바랍니다. 저희 비행기는 약 15분 이내에 비상 착륙을 시도하게 됩니다. 승객 여러분의 안전을 위해 다음과 같은 지시사항들을 신중하고 침착하게 따라주셔야 합니다. 여러분의 승무원들은 이런 종류의 상황에 대비해 특별 훈련을 받았습니다. 대피 지시가 내려질 경우, 승객 여러분께선 모든 수하물을 좌석에 놓아두고 가장 가까운 출구로 가셔야 합니다. 항공기를 빠져 나가실 때엔 구명조끼를 부풀리도록 하십시오. 좌석에 착석한 상태를 유지해주시고 담배는 꺼주시길 바라며, 좌석은 바로 세우고 여러분 앞쪽에 있는 테이블은 고정시켜주시기 바랍니다. 비상 착륙 절차에 대한 보다 자세한 사항은 여러분 앞쪽 좌석 주머니에 있는 안내카드를 통해 참고하실 수 있습니다. 곧 있을 다음 안내 방송에 귀를 기울여주시기 바랍니다.

TEST 40 비지니스 통번역 시험(ITT) 예상문제 40

01 지난번 귀국을 방문했을 때 베풀어주신 귀사의 후한 대접에 감사의 말씀을 전하고자 이 서신을 씁니다. 본사에서 가졌던 즐겁고도 인상적이었던 오찬은 저희 양사의 긴밀한 관계를 다시금 느낄 수 있도록 해주었습니다. 저는 이러한 관계가 더욱 발전해, 이것이 양사의 상호 이익으로 확대돼 나갈 수 있게 되길 진심으로 고대합니다.

02 지난달 칵테일 파티에서 멋진 화병을 선물해주신 것에 대해 다시 한 번 감사의 말씀 전하고자 귀하께 이 서신을 씁니다. 또한 미스터 박을 초대해주신 것에 대해서도 감사의 말씀 전합니다. 저희 모두 파티에서 매우 즐거운 시간을 보냈습니다. 저희 모두 다음 번 귀하께서 서울을 방문하실 때에 귀하를 만나 뵐 수 있기를 진심으로 고대하고 있습니다. 그때까지 귀하의 동반자인 저희 KT 임직원 모두 귀하의 행복과 안녕을 빕니다.

03 10월 1일 오찬 파티에 정중히 초대해주셔서 매우 감사드리오며, 미스터 최와 저는 파티에서 매우 즐거운 시간을 보냈습니다. 현 상황에 대한 귀하의 말씀을 듣고 난 후, 저는 텍사스에서의 우리 사업이 가까운 미래에 더욱 번창하리라는 확신을 가지게 되었습니다. 그리고 이를 바탕으로, 우리의 거래 관계가 양사의 상호 이익을 향해 발전해 나가길 바랍니다.

04 프린스턴 대학의 페르디난드 비숍스키 박사님을 소개하고자 이 글을 씁니다. 비숍스키 박사님은 저희 연구소 소장이신 박명철 박사님과 사회적, 그리고 직업적으로 수년간 긴밀한 관계를 맺어오고 있습니다. 현재 비숍스키 박사님은 Garnet Lasers로 연구를 진행 중이신데, 귀하 및 귀 연구진들이 이 분야에 있어 국제적으로 잘 알려져 있다고 들었습니다. 따라서, 비숍스키 박사님은 귀하 및 귀 연구진들과 이와 관련된 사안들에 대해 의견을 교환할 기회를 갖게 되길 간절히 바라고 있습니다. 박사님의 방문이 좀 더 의미 있는 방문이 될 수 있도록 귀하께서 최대한 신경 써 주신다면 매우 감사드리겠습니다.

05 지난주 금요일 멋진 점심 식사를 대접해주신 것에 감사의 말씀 전합니다. 오랜만에 귀하를 만나 뵙고 좋은 사람들과 함께 시간을 보낼 수 있도록 저희 모두를 이렇게 초대해주셔서 너무나 감사할 따름입니다. 귀하께서 조만간 한국을 방문하시길 진심으로 바랍니다. 만약 방문이 어려우시면 다음 번 제가 시카고에 가게 됐을 때 귀하를 만나 뵐 수 있었으면 합니다.

06 미스터 윤과 저는 이번 캐나다 방문에 있어 매우 즐거운 시간을 보냈습니다. 귀사의 사려 깊은 준비와 접대, 그리고 필코에서의 실로 훈훈했던 리셉션은 저희의 여행을 더욱 멋지게 만들어주었습니다. 그리고 홀스트 씨와 곰퍼스 씨와의 점심 식사를 주선해 주신 것에 감사의 말씀 전합니다. 또한 귀하의 집을 방문해 사모님 그레첸 씨를 만나 뵙게 되어 큰 영광이었으며, 물론 사모님의 훌륭한 피아노 연주를 들을 수 있었던 것도 큰 영광이었습니다. 제 아내도 이번 방문에 대한 이야기를 듣고 귀하 및 사모님이신 그레첸 씨, 그리고 귀하의 가족들에 대해 알고 싶어 합니다.

07 저의 친한 친구이자 동료인 김태영 박사를 소개하고자 이 글을 씁니다. 9년 전쯤 김태영 박사가 저희 연구소에 들어온 이래로, 저는 지금까지 쭉 김 박사와 함께 일하는 행운을 누려오고 있습니다. 김 박사는 저희 쪽 반도체 분야의 일원으로서, LSI(대규모 집적회로) 분야의 선구적인 연구로 잘 알려져 있습니다. 최근 김 박사는 Logic Memory에 있어 LSI 적용에 관한 연구를 진행 중인데, 이 분야는 귀하의 연구소가 많은 성과를 올린 분야이기도 합니다. 따라서, 김 박사는 귀하 및 귀 연구진들과 함께 이와 관련된 사안을 논할 기회를 갖게 되길 간절히 바라고 있습니다.

08 제가 휴스턴에 머무는 동안 친절하게도 멋진 꽃다발을 보내주셔서 다시 한 번 감사의 말씀 전합니다. 제11회 한국-텍사스 연맹 회의 참석을 통해, 텍사스의 변화하는 경제 동향 및 귀 주가 가지고 있는 커다란 잠재력을 깨달을 수 있었습니다. 저는 텍사스에서의 저희 사업이 가까운 장래에 더욱 번창할 것이라 확신합니다. 이와 동시에, 저희의 관계 또한 발전해 나가길 진심으로 고대합니다.

09 귀 연구소에서 강연할 기회를 주신 것에 감사의 말씀을 전하는 것으로 이 서신을 시작하고자 합니다. 또한 일이 상당히 잘 진척되었다는 소식을 듣게 되어 매우 기쁩니다. 첨부한 내용을 보시면 기술 논문의 수정 및 발표와 관련해 저희가 나눴던 대화를 기반으로 정리한 자료들을 살펴보실 수 있을 겁니다. 자료들을 보시면 제가 어떠한 생각을 가지고 있는지 대략적으로 파악하실 수 있습니다. 서로가 편한 시간대에, 제가 이 자료에 대해 보충 설명을 해드릴 수 있으면 좋을 듯합니다.

10 주문번호 PBO211을 주문하신 귀하의 10월 14일자 서신을 잘 받아보았습니다. 첨부해드린 것은 70만원에 해당하는 견적 송장 F91-103입니다. 은행 환어음으로 지불해주시면 빠른 배송이 가능합니다. 소프트웨어는 귀하의 대금 결제가 확인되는 대로 즉각 발송될 예정입니다. 하지만, 모델 33X와 38XC는 아직 배송이 가능하지 않아 1월경 항공 화물을 통해 발송해 드리고자 하오니 이점 양해 부탁드립니다. 귀하께 도움을 드릴 수 있는 기회를 주셔서 매우 감사드리는 바입니다.

11 최근 LG를 방문했을 때 귀하의 귀중한 시간을 내어주셔서 이에 감사드리는 바입니다. 정말이지 유익하고 즐거운 만남이었습니다. 저는 개발 도상국, 그 중에서도 특히 중국에서의 공동 사업이 소기의 성과를 거뒀으면 하는 바램입니다. 이 기회를 통해, 귀하께서 저희 조직을 위해 해주신 모든 것에 다시금 감사드리는 바이며, 앞으로도 계속 아낌없는 지원을 통해 저희를 도와주셨으면 합니다. 곧 귀하를 다시 뵙게 되길 고대합니다.

12 요하네스버그를 방문했을 당시 저와 제 동료를 위해 시간을 내어주신 귀하께 감사의 말씀 전합니다. 드렉셀 사와는 오랫동안 소중한 인연을 이어오고 있습니다만, 양측의 각 시장 상황이 변화함에 따라 쌍방이 거래를 할 때 새로운 분야 및 새로운 방법을 독창적으로 모색할 필요가 있다는 것에 전적으로 동의하는 바입니다. 미래엔, 자본재 및 다른 유형의 상거래에 초점을 맞추어야 저희 양측의 관계가 지속적으로 성장할 수 있는 새로운 기회가 열릴 것이라고 생각합니다.

13 귀 시장에서 저희 제품의 기반을 다질 수 있도록 도와주신 귀사의 모든 노력에 감사를 드리며 이 서신을 시작하고자 합니다. 부정적 요건들이 저희 매출에 악영향을 미치고 있음에도 불구하고, 꾸준히 매출 실적을 유지하는 귀사의 역량은 이곳에서 높이 평가되고 있습니다. 저희는 저희만의 문제점 또한 가지고 있습니다. 이 중 가장 큰 문제는 당사의 모든 가격의 기반이 되는 미국 달러의 가치가 급격히 하락하고 있다는 것입니다. 원가 절감 조치를 통해 이 같은 수입 감소를 감내하고자 각고의 노력을 기울였습니다. 하지만, 현재 20%에 달하는 가치 하락과 함께, 이 같은 손실을 일방적으로 수용한다는 것은 점점 불가능해지고 있습니다. 따라서, 저희는 이사회를 통해 4월 1일부터 당사의 수출 가격을 10% 올리기로 결정했습니다. 이러한 조치로 인해 귀사의 상황이 순탄치 않게 되리란 것을 압니다. 하지만, 저희가 현재 3개월 동안 계속해서 적자에 허덕이고

있다는 사실을 고려해주셨으면 합니다. 덧붙여, 10% 인상만을 요구함으로써 어려움을 함께 분담하고 모든 짐을 전가하지 않으려 하는 저희의 입장 또한 꼭 알아주셨으면 합니다.

14 어제 귀하와 귀하의 멋진 손님 분들을 모실 수 있는 기회를 주셔서 매우 감사드립니다. 함께 오셨던 모든 분들이 즐거운 시간을 보내셨기를, 그리고 모든 것에 만족스러우셨기를 진심으로 바랍니다. 첨부해드린 것은 귀하께서 의뢰하신 연회에서 소비된 음식 및 음료 관련 대금 증빙 서류입니다. 그리고 실례가 될지 모르겠지만, 귀하께서 참고해보실 수 있도록 특별 크리스마스 메뉴 또한 첨부해 드렸습니다. 가까운 시일에 귀하를 다시 한 번 모실 수 있는 좋은 기회가 있게 되길 바랍니다.

15 지난 4월에 받은 귀하의 이메일에 감사의 말씀 전합니다. 이곳 서울엔 마침내 가을이 찾아와, 뜨거운 태양 볕으로부터 벗어나 편안한 휴식을 취할 수 있게 되었습니다. 보도에 따르면, 그곳 뉴욕 시민들 또한 정말 견디기 힘든 여름에 시달리며 고생을 했다고 들었습니다. 제가 오늘 이렇게 서신을 보내는 것은 바로, 귀하가 관심을 가질 만한 제품을 생산하는 한 한국 회사에 대해 간략히 소개하기 위함입니다. 회사의 이름은 Joon & Co.이며, 김준이라는 사람이 운영하고 있습니다. 자세한 사항은 첨부해드린 보도 자료 모음집에 나와 있습니다. 저는 김씨를 제가 한국 시장에 관한 기사를 쓰고 있는 "반도체 회보"의 편집자를 통해 처음 소개 받았습니다.

16 "원가 상승에 따른 압력"을 해소하기 위해 최근 시장에 내놓은 모델의 F.O.B.가격을 1월 21일부터 11% 인상해달라는 귀사의 요구는 실로 절망적입니다. 수익을 보장하기 위해 때때로 가격을 인상할 필요가 있다는 것은 전적으로 이해하며, 또한 이에 전적으로 공감하는 바입니다. 하지만, 이번에 본 제품 판매의 원활한 출발선을 끊고자 제품 홍보 및 판촉 자료에 거액의 자금이 투자됐다는 점은 분명히 알아주셨으면 합니다. 이에 든 비용은 아직까지 회수되지 못하고 있는 상황입니다. 또한 제품 출시 후 이렇게 빨리 가격을 인상하는 것은, 저희 측 소매업자들에겐 매우 받아들이기 힘든 문제일 것입니다. 이러한 점에서 볼 때, 적어도 적절한 가격 인상 시기를 재고한 뒤 6개월 이후로 가격 인상을 연기해주시길 강력히 부탁드리는 바입니다.

17 귀사께서 검토해보실 수 있도록, 부산에 있는 회사로부터 받은 보고서를 첨부해 드립니다. 보고서의 영문이 다소 부족한 것에 사과드리오며, 보고서는 시스템 개발자가 직접 작성한 것입니다. 이번 건과 관련해 다른 단체들, 특히 유럽 쪽에서 상당한 관심이 있는 것으로 보입니다. 개발자는 회사 주식 보유 제의가 들어올 경우, 그렇게 하는 것에 꽤 긍정적인 의향을 갖고 있습니다. 그렇게 하면 지금까지 제품 개발에 들인 노력을 다시금 반복하지 않아도 될 뿐만 아니라, 제품 연구 개발을 지속적으로 해나갈 수 있을 것이라 장담합니다. 현재로서는, 해당 회사의 현 상태에 대해 그 어떤 조사도 이뤄지지 않았습니다. 귀사께서 좀 더 자세한 사항을 알고자 하신다면, 기꺼이 관련 정보를 수집해 알려드리도록 하겠습니다.

18 최근 저희 측 남아프리카 수입업자에게 한 비동맹 회사가 접촉하여, 귀 동맹의 운임보다 훨씬 저렴한 운임으로 한국과 남아프리카 간 트랙터 및 예비 부품 수송을 확보해주겠다는 제의를 해왔습니다. 수입업자는 해당 비동맹 회사를 택할 수 있도록, 저희에게 기존 C.&.F.(운임포함가격)에서 F.O.B.(본선인도가격)로 판매 조건을 변경해달라 요청해왔습니다. 화물 운임 측면에서 볼 때 비동맹 회사를 이용하는 것이 이득이 되긴 하지만, 귀 동맹과 계약을 맺고 있는 화물주인 저희로서는 수입업자가 상기 비동맹 회사를 이용하는 것에 찬성할 수 없습니다. 하지만, 외부업체가 제안해온 운임은 동맹의 운임보다 훨씬 더 저렴한 것이 사실입니다. 따라서 저희 측 남아프리카 수입업자가 비동맹 선박 이용을 포기하게끔 할 수 있는 유일한 방법은, 귀 동맹이 트랙터 및 예비 부품의 현행 운임을 저들이 제시한 것과 비슷한 수준으로 인하하는 것입니다.

19 차량 가격은 보통 증가한 생산비, 인건비 감당을 위해 9월 및 3월경 조정이 이루어지지만, 저희는 3월까지 모든 모델에 현행 가격을 그대로 유지하기로 결정했습니다. 이것은 운 나쁘게도 외국환 시세의 큰 변동과 겹쳐 8월에 출시된 신 모델을 여러분께서 효과적으로 판매하실 수 있도록 돕기 위함입니다. 현재, 이러한 외국환 시세 변동은 시장에 큰 혼란을 야기시키고 있습니다. 저희는 현 시장 상황이 더욱더 악화될 것으로 봅니다. 따라서, 저희는 이 같은 특별한 가격 정책이 외국환 시세가 불안정한 이 같은 시기에 고객들을 유치하는 데에 기여할 것이라 생각합니다. 부디 이 기회를 최대한 활용하시기 바랍니다.

20 저희는 샌프란시스코에 있는 Hills Productions 사를 통해 귀사에 대해 알아보게 되었습니다. 저희 회사는 한국에서 각종 여행용, 교육용 비디오를 제작 유통하는 업체입니다. 비디오 목록엔 제주도 및 설악산에 관한 30분짜리 비디오, 그리고 홍콩에 관한 50분짜리 비디오 등이 있습니다. 또한 해외 시장을 고려해 해설과 포장이 완전히 영어로 된 테이프들도 생산하고 있습니다. 지금까지 테이프들은 한국과 홍콩에 있는 관광객들에게 매우 잘 판매되고 있습니다. 현재, 저희는 이 비디오들을 미국에 직접 판매할 생각을 갖고 있습니다. 저희 생각엔 본 테이프들을 구매할 가능성이 있는 시장이 여행사, 비디오 매장, 서점, 학교, 그리고 도서관 등이 아닐까 싶습니다. 따라서 저희는 귀사께서 혹 당사의 미국 내 판매 대리점이 되는 것에 관심이 있으신지, 아니면 이에 관심 있는 다른 미국 동료 업체들을 추천해줄 수 있으신지 여부를 알았으면 합니다.

21 본 서신과 함께 지난번 사내 교육에 대해 나눴던 논의와 관련해 몇 가지 자료를 첨부해 드렸습니다. 자료를 보시면 현재 당사가 운영하고 있는 프로그램의 실질적인 내용을 파악하실 수 있을 겁니다. 하지만 자료가 출간된 이후 본 분야에 있어 당사의 프로그램이 상당히 확장되어왔다는 사실을 인지해주셨으면 합니다. 또한 귀하께서 참고해보실 수 있도록 당사의 브로셔를 함께 첨부해 드렸습니다. 브로셔를 보시면 전체 서비스 품목이 안내되어 있으며, 기타 참고 사항들이 나와 있습니다. 이와 관련해, 실제 자료를 보며 좀 더 완벽하고 구체적인 설명을 드릴 수 있었으면 합니다. 장소는 저희 회사나 귀사, 어느 곳이든 귀하께서 편하신 곳으로 정하시면 됩니다.

22 저희 해외 투자 그룹이 주최하는 중요한 해외 투자 세미나에 여러분을 초청하게 되어 매우 기쁘게 생각합니다. 본 세미나는 주식, 부동산, 그리고 확정 이자 유가증권의 형태로 전 세계에 널리 확산되어 있는 동양 펀드에 관해 상세히 알려드리고자 기획되었습니다. 또한 본 세미나는 해외 투자자들에게 이상적인 투자 방법이라 할 수 있는 홍콩 내 동양 그룹 주주 계좌에 관해서도 설명해 드릴 예정입니다. 상기 언급한 펀드들은 소득이나 자본 증가, 혹은 양자를 모두 제공합니다. 주주 계좌를 통해, 여러분들은 직접 본인의 주식을 관리하고, 본인의 수요에 맞춰 스스로 투자 잔고를 변경시킬 수 있습니다. 여러분은 이 네 가지 펀드 중 한 가지 형태로, 혹은 이 네 가지 형태 모두에 걸쳐 주식을 보유할 수 있으며, 그게 아니면 여러분이 스스로 정해서 만든 펀드 조합의 형태로 주식을 보유할 수 있습니다.

23 저희 회사 박준환 사장님께서 지난 봄 리치몬드를 방문하셨을 때, 귀사께서 한국으로부터 소비재를 수입하는 것에 관심이 있다고 말씀하셨습니다. 당사는 한국에서 가장 크게 급성장하고 있는 할인 상사 중 하나인 Best Products 사의 공인된 수출 대리점입니다. 당사의 거래 조건 및 주문 용지와 함께 Best Products 사의 카탈로그 중 하나를 별첨하여 보내드립니다. 1만 달러 이상을 주문하실 경우 2.5%의 수수료를 면제해 드리며, 7.5%의 수수료가 부과되는 기타 상품들에 대해선 5%로 면제해 드립니다. 이에 대한 귀사의 회답을 기다리고 있겠습니다.

24 베리 오코넬 씨는 2년 이상 Communications Associates 주식회사와 인연을 맺어왔습니다. 이 기간 동안 오코넬 씨는 전임 강사로 근무했으며, 기업 교육 업무를 담당했습니다. 오코넬 씨는 아래와 같은 한국 기업들에 있어 당사의 프로그램을 직접적으로 맡아 운영했습니다. / 코리아 광고 / 동양 전기 / 동아 자동차 / 동아 디젤 자동차 / 오코넬 씨를 고용하는 동안, 그의 업무 수행 능력은 만족 그 이상이었습니다. 오코넬 씨는 업무를 함에 있어 진중했고, 교육 업무에 있어 매우 높은 업무 숙련도를 보여주었습니다.

25 7월 7일 귀하를 만나 뵈었을 때 베풀어주신 따뜻한 대접에 미스터 정을 대신하여 감사 서신을 드린다는 것이, 이렇게 너무 늦어져 매우 송구스러울 따름입니다. 귀하를 만나 뵐 수 있는 기회를 갖게 돼 매우 기뻤으며, 귀하를 곧 다시 뵈었으면 하는 바람입니다. 예상하시다시피, 미스터 정과 저는 영국 및 스코틀랜드에 있는 여러 현장들을 둘러보며 다니느라 몹시 바쁘게 지냈으며, 여기엔 물론 아일랜드에 있는 NICHITA 공장의 착공을 기념하는 인상 깊었던 정초식 참석 또한 빼놓을 수 없을 것입니다. 이런 이유로, 저희는 장기간 사무실을 비울 수밖에 없었습니다.

26 10월 선적 분부터 적용되는 3%의 F.O.B.(본선인도) 가격 인상을 연기해달라는 귀사의 긴급 요청을 면밀히 검토하였습니다. 확실히, 현행 F.O.B 가격을 유지해 시장 진입을 최대한 확실시 할 수 있다면, 그렇게 하는 것이 상호 이익으로 연결되리라 봅니다. 하지만, 현행 가격 체계를 이대로 유지하게 되면 당사는 적자를 면치 못할 것입니다. 그 주요 이유 중 하나는 바로 당사의 신제품 라인이 최근 상당히 많이 업그레이드되었다는 것입니다. 이것이 귀사에겐 경쟁사 대비 우위를 점하는 제품

품질 향상을 누릴 수 있게 해주었으나, 저희에겐 추가적인 비용 발생을 의미하게 됐다는 사실을 유념해 주셨으면 합니다. 이러한 점을 충분히 고려해주시고, 저희 측에서 제시한 제안 가격을 조속히 수락해주신다면 매우 감사하겠습니다.

27 당사가 6월경에 발송하여 귀사께서 정중히 회답해주셨던 저희 측 이메일을 다시금 살펴봐 주시길 부탁드립니다. 며칠 전 런던에서 한국 무역 단체들 및 귀사 지역 내 주요 기업들의 구매 담당 간부들 사이에 회의가 열렸으나, 당사는 이 회의에 초대 받지 못했습니다. 이 같은 이유로 저희는 알루미늄 압축기 및 중력 다이캐스트 부품 공급과 관련해 귀하께 다시금 편지를 쓰게 되었습니다. 당사의 제조 능력 및 용량에 관해 더 자세한 정보를 드릴 기회가 있었으면 하며, 궁극적으로는 귀사의 주요 납품 업체가 되었으면 하는 바램입니다.

28 오늘 한국 중앙일보에 실린 귀사의 광고를 보았으며, 귀사께서 하루 빨리 적임자를 찾으셨으면 하는 바램입니다. 귀사께서 광고에 대한 반응을 기다리며 가능성 있는 지원자들을 면접하시는 동안, 기존에 진행되고 있는 업무를 처리할 잘 훈련된 임시 직원이 필요하실 거라 생각됩니다. 저희 Aida Staff는 이처럼 자격이 충분히 갖춰진 일꾼을 귀사께 기꺼이 제공해 드리고자 합니다. 저희 임시 직원들 모두 엄격한 테스트와 면접을 거쳐 고객의 수요에 부응하는 능력과 경력이 있음이 확실히 검증된 사람들입니다. 이들은 장기간, 혹은 단기간에 걸쳐 귀사의 업무를 도울 준비가 되어 있습니다.

29 Transword Institute의 허만 요크 씨와 이야기를 나누었는데, 그 분께서 미국 내 당사의 제품 판매 대리점으로서 귀사를 추천해주셨습니다. 요크 씨는 저희가 귀사에 관해 더 상세히 알 수 있을만한 보충 자료를 수집 중이라 말씀하셨으며, 저희 생각엔 그 사이 귀사께서도 당사에 대해 대략 아셔야 할 것 같다는 생각이 듭니다. 첨부해 드린 것은 저희 측의 표준 유통 판매 계약서 1부, 브로셔, 그리고 당사의 Thinking International film 시리즈에 대한 설명을 담은 기타 자료들입니다. 당사의 판매 대리인이 되는 것에 관심이 있으시다면, 미국 내에서의 Thinking International이 팔릴 만한 시장에 대해 의견을 내주셨으면 하며, 귀사께서 제공해주실 수 있는 서비스에 대해서도 알려주셨으면 합니다. 이와 함께 유통 판매 계약을 맺기 전 저희 측에서 필요한 사항들을 담고 있는 "유통 판매 지침서"를 1부 첨부해 드렸습니다.

30 고객들을 향한 전 세계적 부품 공급 서비스를 향상시키기 위한 끊임없는 노력의 일환으로, 당사는 현재 주요 판매 대리점의 부품 관리를 지원하고 개선하고자 이에 맞는 전문가를 파견할 준비 중입니다. 이에 따라, 본사 직원 중 이 같은 자격을 갖춘 적임자인 윤성민 씨가 1월 10일부터 17일까지 귀사를 방문할 계획입니다. 윤성민 씨가 머무는 동안 다뤄질 구체적인 주제들은 하단에 간략히 정리되어 있습니다. *부품 재고 관리 – 연간 발주 계획 – 연간 계획의 월례 조정 *부품 발주 절차에 관한 검토 – 주문 추적 정보 *귀 시장의 특수 상황 – 모조 부품 – 수입 규정 및 관세 구조

31 1월 14일경 모델명 ILP-800 반도체 레이저 탐사기 1대를 주문하신 귀하의 주문을 잘 접수했으며, 이에 매우 감사드리는 바입니다. 허나 유감스럽게도, 소비자들의 요구 수준이 점차 높아짐에 따라 해당 모델은 더 이상 생산되고 있지 않습니다. 하지만, 저희는 현재 완벽히 전자동으로 구현되면서 뛰어난 기능을 두루 갖춘 몇몇의 고급 버전 제품들을 판매하고 있습니다. 귀하께 기존 주문품을 대체할 수 있는 대체품으로서 모델명 IDF-1701A를 고려해보시길 적극 권장하는 바이며, 이 제품은 현재뿐만 아니라 향후 먼 미래에도 귀사의 요구를 만족시켜드릴 수 있는 제품입니다. 첨부해드린 것은 해당 제품에 대한 정보를 담은 서면 자료입니다. 귀사께서 주문을 어떻게 처리하실지 여부와 관련해 조속히 답변해주시길 기다리고 있겠습니다.

32 저희가 "직접적인" 대화를 할 수 있도록 길을 터 준 5월 22일자 서신 및 첨부 자료에 감사의 말씀 전합니다. 캐리 클락 씨께서 이미 귀사의 훌륭한 필름에 관해 전반적인 설명을 해주셨으며, 저희가 앞으로 거래를 어떻게 진행시켜나갈 것인가에 관한 의견도 전해주셨습니다. 데이빗 젠킨스 씨 역시 최근 이메일에서 이 사안과 관련해 저희 측에 이야기를 꺼내셨으며, 더 나아가 저희가 검토해볼 수 있도록 보도 자료들도 보내주셨습니다. 현 시점에서는, 저희는 귀사께서 이곳 한국에서 시장을 개척하도록 돕는 걸 진행하는 데에 관심이 있습니다. 그리고 귀사의 "제안 지침"의 취지는 잘 알겠습니다만, 현재 모든 것은 이곳 한국에서 귀사의 필름이 가진 시장성을 파악하고 평가할 수 있는 기회를 갖는 것에 달려있다고 볼 수 있습니다.

33. 공동 관심 분야에 대해 함께 논의하고 싶다고 말씀하신 9월 8일자 이메일을 잘 받아 보았습니다. 저희는 당사의 업무 향상과 관련된 제안이라면 어제든 귀를 열고 들을 준비가 되어 있습니다. 저희는 귀사가 보유하고 계신 연마 기술 전문성에 특별한 관심을 갖고 있습니다. 언제쯤 회의를 잡으면 좋을지 저희 측에 알려주시기 바랍니다. 저희는 또한 귀사의 제품 라인과 관련해 추가적인 정보를 받아보았으면 합니다. 상기 자료들은 회의를 보다 더 효율적으로 진행할 수 있도록 해줄 것입니다. 귀사로부터 곧 답변이 오길 기다리겠습니다.

34. 귀사께서 12월 18일자 이메일과 함께 보내주신 2개의 테이프를 한국에서의 시장성을 검증하기 위해 당사, 그리고 당사의 출판사가 면밀히 검토해보았습니다. 허나 유감스럽게도, 저희 회사 입장에서 봤을 땐 보내주신 내용이 비즈니스에 관한 것도 아닐뿐더러 이종문화 사이에서 파생된 문제를 다룬 것도 아니어서 당사의 사업 활동 영역엔 그리 맞지 않을 것으로 판단됩니다. 저희 측 출판사 의견은, 보내주신 테이프의 내용 범주가 이곳 고등학교나 대학 교육계의 관심사를 다룰 만큼 충분히 상세하지가 않다는 의견입니다. 따라서, 귀사의 테이프에 취할 장점이 전혀 없는 것은 아니지만, 저희 회사로서는 귀사에 직접적인 도움이 되지 못할 듯합니다. 화면의 선명함에 있어서도 완벽히 만족하지 못했다는 점을 덧붙여 말씀드립니다. 한국어 나레이션도 뭔가 미흡한 점이 있는 것으로 보입니다. 하지만, 출판사 측과 제 생각으로 봤을 땐 이곳의 여행사라면 귀사의 제품에 관심을 가질 것으로 생각됩니다.

35. 저희가 주문한 No. NR-3790을 11월 7일에 수령하였습니다. 첨부해주신 귀사의 송장과 내용물을 대조해본 결과, 몇 가지 품목이 빠져 있다는 사실을 알게 됐습니다. 저희가 실제 수령한 물품들을 그대로 반영하여 수정한 송장 사본을 첨부해 드리오니, 이를 확인해주시기 바랍니다. 당사의 규정상 정확하지 않은 내용의 송장에 대해서는 지불을 할 수가 없습니다. 게다가 빠져 있는 물품들로 인해 이미 배송된 물품들조차 사용할 수 없는 상태입니다. 현 상황을 해결하고자 어떻게 접근하실지, 이에 따른 귀사의 안내 조치를 기다리고 있겠습니다.

36. 저희 나라에서 판매되고 있는 BMW 차량의 가격 인상에 대해 귀하께서도 인지하고 염려하고 계실 거라 확신합니다. 일전에 제가 귀하께 보내드린 서신에서 BMW 차량의 정가가 벤츠의 정가를 훨씬 초과하고 있다는 사실을 언급해 드린 바 있습니다. 이로 인해 저희 경쟁사들은 좀 더 높은 할인 혜택을 제공할 수 있게 되었고, 이들의 가격에 맞서기 위해 저희는 원가보다 낮은 가격으로 차량을 판매할 수밖에 없게 됐습니다. 이와 관련해, 저희는 최근 실제 화물 운임에 관한 정보를 입수할 수 있었으며 이를 이 서신과 함께 동봉해 드립니다. 놀랍게도, 벤츠의 화물 운임은 저희 측 화물 운임보다 훨씬 저렴한 것으로 나타났습니다. 첨부해드린 것은 화물 운임 비교 대조표입니다. 모쪼록 이 내용을 꼼꼼히 검토하신 후 화물 운임을 이에 맞게 수정해 주시길 부탁드립니다. 새로운 화물 운임은 2016년 6월/7월에 선적 예정인 2016년도 모델 전 차량에 적용해주셨으면 하는 바램입니다. 이 문제에 대해 즉각적인 관심을 가져주신다면 매우 감사드리겠습니다.

37. 작년 8월 귀 호텔에서 베풀어주셨던 멋진 서비스에 감사의 뜻을 전합니다. 제 동료와 저는 귀 호텔에서 머무는 동안 정말이지 즐거운 시간을 보냈습니다. 저는 올해 8월 다시금 하와이를 방문할 계획입니다. 저는 8월 7일 아침에 도착할 예정이며, 도착한 날 정오부터 객실을 이용할 수 있었으면 합니다. 그리고 저는 8월 12일 아침에 떠날 계획입니다. 1층에 위치한 바다 전망 객실을 잡아주실 수 있다면 대단히 감사하겠습니다. 저의 지난 여행을 기억에 남을 만한 여행으로 만들어주신 귀 호텔의 배려에 다시 한 번 감사의 말씀 전합니다.

38. 일전에 비공식적으로 말씀드렸던 리셉션에 귀하를 정식으로 초대하고자 이 서신을 씁니다. 본 리셉션은 11월 23일 금요일, 오후 2시부터 4시까지 뉴타운 호텔 "팰리스 가든"에서 열릴 예정입니다. 리셉션 날짜는 이 모임의 주제, 즉 "추수 감사"에 맞춰 확정된 것입니다. 리셉션 날짜는 또한 바쁘신 분들이 업무에 방해받지 않고 참석할 수 있는 날짜를 고려해 정해진 것입니다. 이 파티의 목적은 표면상으로는 회사 창업 15주년을 기념하는 것입니다. 하지만, 파티의 실제 목적은 수년에 걸쳐 저희를 지지해주신 중요한 분들을 한데 모셔 감사의 말씀을 전하고, 따뜻하고 화기애애한 분위기에서 즐거운 만남을 나누는 것입니다. 이 행사는 또한 평소 저희 직원들이 일을 하며 만나 뵙기 힘들었던, 저희 회사를 후원해 주시는 많은 분들을 뵐 수 있는 기회를 제공하는 행사가 될 것입니다.

39 귀사께서는 2014-15년도 손익계산서 및 2015-16년도 종합 사업계획서 제출 연기를 지속적으로 요청하셨으며, 저희는 이를 지금까지 수락해 왔습니다. 하지만 판매 대리점 각서 조항 3항에 따르면, 계약은 공식적으로 갱신되지 않을 경우 9월 30일자로 자동 만료된다고 되어 있음을 반드시 기억해 주시기 바랍니다. 본 조항은 각 회계 연도가 끝날 때마다 실질적인 수치 사항을 당사에 제시함으로서 귀사의 재정 상태를 당사에 알려야 할 의무가 있음을 분명히 명시하고 있습니다. 또한 본 조항은 귀사가 당사와 충분한 협의를 거친 후 다음 회계 연도 사업계획서를 마무리할 필요가 있음을 내포하고 있습니다.

40 한일 오피스 시스템의 정 씨로부터 귀하가 한국에서 일하는 것에 관심이 있다는 사실을 전해 들었으며, 이와 함께 귀하의 인상적인 이력서 또한 받아보았습니다. 덧붙여 정 씨는 귀하를 매우 훌륭한 강사라고 말하며 칭찬을 아끼지 않았습니다. 허나 유감스럽게도, 저희가 이 서신을 받아보았을 땐 이미 9월부터 함께 근무하기로 확정된 마지막 지원자를 포함해 2016년도 채용을 완료한 상태였습니다. 또한 저희 회사는 그 누구든 "보지 않고(면접 없이)" 채용하지 않는 것을 방침으로 삼고 있습니다. 특히 저희가 찾는 사람들은 평생 직장을 꿈꾸며 일하고자 하는 이들이기 때문에, 귀하께서 이러한 저희의 생각을 기꺼이 이해해주시리라 믿습니다. 하지만 이곳 한국에도 1년, 혹은 2년 업무 계약으로 일할 계획을 가진 사람들을 환영하는 다른 좋은 회사들이 존재합니다. 저희 생각엔 이러한 조건을 구비한 곳들이 바로 귀하께서 이메일에 명시한 바램에 좀 더 적합한 곳이 아닐까 하는 생각이 듭니다.

우리 인생의 가장 큰 영광은
결코 넘어지지 않는 데 있는 것이 아니라
넘어질 때마다 일어서는 데 있다.

- 넬슨 만델라 -

비즈니스 영어 통번역

영·한·편

비즈니스 영어 통번역
핵심 문장 & 용어

1. 비즈니스 주제별 핵심 문장 모음
2. 직함/부서 표기 용례
3. 주요 시사 약어

CHAPTER 01 회사 소개

001　The main product of our company is electric home appliances.
　　저희 회사의 주력 상품은 가전제품입니다.

002　We are the leading producer and exporter of affordable writing instruments in Korea.
　　저희는 한국에서 적정가의 필기구를 생산 수출하는 선두 업체입니다.

003　Our company specializes in finding housing for foreign executives in Korea.
　　저희 회사는 한국 주재 외국 임원들을 위한 거주지 알선 업무를 전문으로 하고 있습니다.

004　We can assist you in setting up customized programs that suit your company's needs.
　　저희는 귀사의 요구에 부합하는 맞춤화된 프로그램을 고안하는 데에 도움을 드릴 수 있습니다.

005　I look forward to working with your company in the very near future.
　　가까운 시일에 귀사와 함께 일하게 되길 기대합니다.

006　I've attached our latest brochure for your reference.
　　귀하께서 참고하실 수 있도록 가장 최근의 브로셔를 첨부해 드립니다.

007　We have branches all over Korea, with about 500 employees altogether.
　　저희는 약 500명의 직원들과 함께 한국 전역에 걸쳐 지사를 보유하고 있습니다.

008　We have established a large customer base in Europe, Asia and North America.
　　저희는 유럽, 아시아, 그리고 북미에 폭넓은 고객층을 확보해왔습니다.

009　We have been increasing our market share in the South American market in recent years.
　　저희는 최근 몇 년간 남미 시장에서 시장 점유율을 증가시켜왔습니다.

010　The company went public two years ago and since then, CGI expanded into South America.
　　회사는 2년 전에 상장되었고, 그 후 CGI는 남미로 판로를 확장하였습니다.

011　Last year, CGI achieved a turnover of almost $500 million.
　　지난해 CGI는 거의 5억 달러에 이르는 매출을 달성했습니다.

012　In 1998, Amazon started to sell software, electronics, and domestic appliances.
　　1998년, 아마존은 소프트웨어, 전자제품, 그리고 가전제품을 판매하기 시작했습니다.

013　At the end of 1999, Amazon registered over a billion dollars in sales.
　　1999년대 말, 아마존은 10억 달러 이상의 매출을 기록했습니다.

CHAPTER 02 구인구직 및 인사 관리

014	Pasteurs currently has openings for the following positions.	파스퇴르 사는 최근 다음과 같은 직책에 사람을 구하고 있습니다.
015	We are looking to recruit an Office Management Assistant on a permanent basis.	저희는 정규직 사무 관리 보조사원을 모집하고 있습니다.
016	Excellent communication and presentation skills are required.	뛰어난 의사소통 능력 및 발표 능력이 요구됩니다.
017	You will need to be a competent user of standard office software.	일반적인 오피스 소프트웨어 사용에 능숙하셔야만 합니다.
018	We would like to offer a starting salary of $5,000 per month.	저희는 초봉으로 매달 5,000달러를 지급하고자 합니다.
019	Your starting date will be on Monday, December 1.	근무 시작일은 12월 1일 월요일 예정입니다.
020	I am applying for the position of an IR manager.	저는 IR 매니저 직책에 지원하고자 합니다.
021	I am interested in applying for the financial analyst position.	저는 재무 설계사 직책에 지원하는 것에 관심이 있습니다.
022	I used to work part-time at the front desk of the hotel.	저는 호텔 안내 데스크에서 시간제 근무를 한 경험이 있습니다.
023	I would love to have the opportunity to work at your company.	제가 귀사에서 일할 수 있는 기회를 갖게 된다면 매우 기쁠 것 같습니다.
024	Here is a draft of your performance review.	여기 귀하의 업무 평가 초안입니다.
025	You really had a strong performance overall.	귀하는 전반적으로 매우 뛰어난 업무 성과를 보였습니다.
026	You still need to work on communicating more effectively to the board members.	귀하는 여전히 이사진과 좀 더 효과적인 의사소통을 나누는 데에 노력을 기울여야만 합니다.
027	I want you to be more precise and crisp when dealing with such people.	저는 귀하가 이러한 분들을 상대함에 있어 좀 더 꼼꼼하고 사무적인 태도를 갖길 바랍니다.

CHAPTER 03 공지 및 안내

028	We will be closed during the Lunar New Year holidays.	저희는 구정 연휴 기간 동안 문을 닫을 예정입니다.
029	The Red Block department store will be temporarily closed on Monday December 15.	레드 블록 백화점은 12월 15일 월요일에 일시적으로 문을 닫을 예정입니다.
030	A strict non-smoking policy is enforced in this building.	본 건물 내에서는 엄격한 금연 규정이 시행되고 있습니다.
031	All employees are required to conform to this non-smoking policy.	모든 직원들은 이 금연 규정을 따라야 합니다.
032	The meeting will take place in the conference room at 10 a.m. on July 5.	회의는 7월 5일 오전 10시에 회의실에서 열릴 예정입니다.
033	Management has decided to upgrade the medical insurance coverage of all employees.	경영진은 전 직원의 의료 보험 보상 범위를 업그레이드하기로 결정했습니다.
034	Details of the new coverage have been posted on the Web board for your convenience.	여러분의 편의를 위해 새로운 보상에 대한 세부 사항을 웹사이트 게시판에 게시해 놓았습니다.
035	Please read on for more details about our privacy policy.	개인 정보 보호 방침에 대해 좀 더 세부적으로 알고자 하신다면 부디 읽어주시기 바랍니다.
036	When you order, we need to know your name, e-mail address and credit card number.	주문을 하실 경우, 당사는 여러분의 성명, 이메일 주소, 그리고 신용카드 번호를 알아야 합니다.
037	Orientation will be held on your first day of work.	오리엔테이션은 근무 첫날 열리게 될 예정입니다.
038	There will be a reception on the second floor of our office building.	사내 건물 2층에서 환영회가 있을 예정입니다.
039	I would like to remind all of you to submit the results of your medical examinations.	여러분 모두 건강 검진 결과를 제출해주실 것을 다시 한 번 말씀드립니다.
040	I received your e-mail this morning regarding the Great Homes Fair.	Great Homes 박람회와 관련해 보내주신 이메일을 오늘 아침 받아 보았습니다.
041	I hope my reply will provide you with sufficient information about the event.	제 답장이 귀하께 행사와 관련된 충분한 정보를 제공해 드릴 수 있게 되길 바랍니다.

CHAPTER 04 초대 및 일정 잡기

042   We are very much interested in discussing the upcoming project in detail with you.   저희는 다가오는 프로젝트에 대해 귀하와 좀 더 상세히 논의했으면 합니다.

043   Please let us know which date is better or if you prefer another date.   어떤 날짜가 더 좋으신지, 아니면 혹 다른 날짜를 선호하시는지 제게 알려주셨으면 합니다.

044   Please leave a message with my secretary as to when and where we can meet.   언제 어디서 저희가 만날 수 있을지 여부와 관련해 제 비서에게 메시지를 남겨주시기 바랍니다.

045   If you want to visit us, we recommend that you schedule your trip for Friday.   만약 귀하께서 방문을 원하실 경우, 금요일에 방문 일정을 잡으실 것을 추천 드립니다.

046   I would be pleased to meet with you on Monday, December 12, at 3 at my office.   12월 12일 월요일 오후 3시에 제 사무실에서 귀하를 뵈면 좋을 듯 합니다.

047   The event will take place on Saturday, January 1, starting at 9 a.m.   행사는 1월 1일 토요일에 열리며, 오전 9시에 시작됩니다.

048   There is a $25 registration fee and the seminar will last until 6 p.m.   등록비는 25달러이며 세미나는 오후 6시까지 이어집니다.

049   It is more likely that we can come to some sort of decision if we meet in person.   저희가 직접 만나게 된다면 어떤 식으로든 결론을 낼 수 있을 거라 보여집니다.

050   It was a very useful discussion and I'm much clearer now about your objectives.   이는 매우 유용한 토론이었으며 이제 귀하의 목표에 대해 보다 확실히 이해할 수 있게 되었습니다.

051   Your presence at the dinner party would be a great honor for all of us at Korean Air.   귀하께서 저녁 파티에 참석해주신다면 저희 대한항공 임직원 모두에게 큰 영광이 될 것입니다.

052   I am much pleased to accept your kind invitation.   귀하의 사려 깊은 초대를 기꺼이 수락하고자 합니다.

053   Please complete the enclosed registration form and return it to me before June 30.   동봉된 신청서를 작성하여 6월 30일 전까지 제게 보내주시기 바랍니다.

054   Your soonest R.S.V.P. will be of great help to us.   귀하께서 조속히 답변해 주신다면 저희에게 큰 도움이 되겠습니다.

CHAPTER 05 정보 요청 및 협조 요청

055   Could you extend the warranty period of the office printers by one month.   사무용 프린터의 보증 기간을 한 달 더 연장해줄 수 있으신가요?

056   Please provide me with an update on the estimate work by this Friday.   이번 주 금요일까지 견적 작업과 관련된 최근 진행 상황을 제게 알려주시기 바랍니다.

057   I'd appreciate it if you could send us a detailed service information brochure.   저희 측에 상세한 서비스 정보 브로셔를 보내주신다면 감사하겠습니다.

058   It would really help us if you could forward us additional information.   저희 측에 추가적인 정보를 보내주신다면 큰 도움이 될 것입니다.

059   I would like to have a copy of your latest catalog.   귀사의 최신 카탈로그 1부를 받아볼 수 있다면 좋을 듯합니다.

060   We would like to know if the company enjoys a good reputation.   이 회사의 평판이 괜찮은지 여부를 알 수 있었으면 합니다.

061   We assure you that any information given will remain confidential.   저희가 받아 본 정보는 모두 기밀로 남을 것임을 보장합니다.

062   I wonder if you could have better luck in securing accommodations near your office.   귀사의 사무실 근처에 숙소를 잡아주실 수 있을지 궁금합니다.

063   We would like to have a tripartite meeting at your earliest convenience.   빠른 시일 내에 삼자회의를 가졌으면 합니다.

064   This letter today is to request your assistance in dealing with this urgent problem.   이 서신은 이 같은 급박한 문제를 해결할 때 귀사의 지원을 요청하고자 하는 서신입니다.

065   We need to receive your immediate feedback regarding the recent design changes.   저희는 최근 디자인 변경과 관련해 귀하의 즉각적인 피드백이 필요합니다.

066   Due to the urgent nature of this matter, your expediting the request is essential.   이 사안이 긴급한 관계로, 요청사항에 대한 귀하의 신속한 처리가 필수적입니다.

067   I have a few questions about financial accounting which you may be able to answer.   귀하께서 답변해 주실 수 있을만한 재무 회계 관련 질문 사항들이 몇 가지 있습니다.

CHAPTER 06 자료 분석 및 시장 조사

068 I think the problems lie not only in our marketing plan but also in our product itself.
저는 문제가 마케팅 계획뿐만 아니라 제품 자체에도 있다고 생각합니다.

069 Nearly half (48%) of Canadian Internet users have already banked online.
캐나다 인터넷 사용자의 거의 절반(48%) 가량이 이미 온라인으로 은행 업무를 봅니다.

070 The sudden increase in population has resulted in a shortage of housing in Seoul.
갑작스러운 인구 증가는 서울의 주택 부족 현상을 야기했습니다.

071 I'd like us to concentrate on the recent sales figures.
여러분 모두 최근 판매 수치에 주목해 주셨으면 합니다.

072 The sales in US were at $100 million in the first quarter of the financial year.
미국 내 매출은 회계연도 1분기에 1억 달러를 기록했습니다.

073 In the second quarter, sales rose rapidly to $ 150 million.
2분기엔, 매출이 1억 5천 달러까지 가파르게 증가했습니다.

074 Our production has flattened for two years in a row.
당사의 생산량은 2년 연속 제자리걸음입니다.

075 Looking at this chart carefully, we see that we have spent more money on training.
이 차트를 유심히 살펴보시면, 우리가 직원 교육에 좀 더 많은 비용을 투자해왔음을 알 수 있습니다.

076 Chinese companies have high shares of both global revenue and exports.
중국 기업은 세계 수입 및 수출에서 높은 점유율을 확보하고 있습니다.

077 The KOSPI has been fluctuating between 10,000 and 13,000.
한국 종합 주가 지수는 10,000에서 13,000 사이를 왔다 갔다 하고 있습니다.

078 The stock market index has gradually begun to recover.
주가 지수는 점차 회복되기 시작했습니다.

079 Industrial output rose sharply from minus 7.3% in February to 4.9% in March.
산업 생산량은 2월 마이너스 7.3%에서 3월 4.9%로 가파르게 증가했습니다.

080 The jobless rate peaked at 4.3% in February, then started to fall to 4.1% in March.
실업률은 2월에 4.3%로 정점을 찍었고, 그 후 3월엔 4.1%로 떨어지기 시작했습니다.

081 Economic growth finally bottomed out at 2.7% in the first quarter of 2005.
경제 성장은 2005년 1분기에 2.7%로 마침내 바닥을 쳤습니다.

CHAPTER 07 동향 파악, 전망, 예측

082 　We'll maintain at least a 20% market share, which is 3% short of our original projection.
　　우리는 최소 20%의 시장 점유율을 유지하게 될 것이며, 이는 당초 예상보다 3% 부족한 수치입니다.

083 　Our projected sales for the new quarter are expected to decrease by 30%.
　　새로운 분기에 당사의 예상 판매량은 30%까지 감소할 것으로 예상됩니다.

084 　In short, I believe the timing is right for starting this new startup business.
　　간단히 말해, 저는 지금 이 때가 바로 신생 사업을 시작하기에 딱 적기라고 믿습니다.

085 　We should secure direct distribution channels to our customers in year two.
　　두 번째 해에 우리는 고객 직접 유통망을 확보해야 합니다.

086 　We must attain profitable operations in year three.
　　세 번째 해에 우리는 수익성을 보장할 수 있는 운영 방식을 확립해야 합니다.

087 　American factory workers have seen raises averaging 28 percent since 2010.
　　미국 공장 노동자들은 2010년 이래 평균 28%에 달하는 임금 인상을 받아왔습니다.

088 　Average worker pay rose from $22,952 a year in 1990 to $29,267 in 2010.
　　근로자 평균 보수는 1990년 22,952달러에서 2010년 29,267달러로 인상되었습니다.

089 　The answer lies in how to diversify distribution channels for our products.
　　그 답은 우리 제품의 유통 경로를 다양화하는 방법을 찾는 데에 있습니다.

090 　We have to think about who our target customers are.
　　우리는 누가 우리의 목표 고객이 될 것인지에 대해 생각해봐야 합니다.

091 　We can rely on the domestic market where we still enjoy strong sales.
　　우리는 여전히 매출 강세를 보이고 있는 국내 시장에 의존할 수 있습니다.

092 　Under the right condition, we can make profits in the Japanese market as well.
　　상황만 괜찮게 받쳐준다면, 우리는 일본 시장에서도 수익을 올릴 수 있습니다.

093 　We expect customer prices to fall further in the coming months.
　　우리는 이후 몇 달 동안 소비자 가격이 좀 더 떨어질 것으로 예상합니다.

094 　The well-being is becoming one of the top priorities for more and more consumers.
　　웰빙은 점점 더 많은 소비자들에게 최우선 고려 사항 중 하나가 되고 있습니다.

CHAPTER 08 의견 제시 및 건의

095 I'd like to propose a possible solution to our team's slow progress on the project.

저는 우리 팀의 프로젝트 진행이 더딘 것과 관련해 가능한 해결책을 제안하고자 합니다.

096 I think we should temporarily bring in at least three additional engineers from Seoul.

저는 우리가 적어도 3명의 추가 엔지니어들을 서울에서 임시로 데려와야 한다고 생각합니다.

097 My point is that one of our assets is our manpower.

제 요지는 바로 인력이 우리의 자산 중 하나라는 것입니다.

098 I believe now is the time to provide fair compensation to our managers.

저는 지금이 바로 관리자들에게 합당한 보상을 제공해줘야 할 때라고 봅니다.

099 We need to boost the volume of our exports and attract foreign investments.

우리는 수출량을 신장시키고 해외 투자를 유치해야 할 필요가 있습니다.

100 It is essential to make quality products and increase our exports to overseas markets.

고품질의 제품을 생산하고 해외 시장으로 수출을 늘리는 것이 필수적입니다.

101 It seems to me that we should spare no resources in pursuing it.

저는 우리가 이를 밀고 나가는 데 있어 그 어떤 자원도 아껴선 안 된다고 봅니다.

102 The strength of this project is its competitive price and its edutainment values.

이 프로젝트의 강점은 경쟁력 있는 가격, 그리고 오락성을 겸비한 교육적 가치입니다.

103 The weakness is the limited target market because we are targeting only adults.

약점은 바로 우리가 성인들만을 대상으로 하고 있기 때문에 목표 시장이 제한적이라는 것입니다.

104 Going back to the question of restructuring, I would say that we have no choice.

구조조정 문제로 돌아가보면, 저는 우리에게 선택의 여지가 없다고 봅니다.

105 In short, poor customer service will result in a slowdown in sales.

간단히 말해, 형편없는 고객 서비스는 매출 부진으로 이어집니다.

106 The problem is that we tend to consider our customers as a nuisance.

문제는 바로 우리가 고객들을 성가신 존재로 여기는 경향이 있다는 것입니다.

107 In my opinion, the five-day workweek has brought many advantages to us.

제 생각에, 주 5일 근무제는 우리에게 많은 이점을 가져다 줍니다.

CHAPTER 09 문의 답변

108	We appreciate your interest in becoming a dealer for our products.	저희 제품의 판매상이 되는 것에 관심을 보여주셔서 매우 기쁘게 생각합니다.
109	I'm sending via express mail an information packet about the program for dealers.	판매상 관련 프로그램에 대한 정보 모음집을 속달 우편을 통해 보내드리도록 하겠습니다.
110	Many thanks for your inquiry of January 1 for high-quality printing paper.	귀하의 고품질 인쇄 용지에 대한 1월 1일자 문의에 매우 감사드리는 바입니다.
111	If you need more information, please let us know at your earlier convenience.	좀 더 많은 정보가 필요하실 경우, 가급적 빨리 저희 측에 알려주셨으면 합니다.
112	We've attached a spreadsheet showing discount rates for each item we offer.	당사가 제공하는 각 품목별 할인율을 보여주는 스프레드시트를 첨부해 드렸습니다.
113	We offer a 7% discount for orders over $5,000.	5,000달러 이상의 주문에 대해선 7%의 할인을 제공합니다.
114	Enclosed in a separate package are the carpet samples you requested.	개별 소포로 동봉한 것은 요청하신 카펫 샘플입니다.
115	I'm pleased to inform you that we have decided to accept your last offer.	저희 측에서 귀하의 최종 제안을 수락하기로 결정하게 된 것을 알려드리게 되어 매우 기쁩니다.
116	I sent you the contract yesterday by snail mail for security purposes.	어제 귀하 측으로 계약서를 보내드렸으며, 보안을 유지하고자 일반 우편을 통해 발송했습니다.
117	Please send me a copy of your current typewriter catalogue and price list.	귀사의 최신 타자기 카탈로그와 가격 목록을 저희 측에 보내주시기 바랍니다.
118	The catalogue contains pricing, shipping and warranty information.	카탈로그엔 가격, 배송, 그리고 보증 정보가 수록되어 있습니다.
119	I hope that the attached information will prove helpful.	첨부해 드린 내용이 부디 도움이 되기를 바랍니다.
120	If possible, we would like to have a stand which is not located near any direct competition.	만약 가능하다면, 직접적인 경쟁 업체 근처에 위치해 있지 않은 전시 부스를 확보했으면 합니다.
121	Please let us know if our requests can be met. I look forward to hearing from you soon.	저희 요청 사항이 충족될 수 있는지 여부를 알려주시기 바랍니다. 그럼 곧 답변을 듣게 되길 바랍니다.

CHAPTER 10 홍보 및 광고

122	We use state-of-the-art technology so you can actually see yourself in the latest hair style.	저희는 최신 기술을 활용해 여러분이 최신 헤어스타일을 한 본인의 모습을 실제로 볼 수 있게 해드립니다.
123	We offer a wide array of gift options that will surely please the people dear to you.	저희는 여러분의 소중한 이들을 진정 행복하게 해줄 수 있는 폭넓은 종류의 선물 선택군을 제공합니다.
124	If you are looking for unique birthday presents, come and visit Bay Shop now.	만약 특별한 생일 선물을 찾고 계신다면, 지금 바로 베이샵을 방문하시기 바랍니다.
125	Enjoy five-star treatment in our luxurious rooms, restaurants, and sports facilities!	고급스러운 객실, 식당 및 스포츠 시설에서 5성급 대우를 즐겨보시기 바랍니다!
126	We specialize in customized skin treatments that match your skin type.	저희는 여러분의 피부 타입에 딱 맞는 고객 맞춤형 피부 치료를 전문으로 하고 있습니다.
127	We're coming out with our very own collection of yoga apparel this spring!	저희는 올 봄 저희만의 요가 의류 컬렉션을 출시하게 됩니다!
128	Metro Sports Center provides health and wellness programs for people of all ages.	메트로 스포츠 센터는 모든 연령대의 사람들을 위한 건강 프로그램을 제공합니다.
129	We have state-of-the-art facilities and a staff of competent fitness trainers.	저희는 최신식 시설과 뛰어난 능력의 신체 단련 트레이너들을 보유하고 있습니다.
130	MJA is well-known for its efficiency, professionalism, and speed.	MJA는 일 처리의 효율성, 전문성, 그리고 속도에 있어 잘 알려져 있습니다.
131	We will give you a 50% discount on our carpet cleaning service.	카펫 세탁 서비스에 있어 50%의 가격 할인을 제공해 드릴 예정입니다.
132	The Red Sea Spa is open daily from 8 a.m. to 11 p.m.	Red Sea Spa는 매일 오전 8시부터 오후 11시까지 영업합니다.
133	Check out these fantastic products in our catalog and place your order now!	저희 카탈로그에서 이 환상적인 제품들을 확인해보시고, 지금 바로 주문해 주시기 바랍니다!
134	Contact us today and let us help you create the celebration of a lifetime!	오늘 바로 연락 주시면 여러분의 삶 속 기념일을 멋지게 만들어 드리도록 하겠습니다!

CHAPTER 11 기업 제휴 및 마케팅

135	We would like to form a strategic partnership with your company.	저희는 귀사와 전략적 동맹 관계를 맺었으면 합니다.
136	We would like to discuss the possibility of working together.	저희가 함께 일할 수 있는 가능성에 대해 논의했으면 합니다.
137	We're a large distributor specializing in imported car wash products for the Korean market.	저희는 한국 시장에 수입 세차 용품을 공급하는 것을 전문으로 하는 대형 유통 업체입니다.
138	We saw your advertisement and would like to consider distributing your products locally.	저희는 귀사가 낸 광고를 보았으며, 귀사의 제품을 저희 지역에 공급하는 걸 고려해보고자 합니다.
139	Could you send us a brochure of your car wash products?	귀사의 세차 용품 브로셔를 저희 측에 보내줄 수 있으신지요?
140	Enclosed is a brochure on our company and our products for your reference.	참고해 보실 수 있도록 저희 회사 및 제품 관련 브로셔를 첨부해 드립니다.
141	We look forward to the pleasure of doing business with you.	귀사와 거래할 수 있게 되기를 진심으로 바랍니다.
142	There is no alternative other than winning back our market share.	저희의 시장 점유율을 되찾아 오는 것 외엔 다른 대안이 없습니다.
143	The point I'm trying to get across is that we need to create a new marketing approach.	제가 전달하고자 하는 요지는 바로 저희가 새로운 마케팅 접근법을 고안할 필요가 있다는 것입니다.
144	Marketing is a strategy and set of techniques to sell an organization's products.	마케팅은 조직의 상품을 판매하는 전략 및 일련의 기술이라고 볼 수 있습니다.
145	Marketing is based on understanding the customer's needs.	마케팅은 고객의 수요를 이해하는 것을 기반으로 합니다.
146	Effective marketing is about developing a long term relationship with your customers.	효과적인 마케팅은 고객과 장기적인 관계를 발전시켜 나가는 것입니다.
147	Even an attractively priced product has to be made known to its target customers.	가격이 매력적인 상품조차 이것이 겨냥하는 고객들에게 알려져야만 합니다.
148	The Internet offers great opportunities as a medium for direct marketing.	인터넷은 직접적인 마케팅 매개체로서 엄청난 기회를 제공합니다.

CHAPTER 12 가격 협상

149	Because of the current exchange rate, your prices have become more expensive.	최근 환율의 영향 탓인지, 귀사의 가격이 좀 더 비싸졌습니다.
150	The market situation is such that your competitors offer lower prices than yours.	현 시장 상황은 귀사의 경쟁사들이 귀사보다 더 낮은 가격을 제시하고 있는 상태입니다.
151	Your prices are shown to be far more expensive than others currently available in the market.	귀사의 가격은 현재 시장에서 활동 중인 다른 업체들의 가격보다 훨씬 비싼 것으로 나타났습니다.
152	We hope you will either match or better the prices of your local competitors.	귀사께서 지역 경쟁 업체 가격에 맞추시거나 그보다 더 나은 가격대를 제시해주셨으면 합니다.
153	We are enclosing a comparison of prevailing prices for your reference and appropriate action.	귀사께서 참고해보신 뒤 적절한 조치를 취하실 수 있도록 일반 시세를 비교한 자료를 동봉해 드립니다.
154	The sharp increase in wages has been forcing us to adjust our price structures.	임금의 급격한 인상은 당사로 하여금 가격 구조를 조정할 수밖에 없게끔 만들었습니다.
155	We have no choice but to ask you to accept a 15% increase in all our prices.	모든 금액에 있어 15%의 인상안을 귀사께서 수락해주시길 부탁드리는 것 외엔 방법이 없습니다.
156	Unfortunately, we are unable to accept the proposed price increase.	불행히도, 저희는 제안하신 가격 인상안을 수락할 수가 없습니다.
157	Would you consider granting us a 15% discount on our orders?	당사가 주문할 시 15% 할인을 허용해주는 걸 고려해볼 순 없으신지요?
158	We'll be willing to increase the volume of our order if you can allow us an additional discount.	귀사께서 저희 측에 추가 할인을 허용해 주신다면, 당사는 주문량을 기꺼이 더 늘릴 생각입니다.
159	We'll place our first order with you as soon as we receive a reply considering the discount.	귀사로부터 할인을 고려한다는 답신을 받는 즉시 첫 번째 주문을 넣도록 하겠습니다.
160	Additional discount solicitation from your company has drawn our attention with priority.	귀사의 추가 할인을 요구하는 간청이 우선적으로 저희의 관심을 끌었습니다.
161	The final review fortunately enables us to find room for an extra 3% discount in your favor.	다행히 마지막 검토를 통해 귀사가 요구하신 3% 추가 할인을 제공할 수 있는 여지를 발견하게 되었습니다.

CHAPTER 13 대금 결제

162 Please remit us $500 no later than November 20. — 늦어도 11월 20일까지 저희 측으로 500불을 송금해주시기 바랍니다.

163 You may advise us of your credit card number to reconfirm your reservation. — 예약을 재확인할 수 있도록 귀하의 신용 카드 번호를 저희에게 알려주셨으면 합니다.

164 We were notified today that your remittance for our invoice was received on January 23. — 당사가 거래하고 있는 은행을 통해 1월 23일경 당사의 청구 금액을 귀사가 송금했다는 사실을 확인했습니다.

165 Your statement totaling $50,000 is now 20 days overdue. — 50,000불에 이르는 귀사의 청구서가 현재 20일이나 체납되었습니다.

166 We are sorry to have to get in touch with you again about our outstanding invoice. — 또다시 이 같은 미지불 송장과 관련해 귀사께 연락을 드리게 되어 매우 유감입니다.

167 Please send us the payment to avoid putting your credit standing in jeopardy. — 귀사의 신용 상태가 위기에 처하는 것을 피할 수 있도록 저희 측에 대금을 보내주시길 부탁드립니다.

168 If we do not receive payment by today, we will have to start legal proceedings. — 만약 금일까지 대금을 수령하지 못한다면, 당사는 법적 절차를 밟을 수밖에 없게 될 것입니다.

169 The money was transferred to you this morning and the bill has been paid. — 오늘 아침 귀사로 돈이 송금되었으며 그에 따라 대금이 최종 결제되었습니다.

170 We would like to apologize for the delay in setting the above mentioned invoice. — 상기 송장 결제가 지연된 점에 진심으로 사과드립니다.

171 We have been unable to pay because our computer system has broken down. — 당사의 컴퓨터 시스템에 문제가 생겨 결제를 해드릴 수 없었습니다.

172 Because of this, we cannot possibly remit payment of your invoice in full immediately. — 이 같은 이유로, 당사는 귀사께 송장 전액을 즉각적으로 지불하기 힘들 것으로 보입니다.

173 All invoices are payable within 28 days of receipt of goods. — 모든 송장은 물품 수령 즉시 28일 이내에 결제되어야 합니다.

174 I strongly demand the immediate refund of $2,000 which I paid to your airline for the trip. — 저는 귀 항공사에 이번 여행 경비로 지불한 2,000달러를 즉각적으로 환불해주시길 강력히 요청 드리는 바입니다.

175 We request that you grant us an additional 60 days usance on all payments. — 귀사께 모든 결제의 어음 기간을 60일 더 연장해주실 것을 요청 드리고자 합니다.

CHAPTER 14 선적 및 배송

176	The goods you ordered are being shipped this afternoon.	귀사께서 주문하신 물품은 오늘 오후에 선적될 예정입니다.
177	Shipment will be initiated as soon as your payment is confirmed.	귀사의 결제 내역이 확인되자마자 선적이 시작될 것입니다.
178	Thank you for your order dated September 25th.	귀사의 9월 25일자 주문에 감사드립니다.
179	We hope they reach you safely and that you will be pleased with them.	물품이 귀하께 무사히 도착하길 바라며, 받아보신 물품에 만족하시길 바랍니다.
180	I'm sorry to inform you that your order of March 20 will be delayed by one week.	귀하의 3월 20일자 주문 배송이 일주일 지연될 예정임을 알려드리게 되어 유감스럽게 생각합니다.
181	We are very sorry to hear that the above mentioned order has not yet arrived.	상기 주문품이 아직 도착하지 않았다는 사실을 알게 되었으며, 이에 매우 유감을 표하는 바입니다.
182	The recent trucker's strike has been causing delays in many of our shipments.	최근 트럭 운전 기사들의 파업으로 인해 저희 측 배송 업무 대부분이 지연되었습니다.
183	This was caused by the late delivery of materials from one of our business partners.	이것은 저희 사업 파트너 중 한 곳으로부터 자재가 늦게 배송된 것으로 인해 야기되었습니다.
184	Delivery of the boxes should be made today or by tomorrow morning at the latest.	상자는 금일, 혹은 늦어도 내일 아침까지 배송되어야 합니다.
185	I'm pleased to be able to tell you that your order was dispatched two days ago.	귀사께서 주문하신 물건이 이틀 전에 발송되었음을 알릴 수 있게 되어 매우 기쁩니다.
186	We discovered that we were sent the wrong model.	당사는 저희 측이 잘못된 모델을 받았다는 사실을 알게 되었습니다.
187	We certainly made an error with your shipment of July 20.	귀사의 7월 20일자 선적과 관련해 저희 측이 명백히 실수를 저질렀습니다.
188	We would like to request that the pens be sent out via air freight.	당사는 항공 화물을 통해 펜을 발송해주실 것을 부탁드리는 바입니다.
189	If you cannot deliver within the next week, we will have to look for another supplier.	귀사께서 다음 주 내로 배송해주지 못하신다면, 저희로서는 다른 공급처를 찾아볼 수 밖에 없습니다.

CHAPTER 15 제품 결함, 반품, 취소

190   The product is not functioning properly, and I'm disappointed with my purchase.
제품이 제대로 작동하지 않고 있으며, 그에 따라 본 제품을 구매한 것에 굉장히 실망했습니다.

191   We are most disappointed with the handle sample you sent us.
저희는 무엇보다도 귀사가 보내주신 핸들 샘플에 가장 크게 실망하였습니다.

192   Please accept our deep apology for your dissatisfaction with our product.
저희 제품에 대한 귀하의 불만족에 진심 어린 사과를 표하니 이를 부디 받아주시기 바랍니다.

193   Please don't forget to bring your official receipt when you return the product to our store.
저희 가게로 제품을 반품하실 시 귀하의 공식 영수증을 가져오셔야 한다는 걸 잊지 마시기 바랍니다.

194   We have today posted to your account a credit for USD 9,876.
금일 귀사의 계좌로 9,876 미국 달러를 부쳐드렸습니다.

195   Please advise if it is possible to cancel our order immediately.
주문을 즉시 취소하는 게 가능한지 여부를 알려주셨으면 합니다.

196   We are sorry for any inconvenience this cancelation might cause you and your company.
이번 취소가 귀하 및 귀하의 회사에 야기하게 될 불편함에 대해 매우 죄송하게 생각합니다.

197   Your kind confirmation of receipt of this cancelation notice would be much appreciated.
귀사께서 본 취소 통지를 받으셨다는 사실을 확인해주신다면 매우 감사하겠습니다.

198   The whole system has now been completely restored.
전체 시스템이 이제 완벽하게 정상화되었습니다.

199   We assure you that the system operates in perfect condition.
이젠 시스템이 완벽한 상태로 작동 가능하다는 사실을 귀사께 보장합니다.

200   We dispatched today a new generator for immediate replacement by our mechanics.
저희가 저희 측 정비공을 통해 귀사께서 즉시 교체하실 수 있도록 새로운 발전기를 금일 발송해 드렸습니다.

201   We received the attached claim notification regarding a vehicle transshipped at Incheon.
첨부해주신 인천에서 옮겨 실은 차량 관련 피해 보고 통지서를 받아 보았습니다.

202   We are advising that a truck with VIN XXXXX suffered damage in the front.
차량 등록 번호 XXXXX번 트럭이 차량 앞부분에 손상을 입었음을 알려드립니다.

203   Please check your records and let us know the possibility of damage at terminal.
관련 기록을 확인해 보신 뒤 터미널에서 피해가 발생했을 가능성에 대해 알려주시기 바랍니다.

CHAPTER **16** 컴플레인 및 사과

204 I am emailing you regarding your complaint dated January 1.
귀하께서 제기하신 1월 1일자 항의 내용과 관련해 이메일을 보내드립니다.

205 We were much embarrassed to learn of the unpleasant incident on our flight KE017.
항공편 KE017에서 발생한 불쾌한 사건을 알게 되었으며, 이에 매우 부끄럽게 생각합니다.

206 The alleged food poisoning raised by you has embarrassed all of us.
귀하께서 주장하신 식중독 관련 항의에 저희 모두 당황한 상태입니다.

207 We can understand your disappointment with the service you received.
귀하께서 제공받으신 서비스에 실망하셨다는 점 충분히 이해합니다.

208 Please accept our deep apology for the inconvenience you suffered during the flight.
비행 중 귀하께서 겪으신 불편함에 대해 진심 어린 사과를 드리오니, 부디 이를 받아주시기 바랍니다.

209 Rest assured that we are seriously looking into the matter.
저희가 현재 이 사안을 심각하게 살피고 있음을 확실히 알아두셨으면 합니다.

210 The fact that the sales clerk seemed uninterested in helping you is unacceptable.
해당 직원이 귀하를 돕는 것에 무관심해 보였다는 것은 사실상 용납할 수 없는 일입니다.

211 We appreciate your pointing out the problem with the delivery.
배송과 관련된 문제점을 지적해 주신 것에 감사를 표합니다.

212 I will bring this matter up with the managers at our next management meeting.
이 사안을 다음 운영 회의 때 상정해 관리자들과 이야기할 수 있도록 할 것입니다.

213 I will discuss ways to ensure that such behavior does not occur again.
이러한 행동이 다시금 발생하지 않도록 할 수 있는 확실한 방법을 논의할 것입니다.

214 We pledge to work harder to eliminate even the slightest possibility of such failure.
저희는 이 같은 실낱 같은 실패의 가능성마저 제거할 수 있도록 더욱 열심히 일할 것을 약속드리겠습니다.

215 We'd like your company to replace this machine with a new one immediately.
저희는 해당 기계를 귀사께서 즉시 새 것으로 교체해 주셨으면 하는 바램입니다.

216 Please rest assured that we'll immediately replace the said machine with a new one.
말씀하신 기계를 즉시 새 것으로 교체해 드릴 것을 확실히 약속드립니다.

CHAPTER 17 감사 메시지

217	Without your company, our company would have some big problems.	귀사가 없었더라면, 저희 회사는 크나큰 어려움을 겪었을 것입니다.
218	I am very pleased to work with you. Thank you again for your help.	귀사와 함께 일할 수 있어 매우 기쁩니다. 다시 한번 귀사의 도움에 감사드립니다.
219	I would like to thank all of you for attending my retirement party yesterday.	어제 저의 은퇴 기념식에 참석해 주신 모든 분들께 감사의 말씀을 전하고자 합니다.
220	I was extremely impressed with your warm-hearted farewell.	여러분의 따뜻한 마음이 묻어나는 작별 인사에 정말이지 크나큰 감동을 받았습니다.
221	I really appreciate that I had the support of each and every one of you.	여러분 한 분 한 분이 베풀어주셨던 지지에 너무나 감사드릴뿐입니다.
222	I want you to know that I had a wonderful time during my recent Asian Cruise.	제가 최근에 떠난 아시아 크루즈 여행에서 매우 즐거운 시간을 보냈다는 사실을 귀하께서 아셨으면 합니다.
223	I was greatly impressed by Victoria Cruise Line's accommodating and caring staff.	저는 빅토리아 크루즈 라인의 협조적이고도 사려 깊은 직원들에 매우 깊은 감명을 받았습니다.
224	If not for Mr. Hudson's persistence, I don't think I would ever have recovered my purse.	허드슨 씨의 끈질긴 노력이 없었다면, 저는 제 지갑을 결코 찾을 수 없었을 것입니다.
225	I hope you will recognize his dedication to his job and reward him accordingly.	귀하께서 직업에 대한 그의 헌신을 알아주시고, 그에게 이에 합당한 보상을 해주셨으면 하는 바람입니다.
226	Thank you for all you've done to make my trip to Seoul very relaxing and enjoyable.	서울에서의 제 여정을 이렇듯 편안하고 즐겁게 만들고자 해주신 모든 것에 감사의 말씀드립니다.
227	Thank you indeed for your support in this matter.	이 일과 관련한 귀하의 지지에 진심으로 감사드립니다.
228	I look forward to an opportunity of returning your favor in the near future.	조속한 시일 내에 귀사의 호의에 보답할 수 있는 기회를 갖게 되길 바랍니다.
229	I would be much honored if I could reciprocate your courtesy in the near future.	조속한 시일 내에 귀하의 공손한 대접에 화답할 수 있게 된다면 정말이지 크나큰 영광이 될 것입니다.

CHAPTER 18 축하, 칭찬, 추천, 위로

230	Congratulations on your promotion and your continuing success in Korea Electronics Co.	귀하의 승진 및 한국 전자에서의 계속되는 성공을 축하드리는 바입니다.
231	It is encouraging to know that someone of your ability has assumed this key post.	귀하와 같은 능력을 가진 이가 이러한 요직을 맡았다는 사실에 힘이 납니다.
232	I wish you every success in your future endeavors.	향후 하시는 모든 일에 있어 계속 성공하시길 기원합니다.
233	They are real assets to your company of which you should be very proud.	이들은 진정 귀사가 매우 자랑스러워해야 할 만한 귀사의 자산이라고 볼 수 있습니다.
234	I would not hesitate to strongly recommend him to your company.	저는 한치의 망설임도 없이 귀사에 그를 강력히 추천하고자 합니다.
235	He was highly respected by all of us in the company.	그는 회사 내 모든 직원들로부터 많이 존경 받아왔습니다.
236	I can assure you that he would be an asset to your company.	저는 그가 분명 귀사의 자산이 될 것이라 확신합니다.
237	We would have no hesitation in recommending them as prospective customers.	저희는 주저 없이 이들을 유망 고객으로서 적극 추천드리는 바입니다.
238	I strongly recommend Seoul as your future business partner.	저는 귀하의 미래 사업 파트너로서 서울을 강력히 추천하는 바입니다.
239	I can't emphasize enough just how important this is in selecting a site for your factory.	귀하의 공장 부지 선택과 관련해 이곳이 얼마나 중요한지는 아무리 강조해도 지나치지 않을 것입니다.
240	I want to let you know that our thoughts and prayers are with you.	귀사의 옆에 저희의 마음과 기도가 함께하고 있음을 알아주셨으면 합니다.
241	I'm sure that everything will work itself out if you give it time.	시간을 두고 지켜보신다면 분명 모든 일이 잘 풀리게 될 것이라 확신합니다.
242	After much deliberation, I have decided to take early retirement.	많은 심사숙고 끝에, 저는 조기 퇴직을 하기로 결정을 내렸습니다.

CHAPTER 19 기업, 생산, 경영

243 It is sad to know that promises to keep in touch fade as time flows away. | 서로 연락하고 지내자는 약속이 시간이 흘러감에 따라 퇴색될 거란 사실을 알기에 마음이 슬픕니다.

244 Most organizations have a hierarchical or pyramidal structure. | 대부분의 조직들은 위계 구조, 혹은 피라미드 구조를 띠고 있습니다.

245 All the people in the organization know what decisions they are able to make. | 조직 내의 모든 사람들은 이들이 어떠한 결정을 내릴 수 있는지 인지하고 있습니다.

246 Manual and service industry workers are often organized in labor unions. | 육체 노동 및 서비스 산업 종사자들은 보통 노동조합을 결성합니다.

247 British unions are known as trade unions. In some countries, unions are largely political. | 영국 노동조합은 직업별 노동조합으로 알려져 있습니다. 일부 나라에서, 노동조합은 대체로 정치적입니다.

248 Companies want to know the demographic statistics in the area they want to invest in. | 기업들은 자신들이 투자하고자 하는 지역의 인구 통계 자료를 알고 싶어 합니다.

249 The data helps the business planners to decide the size and growth of the market. | 데이터는 사업 계획가들이 시장의 규모와 성장을 결정할 수 있도록 도와줍니다.

250 Most manufacturers produce a large number of products often divided into product lines. | 대부분의 제조업체들은 흔히 제품군으로 분류되는 다수의 제품들을 생산합니다.

251 Together, a company's items, brands and products constitute its product mix. | 회사의 품목, 상표, 그리고 제품들이 다 함께 어우러져 제품 구성을 이룹니다.

252 Manufacturing companies are faced with a "make or buy decision" for every item. | 제조업체들은 모든 물품에 대해 "자가제조와 구입 의사 결정"을 내려야 하는 상황에 직면합니다.

253 In just-in-time production, nothing is bought or produced until it is needed. | 적시 생산의 경우, 생산이 필요하기 전까진 그 무엇도 구매하거나 생산하지 않습니다.

254 The essential thing about presentations is that they generally need to be short and succinct. | 발표에 있어 정말 중요한 것은, 바로 발표가 대체적으로 짧고 간단명료해질 필요가 있다는 것입니다.

255 Tell your audience what the structure of your presentation will be. | 여러분의 발표가 어떤 구성으로 진행될지 청중에게 말씀해 주셔야 합니다.

CHAPTER 20 기업가 및 근로자

256   As the first woman to lead a Fortune 20 company, Fiorina often fought conventional wisdom.   피오리나는 Fortune 20을 이끈 첫 번째 여성으로서 사회적 통념에 빈번히 맞서 싸웠다.

257   Leadership is about empowering others to reach their full potential.   리더십은 다른 이들이 자신들의 잠재력을 최대치로 끌어올릴 수 있는 자율권을 주는 것이다.

258   A manager should be a positive role model for others to follow.   매니저는 다른 이들이 따를 수 있는 긍정적인 역할 모델이 되어야 한다.

259   A manager should know how to do the job and have people skills.   매니저는 일을 처리하는 방법을 알아야 하며, 사람을 다루는 기술을 갖추고 있어야 한다.

260   People who speak many languages have a distinct advantage in the job market.   구직 시장에 있어, 다국어를 구사하는 사람들은 눈에 띄는 이점을 가진다.

261   Proficiency in English has become a major requirement for Chinese professionals.   유창한 영어 실력은, 경력 신장을 지향하는 중국인 전문직 종사자들에게 핵심적 필요조건이 되었다.

262   Many companies pay bonuses to workers who develop new methods and learn new skills.   많은 기업들이 새로운 방식을 개발하고 새로운 기술을 습득하는 근로자들에게 보너스를 지급한다.

263   Some workers believe that new technology has human costs.   일부 근로자들은 새로운 기술엔 인간의 희생이 따른다고 믿는다.

264   They see machines performing tasks once done by workers.   이들은 한 때 근로자들이 하던 일을 기계들이 수행한다고 본다.

265   The idea of putting people before profits is now much in vogue.   이윤에 앞서 사람을 먼저 생각하자는 사고는 현재 널리 퍼져있는 개념이다.

266   A drop in productivity causes workers to become unemployed.   생산성 하락은 근로자들이 일자리를 잃게 만든다.

267   Companies that learn to cannibalize themselves today will rule tomorrow's business jungle.   오늘날 스스로 매출 감소를 감내하는 방법을 배운 기업들이, 바로 내일의 비즈니스 밀림 지대를 지배하게 될 것이다.

268   Flexible production is extremely hard to manage and worryingly easy to subvert.   유연한 생산 방식은 관리하기가 매우 힘들고 성가실 정도로 뒤엎어지기 쉽다.

269   Generous employment policies cannot make up for poor product strategies.   관대한 고용 정책이 형편없는 상품 전략을 메워줄 순 없다.

CHAPTER **21** 각종 사회 이슈

270 Crime is on the rise, and there are no signs of things getting better.
범죄는 계속 늘고 있으며, 상황이 나아질 기미는 전혀 보이지 않고 있습니다.

271 Many students say they have to take second jobs to afford school.
대다수 학생들은 학교를 다니기 위해 부업을 가져야 할 지경이라고 토로합니다.

272 Students are upset about cuts in university funding and steep tuition hikes.
학생들은 대학 재정 삭감 및 엄청난 등록금 인상 조치에 매우 불편한 심기를 드러내고 있습니다.

273 I think it is a good idea to ban smoking in public as a way to improve people's health.
저는 사람들의 건강을 증진시킬 수 있는 방안으로서 공공장소에서의 흡연을 금하는 것이 좋은 생각이라고 봅니다.

274 I don't deny that students get better opportunities to learn English if they go overseas.
학생들이 해외로 나가면 영어를 배울 수 있는 더 나은 기회를 가질 수 있다는 걸 부인하진 않겠습니다.

275 English immersion education will definitely increase private education expenses.
영어 몰입 교육은 확실히 사교육비를 증가시키게 될 것입니다.

276 I don't think it is possible to conduct all classes in English right now.
저는 지금 당장 모든 수업을 영어로 진행하는 것은 불가능하다고 봅니다.

277 You should know that children can forget about the importance of family.
여러분은 아이들이 가족의 중요성을 망각할 수도 있다는 사실을 인지해야만 합니다.

278 Officials are encouraging couples who grew up as the only child to have a second baby.
공무원들은 현재 외동으로 자란 부부들에게 둘째 아이를 갖는 것을 장려하고 있습니다.

279 The city says 97% of Shanghai families have only one child.
도시 당국은 97%의 상하이 가구들이 1명의 자녀만을 키우고 있다고 밝혔습니다.

280 Intelligent recycling of used equipment is a must for all of us.
중고 기기를 현명하게 재활용하는 것은 우리 모두에게 있어 필수적입니다.

281 Electronic waste is full of toxic materials which contaminate water and eventually food.
전자 폐기물은 유독성 물질로 가득 차있으며, 이것은 땅에 스며들어 물, 종국적으로는 음식까지 오염시킵니다.

282 What you eat affects your intelligence level, memory and reaction time.
여러분이 먹는 것이 바로 여러분의 지능 지수와 기억력, 반응 속도에 영향을 미칩니다.

CHAPTER 22 여행 및 항공

283	Welcome aboard United Airlines Flight 357 bound for Boston.	보스턴 발 유나이티드 항공 여객기 357에 탑승하신 승객 여러분을 진심으로 환영합니다.
284	Our flight to Boston will take 10 hours and we shall be flying at height of 35,000 feet.	저희 항공기는 보스턴까지 10시간이 소요될 예정이며, 비행 고도는 35,000피트입니다.
285	The weather in Boston is clear and the temperature is 24 degrees Celsius.	보스턴의 날씨는 쾌청하며 현재 기온은 섭씨 24도입니다.
286	We advise that you keep your seatbelt fastened throughout the flight.	비행 중엔 좌석 벨트를 꼭 착용하고 계셔야 함을 알려 드립니다.
287	The use of portable electronic devices is not allowed during take-off and landing.	이착륙 시엔 휴대용 전자 기기의 사용이 금지되어 있습니다.
288	The use of cellular phones and radios is not allowed at any time on board.	비행 중 휴대폰 및 라디오 사용은 항시 금지되어 있습니다.
289	We will be going through some turbulence during the next few minutes.	저희 비행기는 잠시 후 몇 분간 난기류를 통과할 예정입니다.
290	Your crew have been especially trained for situations of this nature.	여러분의 승무원들은 이런 종류의 상황에 대비해 특별 훈련을 받았습니다.
291	We have to make an emergency landing in approximately 15 minutes.	저희 비행기는 약 15분 이내에 비상 착륙을 시도하게 됩니다.
292	Due to heavy fog, we had to divert to Narita airport.	짙은 안개로 인해, 저희는 나리타 공항으로 우회할 수밖에 없었습니다.
293	We very much regret the delay in our arrival and hope for your kind understanding.	도착에 있어 지연이 발생한 것에 대단히 죄송하며, 부디 넓은 아량으로 이해해주시기 바랍니다.
294	I wish you a pleasant flight and please enjoy the flight. Thank you.	부디 기분 좋은 비행이 되시길 바라며, 즐거운 비행 즐기시길 바랍니다. 감사합니다.
295	Traveler's checks are the best way of protecting yourself against loss or theft of money.	여행자 수표는 돈을 잃어버리거나 도둑 맞는 것으로부터 스스로를 보호할 수 있는 가장 좋은 방법입니다.
296	Students with the 2019 International Student Identity Card pay no service charges.	2019년 발행 국제 학생증을 소지하고 있는 학생들은 수수료를 지불하지 않아도 됩니다.

TEAM 01 직함 표기 용례

명예회장 Honorary Chairman
회장 Chairman (of the Board of Directors)
　　　/ Chairperson / Board Chairman
부회장 Vice Chairman (of the Board of Directors)
사장 President / C.E.O.(Chief Executive Officer)
　　　/ Director and President
부사장 Vice President / Executive Vice President
　　　/ Senior Executive Vice President
　　　/ Assistant to President
대표이사 Chief Executive Director
　　　/ Executive Managing Director
　　　/ Representative Director
　　　/ CEO Manager of the Board of Directors
전무이사 Senior Managing Director / Managing Director
　　　/ Executive Managing Director
　　　/ Senior Vice President
　　　/ Senior Executive Managing Director
상무이사 Executive Director / Managing Director
　　　/ Executive Managing Director
이사 Director / Executive Director
중역 Board of Directors
(상임)감사 (Standing) Auditor
상담 Corporate (Senior) Adviser
　　　/ Adviser of the Board Counselor
고문 Adviser / Corporate Adviser
지사장 Liaison Office Director
지점장 Branch (Office) Manager
소장 Division Manager
본부장 Director / General Manager

부장 (또는 지배인) Manager / Head of Department
부국장 Deputy Director
실장 General Manager
국장보좌역 Assistant to Director
기획실장 Planning Manager
총무부장 General Affairs Manager
생산부장 General Manager of Production
수출부장 Export Manager
수입부장 Import Manager
인사부장 Personnel Manager
경리부장 Finance Manager / Treasurer
영업(판매)부장 Sales Manager / Business Manager
품질관리부장 Quality Assurance Manager
부장대리 Acting Manager
공장장 Factory Manager / Plant Manager
기사장 Chief Engineer / Processing Manager
차장 Deputy Director / Deputy General Manager
　　　/ Assistant Manager
과장 Section Chief / Section Head
수출과장 Export Section Chief
구매과장 Manager of Material Purchase
대리 Pro Manager / Deputy Manager / Acting Manager
총지배인 General Manager
지배인 Manager
부지배인 Assistant Manager
~담당 in charge of~
사원 Employee / Associate / Staff Member
촉탁 part-time employee

TEAM 02 부서 표기 용례

사장실 President's Office
비서실 Secretariat
총무(업무)부 Administrative Division
재무부 Financial Division
경리부 Accounting Division
인력개발부 Recruitment Planning & Personnel Development Division
인사부 Human Resources (Personnel) Division
기획부 Planning Division
제품개발부 Products Development Division
기획개발부 Projects Development Division
생산부 Production Division
해외사업부 Overseas Enterprise Division
국제부 International Division
홍보부 Public Relations Division
전산처리부 Electronic Data Processing Department(EDP)
후생복지부 Employees Relations Department
지사 Regional Sales Office / Branch Office
경리 Accounting / Accounts
광고 Advertising / Sales Promotion Public Relations
구매 Purchasing
기술 Technical / Engineering
기획 Planning
노무 Labor Relations
비서 Secretary
설계 Designing

전략개발 Strategy Development
수입 Import
수출 Export
영업 Sales / Commercial / Marketing
인사 Personnel
조사 Information & Research
제조 Production / Manufacturing
지점 Branch
총무 General Affairs / Administrative
특허 Patent
판매 Sales
홍보 Public Relations
연구소 Research
고객관리 Customer Relations (Service)
국내영업 Domestic Sales
기술개발 Technical Development
생산기술 Production Engineering
시장조사 Marketing Research / Market Research
연구개발 Research & Development
영업관리 Sales Administration
인력개발 Human Resources Development
제조판매 Manufacture and Sale
품질관리 Quality Assurance / Quality Control
해외사업 Overseas Enterprise / Oversea operations
해외영업 Overseas Sales
연락사무소, 주재사무소 Liaison Office

TERM 03 주요 시사 약어

AA시스템(Automatic approval system) 수입자동차 승인제

AA그룹(Asian-African group) 아시아, 아프리카 그룹

AA회의(Asian-African conference) 아시아, 아프리카 회의, 반둥회의

AAA(American arbitration association) 미국 국제상사중재협의회

AAA(Asia, Africa, Latin America) 아시아, 아프리카, 라틴 아메리카

AACM(Afro-Asian common market) 아시아, 아프리카 공동시장

ABC무기(Atomic, biological and chemical weapons) 원자, 생물, 화학무기

ABM(anti-ballistic missile) 탄도탄 요격 미사일

ABU(Asian pacific broadcasting union) 아시아 태평양 방송연합

ACC(Arab cooperation council) 아랍협력회의

ACM(Arab common market) 아랍 공동시장

ACU(Asian clearing union) 아시아 청산 동맹

AD(assistant director) 조연출자

AD(automatic depositor) 현금 자동 입금기

ADB(Asian developing bank) 아시아 개발은행

ADF(Asian development fund) 아시아 개발기금

ADIZ(air defense identification zone) 방공식별지대

AE제도(account executive) 광고주의 광고활동 일체를 전문대행업체가 맡아서 하는 제도

AEW(airborne early warning) 공중조기경계

AFDB(African development bank) 아프리카 개발은행

AFKN(American forces Korea network) 주한미군방송국

AFP(Agence France Presse) 프랑스 국영통신사

AI(artificial intelligence) 인공지능

AI(Amnesty International) 국제사면위원회

AID(Agency for international development) 미국 국제개발국

AIDMA(attention, interest, desire, memory, action) 광고의 일반적인 원칙

AIDS(acquired immune deficiency syndrome) 후천성 면역결핍증

AIQ시스템(automatic import quota system) 수입자동할당제

ALC(autoclaved lightweight concrete) 경량기포 콘크리트

ALCM(air launched cruising missiles) 공중발사 순항미사일

ALM(Assets and liabilities management) 자산부채관리기법

AM(amplitude modulation) 진폭변조

AMEX(American stock exchange) 미국 증권거래소

AMU(Asian monetary unit) 아시아 통화단위, 아시아 준비은행 등의 계산단위

ANC(African national congress) 아프리카 민족회의

ANCOM(Andean common market) 안데스 공동시장

ANOC(Association of national Olympic committee) 국가올림픽위원회 연합

ANZUS(Australia, New Zealand and the United States) 태평양안전보장조약

AP(Associated press) 미국연합통신사

AP(air pollution index) 대기오염지수

APEC(Asia-pacific economic cooperation conference) 아시아태평양경제협력체

APO(Asian productivity organization) 아시아 생산성기구

APU(Asian parliamentary Union) 아시아 의원연맹

ARAMCO(Arabian-American oil company) 아랍미국 석유회사

ARCRU(Arab currency related unit) 아랍통화계산단위

ARI(acid rain index) 산성비 농도지수

ARS(automatic response system) 전화 자동응답시스템

ASAT(anti-satellite) 공격위성

ASBM(air to surface ballistic missile) 공중발사 전략미사일

ASEAN(Association of south-eat Asian nations) 동남아 국가연합

ASIC(application specific integrated circuit) 주문형 반도체

ASPAC(Asian and pacific council) 아시아 태평양 협의회

ATM(automated teller machine) 현금 자동입출금기

ATS(automatic train stop) 자동열차 정지장치

AT&T(American telephone and telegraph corporation) 미국전화전신회사

AWACS(Airborne warning and control system) 조기경보관제기

AV교육(audio-visual education) 시청각교육

BAS(building automation system) 빌딩 자동화 시스템

BASIC(Beginner's all-purpose symbolic instruction code) 초보자용 기초 컴퓨터 용어

BBC(British broadcasting corporation) 영국방송회사

BBS(Buddist Broadcasting system) 불교방송국, 의형제결연운동

BC(bills for collection) 대금수금어음

B/D(bills discounted) 할인어음

BCN(broadband communications network) 광대역 통신망

BDR(bearer depositary receipt) 무기명 예탁증서

BE(bill of exchange) 환어음

BIE(Bureau international des exposition) 만국박람회 사무국

BIS(Bank for international settlements) 국제결제은행

B/L(Bill of landing) 선하증권

BMF(bond management fund) 수익증권저축

BO(brought over) 이월

BOA(Bank of America) 아메리카 은행

BOD(biochemical oxygen demand) 생물화학적 산소요구량

BOE(bank of England) 잉글랜드 은행

B/S(balance sheet) 대차대조표

BOJ(Bank of Japan) 일본은행

BP(bills payable) 지급어음

BR(bills receivable) 추심환어음

BTN(Brussels tariff nomenclature) 브뤼셀 관세품목분류표

BWI(business warning indicators) 경기예고지표

C/A(capital account) 자본계정

C/A(current account) 당좌계정

CAAC(civil aviation administration of China) 중국민영항공총국: 중국국영항공사

CACM(Central American Common Market) 중앙아메리카 공동시장

CAD, CAM(computer aided design, computer aided manufacture) 컴퓨터 설계

CAFEA(Commission on Asian and Far Eastern Affairs) 아시아 극동문제위원회

CAT(credit authorization terminal) 크레디트 카드의 신용도를 문의하는 단말기

CATV(Cable television) 케이블 TV

CAPM(capital asset pricing model) 자본자산 평가모델

CARICOM(Caribbean community) 카리브 공동체

CB(convertible bond) 해외전환사채

CBE(computer based education) 컴퓨터를 이용한 교육

CBR(chemical, biological and radiological warfare) 가스, 세균, 방사능을 사용한 전쟁

CBS(Columbia Broadcasting System) 미국 컬럼비아 방송국

CBT(Chicago board of trade) 시카고 상품거래소

CCC(Custom cooperation council) 관세협력이사회

CCD(charge coupled device) 전하결합소자

CCTV(closed circuit television) 폐쇄회로 TV

CCUS(chamber of commerce of the United States) 미국 상공회의소

CCU(communication control unit) 통신제어장치

CD(negotiable certificate of deposit) 양도성 예금증서

CD(cash dispenser) 현금자동인출기

CDE(Conference on Disarmament in Europe) 유럽 군축회의

CDI(conventional defense initiative) 비 핵 방위 구상

CD-I(compact disc interactive) 대화형 콤팩트 디스크

CDP(career development plan) 직능개발 프로그램

CEA(council of economic advisers) 미국 대통령 경제자문위원회

CENTO(Central Treaty Organization) 중앙조약기구

CEO(chief executive officer) 최고경영자

CF(commercial film) 광고용 영화

C&F(cost and freight) 본선인도가격에 주문지까지 운임이 포함된 가격

C.F.A(cout, fret, et assurance) 운임, 보험료 포함 가격

CFC(Rok-US combined forces command) 한미연합사령부

CFCs(cholorofluorocarbons) 프로판가스

CFO(chief financial officer) 최고재무책임자

CFRC(carbon fiber reinforced concrete) 탄소섬유보강 콘크리트

CFTC(commodity futures trading commission) 미국 상품선물거래위원회

CI(composite index) 경기종합지수

CI(corporate identity) 기업이미지 홍보

C.I(cost and insurance) 보험료 포함가격

CIA(central intelligence agency) 미국 중앙정보국

CIF(cost, insurance and freight) 보험료 및 운임포함가격

CIM(computer integrated manufacturing) 컴퓨터에 의한 통합생산시스템

CIP(corporate identity program) 기업이미지 통합 작업

CIS(Commonwealth of Independent States) 독립국가연합

CITO(charter of international trade organization) 국제무역기구 헌장

CKD(complete knocked down) 완전현지조립

CM(commercial message) 광고방송

CMA(cash management account) 어음관리계좌

CMS(cash management service) 현금관리서비스

CNA(central news agency) 대만 중앙통신사

CNC(computer numerical control) 컴퓨터 수치제어

CNG(compressed natural gas) 압축천연가스

CNN(cable news network) 미국 뉴스 전문 방송망

COBOL(common business oriented language) 코볼, 컴퓨터 프로그램 언어의 하나

COCOM(coordinating committee for export control) 대 공산권 수출조정위원회

COD(chemical oxygen demand) 화학적 산소요구량

COM(coal oil mixture) 석탄, 석유, 물을 혼합해서 만든 합성연료

COMECON(council for mutual economic assistance) 공산권 경제상호원조회의

COMSAT(communications satellite corporation) 콤새트(미국 통신위성회사)

COL(cost of living) 생계비지표

CORE(congress of racial equality) 미국 인종평등회의

COSMETS(computer system meteorological services) 기상자료 종합처리시스템

CP(commercial paper) 신종기업어음

CPA(certified public accountant) 공인회계사

CPI(consumer price index) 소비자물가지수
CPU(central processing unit) 중앙연산처리장치
CPS(consumer price survey) 소비자물가조사
CR(consumer's research) 소비자 조사
CRB(central reserve bank) 미국 중앙준비은행
CRS(computerized reservation system) 컴퓨터 예약시스템
CRT(cathode-ray tube) 음극선관 브라운관
CS(communication satellite) 통신위성
CS(consumer satisfaction) 고객만족
CSCE(conference on society and cooperation in Europe) 유럽안보협력회의
CT(cable transfer) 전신전보환
CT(computed tomography) 컴퓨터 단층촬영법
CTS(cold type system) 컴퓨터 사식 조판방식
CTS(central terminal system) 중앙수송방식
CVP분석(cost-volume-profit analysis) 손익분기점 분석
CVS(convenience store) 편의점
CVT(continuously variable transmission) 무단변속기
D/A(documents against acceptance) 인수인도
DAC(development assistance committee) 개발원조위원회
DB(database) 데이터베이스
DBS(direct broadcasting satellite) 직접방송위성
DC(debit card) 즉시 결제카드
DD(demand draft) 일람불 어음
DDD(direct distance dialing) 장거리 자동전화
DDP(distributed data processing) 분산 형 데이터 처리
DH(designated hitter) 지명타자
DHC(district heating and cooling) 지역냉난방
DI(diffusion index) 경기확산지수
DI(discomfort index) 불쾌지수
DI(disposable income) 가처분소득
DINKS(double income no kids) 아이가 없는 맞벌이 부부
DLF(Development Loan Fund) 개발차관기금
DM(direct mail) 다이렉트 메일
DMZ(demilitarized zone) 비무장지대
DNA(deoxyribo nucleic acid) 디옥시리보핵산
DNS(dacom-net service) 데이콤이 국제공중데이터 통신망을 이용한 서비스
DO(dissolved oxygen) 용존산소량

DOHC(double overhand camshaft) 1개의 실린더에 캠이 2개씩 붙어 있는 엔진형식
D/P(documents against payment) 지급인도조건
DPE(developing, printing and enlargement) 필름의 현상, 인화, 확대
DPP(direct products profit) 직접상품이익
DPT(diphtheria, pertussis and tenanus vaccine) 디프테리아, 백일해, 파상풍백신
DSR(dept service ratio) 채무변제비율
DR(depositary receipts) 주식예탁증서
D-RAM(dynamic random access memory) 직접도 반도체 기억장치
EBRD(European Bank for Reconstruction and Development) 유럽 부흥개발은행
EBIC(European Bank of International Company) 유럽국제은행
EC(European Communities) 유럽 공동체
ECA(economic commission for Africa) 아프리카 경제위원회
ECE(economic commission for Europe) 유럽 경제위원회
ECAFE(economic commission for Asia and Far East) 유럽아시아 극동경제위원회
ECLA(economic commission for Latin America) 라틴 아메리카 경제위원회
ECO(economic cooperation organization) 이슬람 경제협력기구
ECSC(European coal and steel community) 유럽 석탄철강공동체
ECU(European currency unit) 유럽통화단위
ECWA(Economic commission for western Asia) 서아시아 경제위원회
ED(expert declaration) 수출신고서
EDC(European defense community) 유럽 방위공동체
EDCF(Economic development cooperation fund) 대외경제협력기금
EDF(European development fund) 유럽개발기금
EDI(electronic data interchange) 전자정보거래
EDPS(electronic data processing system) 전자정보처리장치
EEA(European economic area) 유럽경제지역
EEC(European economic community) 유럽경제공동체
EEZ(exclusive economic zone) 배타적 경제수역
EFF(extended fund facility) 확대신용공여제도
EFTA(European free trade association) 유럽 자유무역연합
EIB(European investment bank) 유럽투자은행
EMA(European monetary agreement) 유럽통화협정
EMI(electro-magnetic interference) 전자파 장해
EMS(European monetary system) 유럽통화제도
EMU(economic and monetary union) 유럽 경제 및 화폐통합
EPA(environmental protection agency) 미국환경보호국
EPU(European payment union) 유럽지불동맹

ERM(exchange rate mechanism) 유럽통화제도의 환관리 시스템

ESC(economic and social council) 유엔 경제사회이사회

ESOP(employee stock-ownership plan) 종업원 지주제도

ET(electric telecommunication) 전화제어주택

EUREKA(European research coordination action) 유럽첨단기술 공동체구상

EURATOM(European atomic energy community) 유럽원자력 공동체

EUROSAT(European satellite) 유럽통신위성 공사

EXPO(international exhibition; world exposition) 만국박람회

FA(factory automation) 공장자동화

FA제(foreign exchange allocation system) 수입외화자금 배정제

FAO(food and agriculture organization of the United Nations) 유엔 농업식량기구

FAQ(fair average quality) 표준품

FAS(free along-side ship) 선측 인도가격

FBI(federal bureau of investigation) 미연방 수사국

FCA(foreign currency authorization) 외화 승인

FCBP(foreign currency bills payable) 외화지급어음

FDA(food and drug administration) 미국 식품의약품 안전청

FFF(free financial fund) 공사채 투자신탁

FFHC(freedom from hunger committee) 유엔 기아해방운동위원회

FIAT(fabbrica Italiana automobile di Torino) 피아트, 이탈리아 자동차 회사

FICS(fast industrializing counties) 급성장공업국가군

FIFO(first-in, first-out) 선입선출

FM(frequency modulation) 주파수 변조방식

FMS(foreign military sale) 미국 대외군사판매

FOB(free on board) 본선인도가격

FOBS(fractional orbital bombardment system) 궤도폭탄

FOQ(free on quay) 부두인도가격

FOY(free on truck) 트럭인도가격

F.P(fire policy) 화재보험증권

FORTRAN(formula translation) 과학기술 계산용 프로그래밍 언어

FRB(federal reserve bank) 미국 연방준비은행

FRN(floating rate note) 변동 금리부 채권

FRP(fiber reinforced plastics) 섬유강화 플라스틱

FRS(federal reserve system) 미국 연방준비제도

FTC(federal trade commission) 미국 연방통상위원회

FX계획(fighter experimental) 한국 차세대 전투기 구매 및 생산계획

FY(fiscal year) 회계연도

GAB(general agreement to borrow IMF) 일반차입규정

GATT(general agreement on tariffs and trade) 관세 및 무역에 관한 일반협정

GCC(gulf cooperation council) 걸프 협력 회의

GCP(good clinical practice) 의료품의 제조 및 품질관리에 관한 기준

GD(good design) 우수 디자인

GDP(gross domestic product) 국내총생산

GEMS(global environment monitoring system) 지구환경 모니터링 시스템

GIF(global infrastructure fund) 세계공동투자기금

GIS(geographic information system) 지리정보시스템

GLCM(ground launched cruise missile) 지상발사 순항미사일

GMP(good manufacturing practice) 의약품 제조와 품질관리에 관한 기준

GMS(general merchandise store) 일용품을 판매하는 대형 점포

GMT(Greenwich mean time) 그리니치 표준시

GN(global negotiation) 포괄적 교섭

GND(gross national demand) 국민 총수요

GNE(gross national expenditures) 국민 총지출

GNI(gross national imcome) 국민 총소득

GNS(gross national supply) 국민 총공급

GNW(gross national welfare) 국민 총 복지

GOP(grand old patty) 미국 공화당의 별칭

GRAS(generally recognized as safe list) 미국 식품의약품 안전청에서 인정한 식품 목록

GSI(giant scale integration) 거대규모 집적회로

GSP(generalized system of preferences) 일반 특혜관세제도

GT(gross tonnage) 총 톤수

4H(head, heart, hands, health) 농촌청소년 운동

HA(home automations) 가정자동화

HABITAT(UN commission on human settlement) 유엔인간거주위원회

HB(home banking) 홈뱅킹

HDI(human development index) 인간성 개발지수

HD TV(high definition television) 고선명 텔레비전

HDPE(high-density polyethylene) 고밀도 폴리에틸렌

HE(human engineering) 인간공학

HGH(human growth hormone) 성장호르몬

Hi Fi(hi fidelity) 고 충실도 음향재생장치

HIV(human immunodeficiency virus) 후천성 면역결핍 바이러스

HLT(highly leveraged transaction) 리스크가 큰 상업대부

hPa(hector-pascal) 핵토 파스칼, 기압단위

HS제도(harmonized commodity description and coding system) 통일상품 분류체계

HST(hyper-sonic transportation) 극 초음속 여객기

HUGO(human genome organization) 인간유전자 해석기구

HWR(heavy water reactor) 중수로

IAAF(international amateur athletic federation) 국제아마추어 육상연맹

IAEA(international atomic energy agency) 국제원자력기구

IACD(international association of clothing designers) 국제의류디자인 협회

IARC(international agency for research on cancer) 국제 암 연구기관

IARU(international amateur radio union) 국제아마추어 무선연맹

IAS(international accounting standard) 국제회계기준

IATA(international air transport association) 국제항공수송협회

IB(incubation business) 인큐베이션 사업

IBC(international broadcasting center) 국제방송센터

IBF(international boxing federation) 국제복싱연맹

IBI(international broadcasting institute) 국제방송협회

IBM(international business machines corporation) 미국 IBM 사

IBRD(international bank for reconstruction and development) 세계개발은행

IBS(international broadcasting system) 국제방송인협회

IC(integrated circuit) 집적회로

ICAO(international civil aviation organization) 국제민간항공기구

ICBM(international ballistic missile) 대륙간탄도탄

ICC(intercontinental chamber of commerce) 국제상공회의소

ICFTU(international confederation of free trade unions) 국제자유노동조합연맹

ICJ(international court of justice) 국제사법재판소

ICPO(international criminal police organization) 국제형사경찰기구

ICRC(international committee of the red cross) 국제적십자위원회

ID카드(identification card) 신분증명서

IDA(international development association) 국제개발협회

IDB(inter-American development bank) 미주 개발은행

IDCA(international development cooperation agency) 국제개발협력국

IDD(international direct dialing) 국제다이얼 통화

IDO(international disarmament organization) 국제군비축소기구

IDPS(international data processing system) 종합데이터 처리 시스템

IDR(international depositary receipt) 국제예탁증권

IDU(international democrat union) 국제민주연합

IE(industrial engineering) 산업공학

IEA(international energy agency) 국제에너지기구

IECOK(international economic consultative organization) 대한 국제경제협의기구

IF(international sports federation) 국제경기연맹

IFAD(international fund for agricultural development) 국제농업개발 기금

IFC(international finance corporation) 국제금융공사

IFJ(international federation of journalists) 국제언론인 연맹

IGA(international grains arrangement) 국제곡물협정

IIF(institute of international finance) 국제금융협회

IISI(international iron and steel institute) 국제철강협회

I/L(import licence) 수입승인

ILO(international labour organization) 국제노동기구

IMF(international monetary fund) 국제통화기금

IMO(international meterological organization) 국제기상기구

IMSA(international monetary stabilization accounts) 국제통화안정계정

INMARSAT(international marine satellite organization) 국제해사위성기구

INP(index number of prices) 물가지수

INS(information network system) 고도정보통신시스템

I/O장치(input/output) 입출력장치

IOC(international Olympic committee) 국제올림픽 조직위원회

IOCU(international organization of consumers union) 국제소비자 기구

IOM(international organization for migration) 국제이주기구

IOU(I owe you) 차용증서

IPC(intellectual property committee) 미국 지적재산권위원회

IPI(international press institute) 국제언론인협회

IPTC(international press telecommunications committee) 국제신문통신위원회

IPU(international parliamentary union) 세계의원연맹

IQ(import quota) 수입할당제

IQ(intelligence quotient) 지능지수

IR(investors relations) 대 투자가 홍보

IRA(Irish republican army) 아일랜드 공화국 군대

IRC(international red cross) 국제적십자사

I/S(income statement) 손익계산서

ISA(international sugar agreement) 국제설탕협회

ISIC(international standard industry classification) 국제표준 대기

ISO(international organization for standardization) 국제표준화 기구

ITC(international trade charter) 국제무역헌장

ITC(international trade commission) 국제무역위원회

ITT(international telephone and telegraph corp) 국제전화전신회사

ITU(international telecommunications union) 국제전기통신연합
IWA(international wheat agreement) 국제소맥협정
IWC(international whaling commission) 국제포경위원회
IWS(international wool secretariat) 국제양모사무국
JCC(junior chamber of commerce) 청년회의소
JCL(job control language) 작업제어언어
JCS(joint chiefs of staff) 미국 합동참모본부
JETRO(Japan external trade organization) 일본무역진흥회
JIS(Japanese industrial standards) 일본 공업규격
KABC(Korea audit bureau of circulation) 한국신문, 잡지 발행부수
KAERI(Korea atomic energy research institute) 한국원자력연구소
KAF(Korea Asia fund) 코리아 아시아펀드
KAIST(Korea advanced institute of sceience & technology) 한국과학기술원
KAN코드(Korean article number code) 한국 국가식별 코드
KD(knock down) 부품수출 현지조립 판매방식
KDI(Korean development institute) 한국개발연구원
KFX(Korean foreign exchange) 한국정부보유외환
KIST(Korea institute of science & technology) 한국과학기술연구원
KKK(Ku Klux Klan) 미국 비밀테러단체
KOC(Korean Olympic Committee) 한국올림픽위원회
KOTRA(Korea trade promotion corporation) 대한무역진흥공사
KR(kennedy round) 관세 일괄인하교섭
KRC(Korean red cross) 한국적십자사
KS(Korean Standards) 한국공업표준규격
KT(kiloton) 킬로 톤, 핵무기의 폭발력을 표시하는 단위
KTA(Korean traders association) 한국무역협회
KTC(Korean trade commission) 한국무역위원회
LA((laboratory automation) 실험의 자동화
LAN(local area network) 근거리 통신망
LASO(Latin American solidarity organization) 라틴아메리카 단결기구
LB막(Langmuir-blodgett film) 기능성 유기 초박막
LBO(leveraged buyout) 기업을 인수 합병할 때 자금조달 방법의 하나
LBP(laser beam printer) 레이저 광을 활용한 프린터
L/C(letter of credit) 신용장
LCD(liquid crystal display) 박막트랜지스터
LDC(least development countries) 후발개발도상국
LDDC(least developed among developing countries) 제 4세계

LDPE(low-density polyethylene) 저밀도 폴리에틸렌

LED(light emitting diode) 발광다이오드

LF음료(low fat drink) 저지방성 음료

L/G(letter of guarantee) 지불보증표

LGFM(London gold futures market) 런던 금 선물거래시장

LIBOR(London inter-bank offered rate) 런던 은행간 콜금리, 리보 금리

LIFFE(London international financial futures exchange) 런던 금융선물거래소

LIFO(last-in, first-out) 후입선출법

LL식품(long life food) 장기보존식품

LLDC(least among less-developed counties) 후발개발도상국가군

LME(Londong metal exchange) 런던 금속거래소

LNG(liquefied natural gas) 액화천연가스

LPG(liquefied petroleum gas) 액화석유가스

LSI(large scale integration) 대규모 집적회로

LTD(limited) 유한회사

M&A(merger and acquisition) 기업인수합법

MAP(military assistance program) 군사원조계획

MARISAT(maritime satellite) 해상통신위성

MATV(master antenna television) 공동시청시설, 공 시청 안테나

MBA(master of business administration) 경영학석사

MBS(mutual broadcasting system) 미국 방송회사

MCO쿠폰(miscellaneous charges order) 항공여행 현금카드

ME(micro electronics) 단 전자기술

METO(middle east treaty organization) 중동조약기구

MFA(multi-fiber textile organization) 다국간 섬유협정

MFN(most favored nation) 최혜국

MFO(multinational force and observers) 다국적 감시군

MIGA(multinational investment guarantee agency) 국제투자보증기구

MIRV(multiple independently targetable reentry vehicle 개별 유도식 다탄두 미사일

MIS(management information system) 경영정보시스템

MMA(money market account) 금융시장 예금계좌

MMU(manned maneuvering unit) 유인 조종장치

MNE(multinational enterprises) 다국적 기업

MNLF(moro national liberation front) 모로 민족해방전선

MODEM(modulator and demodulator) 컴퓨터 변복조장치

MPC(main press center) 방송보도본부

MPS(marginal propensity to save) 한계소비성향

MRA(moral rearmament) 도덕재무장

MRBM(medium rage ballistic missile) 준 중거리 탄도미사일

MRV(multiple re-entry vehicle) 다 핵탄두 미사일

MTN(multilateral trade negotiation) 다각적 무역교섭

MVP(most valuable player) 최우수 선수

NAFTA(north America free trade agreement) 북미자유무역협정

NASA(national aeronautics and space administration) 미국 항공우주국

NATO(north Atlantic treaty organization) 북대서양조약기구

NBC(national broadcasting company) 미국 내셔널 방송사

NC(numerical control) 수치 제어

NCNA(new China news agency) 중국 신화 통신사

NDCS(newly democratizing counties) 신흥 민주국가군

NECS(newly export-oriented countries) 신흥 수출지향국

NHK(Nippon hoso kyokai) 일본방송협회

NI(national income) 국민소득

NICS(newly industrializing counties) 신흥 공업국

NIDL(new international division of labour) 신 국제분업

NIEO(new international economic order) 신 국제경제질서

NNP(net national product) 국민 순 생산액

NNE(net national expenditure) 국민 순 지출

NNS(net national satisfaction) 실질 국민만족도

NNW(net national welfare) 순 국민복지

NOC(national Olympic committee) 국가 올림픽 위원회

NOPEC(non OPEC petroleum exporting countries) 비 오페크 석유수출국

NRC(nuclear regulatory commission) 원자력규제 위원회

NPT(treaty on the non-proliferation of nuclear weapon) 핵확산금지조약

NSA(national security agency) 미국 국가 안전국

NSC(national television system committee) 미국 방송위원회

NSI(new social indicator) 국민생활지표

NTC(non trade concerns) 비교역적 품목

OA(office automation) 사무자동화

OAEC(organization for Asian economic cooperation) 아시아 경제협력기구

OAPEC(organization of Arab petroleum exporting counties) 아랍 석유수출국기구

OAS(organization of American States) 미주 기구

OAU(organization of African unity) 아프리카 통일기구

OCA(Olympic council of Asia) 아시아 올림픽평의회

OCOG(organizing committee of Olympic games) 올림픽 조직위원회

OCR(optical character reader) 광학문자 판독장치

OECD(organization for economic cooperation and development) 경제협력개발기구

OEM(original equipment manufacturing) 주문자상표 생산방식

OIT(office of international trade) 국제무역사무국

OIEC(organization for international economic cooperation) 국제경제협력기구

OJT(on the job training) 직장 내 훈련

OMA(orderly marketing agreement) 시장질서유지협정

OMR(optical mark reader) 광학마크 판독장치

OOC(Olympic organization committee) 올림픽 조직위원회

OPEC(organization of petroleum exporting counties) 석유수출국기구

OPIC(overseas private investment corporation) 미국 해외민간투자공사

OPTAD(organization for pan-pacific trade and development) 태평양 무역개발기구

OR(operations research) 경영자의 수학적인 의사결정방법

OTC(organization for trade cooperation) 국제무역협력기구

PAFTA(pacific free trade area) 태평양 자유무역지대

PANA(pan Asia newspaper alliance) 범 아시아 통신연맹

PATA(pacific area travel association) 태평양지역관광협회

PBEC(pacific basin economic council) 태평양경제평의회

PCC(pure car carrier) 자동차전용 수송선

PCM(pulse code modulation) 펄스 부호변조방식

PCT(patent cooperation treaty) 특허협력 조약

PD(producer) 프로듀서, 제작자

PEC(pacific economic community) 태평양 경제공동체

PER(price earning ratio) 주가 수익률

PFC(priority foreign counties) 우선협상대상국

PFLP(popular front for liberation on Palestine) 팔레스타인 인민해방전선

PFP(priority foreign practice) 우선협상대상관행

PI(price index) 물가지수

PIS(personnel inventory system) 개별관리

PKF(peace keeping forces) 유엔평화유지군

PKO(peace keeping operation) 유엔평화유지활동

P/L(profit and loss statement) 손익계산서

PLA(Palestine liberation army) PLO 정규군

PLF(Palestine liberation front) 팔레스타인 해방전선

PLO(Palestine liberation organization) 팔레스타인 해방기구

ppm(parts per million) 함유물질의 비율을 나타내는 단위

PNC(Palestine national council) 팔레스타인 민족평의회

POP광고(point of purchase advertisement) 구매시점 광고

POS(point of sales) 판매시점 정보관리

POST(pacific ocean security treaty) 태평양 안전보장조약

POW(prisoner of war) 전쟁포로

PPP(polluter pays principle) 오염자부담원칙

PQS(percentage quota system) 비례할당제

PR(public relations) 홍보활동

PSDN(public switched data network) 공중정보통신망

PST(pacific standard time) 태평양 표준시간

PVA(polyvinyl alchohol) 합성수지

QA(quality assurance) 품질보증

RAM(random-access memory) 임의기억장치

RADAR(radio detecting and ranging) 전파탐지기

R&D(research and development) 연구개발

REM(roentgen equivalent medical) 이온화 방사선량 단위

R.I.(reinsurance) 재보험

RIMPAC(Rim of the pacific exercise) 환태평양 훈련

RNA(ribonucleic acid) 리보핵산

rpm(revolutions per minute) 1분간의 회전 수

ROM(read only memory) 출력전용기억소자

RSC(referee stop contest) 심판의 시합 중지

SA(store automation) 무인화 점포

SAC(strategic aris command) 전략공군

SADM(special atomic demolition munitions) 미국 특수원자 파괴탄

SAINT(satellite inspector) 인공위성 추적용 비행체

SALT(strategic arms limitation talks) 전략무기제한 협정

SAM(surface to air missile) 지대공 미사일

SATNET계획(satellite network plan) 미국 국방성의 홍보작전

SCM(security consultative meeting) 한미안보협의회의

SDI계획(strategic defense initiative) 미국 우주전략방위계획

SDR(special drawing rights) 특별인출권

SDS(special discount sale) 특별할인판매

SE(system engineering) 시스템 공학

SEACEN(south east Asian central banks group) 동남아 중앙은행 통제회의

SF(science fiction) 공상과학소설

SFX(special effects) 특수시각효과

SI(socialists international) 사회주의 인터내셔널

SIBOR(Singapore inter-bank offered rate) 싱가포르 은행간 금리

SITC(standard international trade classification) 국제표준무역분류

SLBM(submarine launched ballistic missile) 잠수함 발사탄도 미사일

SLSI(super larger scale integration) 초대규모 집적회로

SMS(stationary meteorological satellite) 정지기상위성

SNF(short-range nuclear forces) 단거리 핵전력

SOC(social overhead capital) 사회간접자본

SOFA(status of forces agreement) 한미행정협정

SONAR(sound navigation ranging) 수중 음향탐지기

SOS(save our soul) 구난신호

SPF(software protection fund) 소프트웨어보호기금

SRBM(short range ballistic missile) 단거리 탄도미사일

SRT(special representative for trade negotiations) 미국 통상교섭특별대표부

SSA(social security act) 사회보장법

SSI(small scale integration) 소규모 집적회로

SSM(surface to surface missile) 지대지 미사일

START(strategic arms reduction talks) 전략무기감축회담

TAB(tax anticipation bills) 납세국채

TAC(technical assistance committee) 기술원조위원회

TC(traveler's check) 여행자 수표

T.E.(transnational enterprise) 다국적 기업

TEE(trans Europe express) 유럽횡단 열차

TELEPIA(telephone public information access) 공중정보검색기

TKO(technical knockout) 주심의 승패 선언

TGV(trans de grande vitesse) 프랑스 고속열차

TL(total loss) 전손

TNC(transnational corporations) 다국적 기업

TNT(trinitrotoluence) 강력한 폭발력을 가진 화약

TOB(take-over bid) 주식공개매수제도

TQC(total quality control) 종합품질관리

TRS(tax response service) 전화자동 세무서비스

TRT(trademark registration treaty) 상표등록조약

TSCA(toxic substances control act) 독성물질 규제법

TSM(transportation system management) 교통체계 종합관리

TSS(time sharing system) 시분할 처리 시스템

TT(telegraphic transfer) 전신송금

TVA(Tennessee valley authority) 테네시강 유역개발공사

UCC(universal copyright convention) 세계저작권협약

UFO(unidentified flying object) 미확인비행물체

UHF(ultra high frequency) 극초단파

UIP(united international pictures) 미국 다국적 영화배급사

ULSI(ultra large scale integration) 초초 대규모 집적회로

UN(United Nations) 국제연합

UNCHE(united nationa conference on the human environment) 유엔 인간환경회의

UNCTAD(united nations conference on trade and development) 유엔 무역개발회의

UNDC(united nations disarmament commission) 유엔 군축위원회

UNDP(united nations development program) 유엔 개발계획

UNDRO(office of the united nations disaster relief coordinator) 유엔 재해기관

UNEP(united nations environment program) 유엔 환경계획

UNHCR(office of the united nations high commissioner for refugees) 유엔 난민기구

UNICEF(united nations international children's emergency fund) 유엔 아동기금

UNSC(united nations security council) 유엔 안전보장이사회

UNSF(united nations special fund) 유엔 특별기금

UNSGA(united nations special general assembly) 유엔 특별총회

UNTC(united nations trustee council) 유엔 신탁통치이사회

UPI(united press international) 미국 국제합동통신사

UPU(universal post union) 만국우편연합

USASI(united states of America standards institute) 미국표준협회

USIA(united sates information agency) 미국해외공보처

USIS(united states information service) 미국문화원

USS(united states standards) 미국표준규격

USTR(united states trade representative) 미국무역대표부

VAN(value added network) 부가가치 통신망

VAR(value added retailer) 부가가치 판매업자

VAT(value added tax) 부가가치세

VCR(video cassette recorder) 녹화재생기

VE(value engineering) 가치 공학

VHF(very high frequency) 초단파

VHS(video home system) 가정용 비디오 방식

VHSIC(very high speed integrated circuit) 초고속 집적회로

VIC(very important city) 최 중요도시

VIP(very important person) 중요인사

VP(vice-president) 부통령

VTOL(vertical take-off and landing airplane) 수직이착륙기

VTR(video tape recorder) 자기녹화재생장치
WAC(world aeronautical chart) 국제민간항공단체
WAY(world assembly of youth) 세계청소년회의
WBA(world boxing association) 세계권투협회
WBC(world boxing council) 세계권투평의회
WCC(world council churches) 세계교회협의회
WFC(world food council) 세계식량이사회
WFTU(world federation of trade unions) 세계노동조합연맹
WHO(world health organization) 세계보건기구
WIPO(world intellectual property organization) 세계지적재산권기구
WMO(world meteorological organization) 세계기상기구
WPC(world peace council) 세계평화협의회
WPI(wholesale price index) 도매물가지수
WR(warehouse receipt) 창고증권
WTC(world trade center) 세계무역센터
WTO(Warszawa treaty organization) 바르샤바 조약기구
WTO(world trade organization) 세계무역기구
W/S(working sheet) 정산표
WTUC(world trade union congress) 세계노동조합회의
WWP(wide world photos) 미국 AP통신사의 사진 서비스 전문회사
YMCA(young men's Christian association) 기독교 청년회
YNA(yonhap news agency) 한국연합통신
YWCA(young women's Christian association) 기독교 여자청년회
ZBB(zero based budget) 제로 베이스 예산
ZD운동(zero defected campaign) 무결점 운동

"오늘 당신의 노력은 아름다운 꽃의 물이 될 것입니다."

   그러나, 이 꽃을 볼 때 사람들은 이 꽃의 아름다움과 향기만을 사랑하고 칭찬하였지, 이 꽃을 그렇게 아름답게 어여쁘게 만들어 주는 병 속의 물은 조금도 생각지 않는 것이 보통입니다.

   아무리 아름답고 어여쁜 꽃이기로서니 단 한 송이의 꽃을 피울 수 있으며, 단 한 번이라도 꽃 향기를 날릴 수 있겠는가? 우리는 여기서 아무리 본바탕이 좋고 아름다운 꽃이라도 보이지 않는 물의 숨은 힘이 없으면 도저히 그 빛과 향기를 자랑할 수 없는 것을 알았습니다.

- 방정환의 우리 뒤에 숨은 힘 중

지식에 대한 투자가 가장 이윤이 많이 남는 법이다.

— 벤자민 프랭클린 —

 자격증·공무원·금융/보험·면허증·언어/외국어·검정고시/독학사·기업체/취업
이 시대의 모든 합격! 시대에듀에서 합격하세요!
www.youtube.com ➡ 시대에듀 ➡ 구독

하이패스 비즈니스 영어 통번역 [영한 편]

초판11쇄 발행	2025년 01월 03일 (인쇄 2024년 08월 30일)
초 판 발 행	2017년 01월 05일 (인쇄 2016년 10월 24일)
발 행 인	박영일
책임편집	이해욱
공　　저	타임스미디어, 김의락, 강대영
감　　수	Adrian Buzo & Helen Slatyer
기　　획	박미진
편집진행	시대어학연구소
표지디자인	김도연
편집디자인	양혜련
발 행 처	(주)시대고시기획
출판등록	제10-1521호
주　　소	서울시 마포구 큰우물로 75 [도화동 538 성지 B/D] 9F
전　　화	1600-3600
팩　　스	02-701-8823
홈페이지	www.sdedu.co.kr
I S B N	979-11-254-2880-0 (13740)
정　　가	22,000원

※ 이 책은 저작권법의 보호를 받는 저작물이므로 동영상 제작 및 무단전재와 배포를 금합니다.
※ 잘못된 책은 구입하신 서점에서 바꾸어 드립니다.